教育思想史

今井康雄[編]

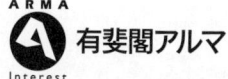

| 教育思想史：目　次 |

はじめに　教育思想史の考え方　　1

こんな人に読んでもらいたい　1　　あなたならどうする　1　　見解の相違？　3　　思想はエビデンスに勝る　4　　教育思想はどこにある？　6　　なぜ過去に目を向けるのか　7　　教育思想史への2つのアプローチ　9

第1部　西洋教育思想の源流──古代・中世

第1講　レトリックと教育　　15

1　レトリックの歴史　…………………………………15
●レトリック的教養論の誕生

ホメロス：武器としての言葉　15　　ポリスの成立：スパルタとアテナイ　17　　ソフィスト：レトリックの教師　17　　哲学との離別：西洋思想の2つの潮流　19　　イソクラテスの学校　19　　アリストテレスの『弁論術』　21　　キケロ：教養人としての弁論家　21　　クインティリアヌスとアウグスティヌス　23

2　レトリックの理論　…………………………………24
●包括的で総合的な学問としてのレトリック

目的　25　　言語観：言語の3要素　25　　弁論の作法　27　　レトリック的教養の展開　29

i

第2講　哲学と教育　31

1　ソクラテス …………………………………………31
「哲学」とは何か　31　　ソフィストによる知の民主化と相対主義　32　　哲学とソフィスト思想　33　　ソクラテスの問いの射程　34

2　プラトン …………………………………………37
イデア論　37　　霊魂不滅論　37　　永遠性への帰還としての教育　39　　想起と学習　40　　エロス論　40　　『国家』の教育論：音楽と体育　41　　『国家』の教育論：パイデイア　42

3　アリストテレス …………………………………43
諸学問の父　43　　『ニコマコス倫理学』の教育思想：教育，習慣，コミュニティ　43　　『政治学』の教育思想：音楽教育論　45　　哲学的教養の展開　47

第3講　キリスト教と教育　49

1　アウグスティヌス …………………………………49
プラトン主義とキリスト教　50　　神の像としての人間と原罪　51　　神の像の再生　52　　神の協働者としての人間教師　53

2　トマス・アクィナス ………………………………55
中世の教育課程　55　　アリストテレスとキリスト教　56　　神の像の完成へ向けた努力　57　　習慣と徳の形成　58

3　ルター ……………………………………………60
徹底して破壊された神の像　60　　罪あるがゆえの再生　62　　神の像の再創造に向けた教育　63　　キリスト教と教育　64

第2部　近代の教育思想

A　教育における〈近代〉

第4講　ルネサンスとヒューマニズム　69

1　ヒューマニズムとは何か …………………………69
　ヒューマニズムの定義　69　　中世との比較　70

2　時代区分 …………………………72
　ペトラルカ　72　　イタリアでの開花　72　　ヨーロッパ全土への浸透　74

3　ヒューマニズムの言語観 …………………………75
　ペトラルカのキケロ体験　75　　文献学の台頭　76

4　ヒューマニズムの宗教観 …………………………77
　異教文学の教育をめぐるキリスト教との関係　77　　詩の擁護　78

5　古代哲学の復興 …………………………79

6　ヒューマニズムの教育論 …………………………81
　教育改革の世紀　81　　ヴェルジェリオとブルーニの教育論　81　　グアリーノの教育実践　82　　ヒューマニズムの展開　84

第5講　コメニウス　85
　　　　　　　　近代学校の構想

1　諸価値の移行期としての17世紀 …………………………86
　●問題としての世界の表象

2　あらゆる人にあらゆるものを …………………………87
　●『大教授学』

「あらゆる人に」という理念 87　　学校改革のプラン 89　　あらゆるものを：百科全書主義的／汎知学的思想 90

3　コメニウスにおける教科書の展開 …………………… 92
母国語とラテン語, そして事物：『開かれた言語の扉』 92　　図絵と文字：『世界図絵』という教科書 96　　声と身振り：『遊戯学校』の舞台実践 100　　次世代に何を伝えるか 103

B　〈近代〉への教育的対応

第6講　ロック　　105

1　ロックの思想世界と歴史的課題 …………………… 105
初期近代ヨーロッパ世界の成立と展開 105　　ロック思想世界の歴史的課題 107　　統治の技術としての教育 109

2　ジェントルマン教育 …………………… 110
ジェントルマン教育 110　　徳育と実務家理念 111　　家庭教育 112

3　貧民教育 …………………… 113
救貧法改革とその貧民観 114　　労働学校案 114　　ロック教育思想の二重性とその統一的理解 115

4　教育方法 …………………… 116
習慣形成 116　　観念連合 117　　習慣形成論の射程 118

5　その後の影響 …………………… 119
啓蒙思想への影響 119　　教育実践への影響 120　　貧民教育への影響 120　　ロック教育思想の歴史的意味と限界 121

第7講　ルソー　123

1　近代教育史におけるルソー ……………………123
〈人間〉の教育と教育思想の始まり　123　　ルソーにとっての近代　125

2　ルネサンス的人間への批判 ……………………127
『学問芸術論』　127　　学問の進歩がもたらしたもの　127　　奢侈と芸術　128　　礼節　129　　ルネサンス的人間の克服：過剰から抑制へ　130

3　近代人の構成 ……………………130
もう1つのルネサンス：マキャベッリズム　130　　ホッブズの自然からルソーの自然へ　131

4　人間の教育 ……………………133
人間と市民　133　　『エミール』という作品　135　　自然人と子ども：欲求と力の均衡　136　　少年期：力の余剰と好奇心の発達　138　　思春期：性的存在と想像力　139

5　近代における〈人間〉のゆくえ ……………………141

第8講　古典的人間形成論　143

シラーからニーチェまで

1　人間形成論の時代背景 ……………………143
時代的限界と古典性　143

1-1　フランス革命の衝撃
国民国家への流れ　144　　国民の形成　144　　遅れてきた国民　145

1-2　〈別の道〉の模索
フランス革命への疑念　145　　ドイツ文化の復興　145　　まず人間形成から　146

2 シラー ……………………………………………148
● 芸術による人間形成
『人間の美的教育について』 148　　近代人の自己分裂 148　　芸術への希望 149　　「遊び衝動」 150　　芸術の教育化に抗して 151

3 フンボルト …………………………………………151
● 自我と世界の相互作用
古典的人間形成論の体現者 151　　プロイセン教育改革 152　　人間形成のための学校 153　　疎外と自己還帰 153　　古典語教育の逆説 154

4 『精神現象学』の人間形成論 ………………155
●「経験」の弁証法
「哲学的教養小説」 155　　絶望の道程 156　　感覚的確信から知覚へ 157　　限定否定 158　　「発達」の構図 159

5 古典的人間形成論に対する批判 ……………160
5-1 マルクスの場合
疎外された労働 160　　まず社会変革から 161
5-2 ニーチェの場合
内面と外面の分裂 161　　芸術による救済 162　　青年への期待 163

C 学校教育を支える思想

第9講　ペスタロッチとフレーベル　　164

1 ペスタロッチのメトーデとその影響 ………165
メトーデの成立と影響の社会的コンテクスト 165　　メトーデを準備した教育思想：自己形成の援助としての教育 167　　合自然的教授としてのメトーデ 168　　メトーデの影響 171

2 フレーベルの幼稚園教育学とその影響 ……………173
ペスタロッチとフレーベル 173　人間教育の課題と方法 173　恩物教育学 177　幼稚園運動とその影響 180

3 おわりに …………………………………………181
●どう評価するか

第10講　ヘルバルトから新教育へ　183

学校的世界の拡充　183

1 ヘルバルトの教育思想 ……………………………184
教職という名人芸 184　〈教職の科学〉としての教育学 186　「管理」と「訓練」 188　「教授（授業）」が教育する 189　段階的な教授法の誕生 189　教育目的としての道徳性 190

2 ヘルバルト派による継承と発展 …………………191
ヘルバルト派：ヘルバルトと関連する人々の緩やかな括り 191　段階教授法の実用化 193　〈教職の科学〉の体系化 193　教員養成の改革思想と実践 194

3 「新教育」とその思想 ……………………………195

3-1 「新教育」とは何か
世紀転換期の教育批判 195　変化の時代は改革の時代 195　「新教育」の定義と範囲 196

3-2 「新教育」の特徴：ヘルバルト派とはどこが異なるか
ドイツの「新教育」 196　「子どもから」思想（子ども中心主義） 197　学校改革の多様化 198　教育学の科学化 199　学校改革のネットワーク形成 200　教育領域の拡張 201

3-3 「新教育」と現代
現代に生きる「新教育」 201　「新教育」に対する批判 202

第3部　日本の教育思想

第11講　近世日本の教育思想と〈近代〉　　207

1　近世日本の教育思想 ……………………………207
はじめに　207　　なぜ貝原益軒か　208　　「予めする」
教え　209　　学びの身体性：手習いと素読　210

2　儒学に見る教育思想 ……………………………211
儒学の学習：素読について　211　　武士における儒学学
習の意味　212

3　西洋近代の知との出会い ………………………213
寛政異学の禁と武士教育　213　　西洋近代学術受容の思
想的基盤　214　　佐久間象山：近代学術の摂取　215
横井小楠：キリスト教への理解　216　　明治啓蒙思想
218

4　教育勅語の思想系譜 ……………………………219
攘夷の思想：佐藤一斎と大橋訥庵　219　　後期水戸学の
国体論　220　　おわりに　224

第12講　福沢諭吉　　226
日本近代教育思想の一範型

1　福沢諭吉の生涯とその時代 ……………………226

2　福沢諭吉の思想的課題 …………………………230
掃除破壊　230　　建置経営　232

3　福沢教育思想の基本構造 ………………………234
教育の目的　234　　教育の意義・必要性　235　　教育の
組織・制度（国民皆学の理念）　236　　独立の精神と教育
（教育の自律性）　236　　徳育論　238

4 **福沢教育思想からの視線** ……………………………239
  ●むすびにかえて

第4部　現代の教育思想

第13講　デュルケームと教育科学　247

1 **教育と社会化** ……………………………………………247
  デュルケームとは　247　　教育は社会化であるという定義　248　　保守的で権威的？　249

2 **社 会 化 論** ……………………………………………250
  アノミーと道徳　250　　道徳的な生のために　251　　個人は社会的に生きる存在　252　　機能的分化と有機的連帯　253

3 **教育学と教育科学** ……………………………………254
  教育学と教育科学の関係　254　　教育学の役割　255　　教育科学の役割　256　　社会学的な教育科学が明らかにした事実　256

4 **完全性の教育学から協同の教育学へ** ………………258
  完全性から協同へ　258　　道徳性の3要素　259　　何のための教師の権威か　260　　教育の権力から子どもの自由を守る　261　　人間存在の尊厳　261

5 **デュルケームのメリオリズム** ………………………262
  協同的な個人主義　262　　メリオリズムの謎　263

第14講　デューイと新教育　265

1 **子ども中心主義者？** …………………………………265
  デューイとは　265　　新教育と子ども中心主義　266

目　次　ix

2 成長としての教育 ……268
教育方法ではなく成長を問う 268　成長としての教育 268　子ども中心主義への批判 270

3 子どもとカリキュラム ……271
子どもとカリキュラムをつなぐもの 271　子どもと教師の相互活動 272　子どもと子どもの相互活動（学びあい） 273　教育実践における対立と権威 274

4 デモクラシー社会の構築 ……274
科学への信頼 274　デモクラシーとは何か 276　小さな協同体としての学校 277　未完のデモクラシー 277　メリオリズム 278　キリスト教の精神 279

5 メリオリズムとしてのプラグマティズム ……279
進歩主義的であること 279　プラグマティズムか 280

第15講 新教育以後の教育思想　282

教育の現在 283　教育に対する期待と批判 283

1 日本の新教育 ……284
大正新教育 284　子どもの研究と統制 285　級友を見舞う 285　先駆的な実践 286　新教育という地平 286

2 「戦前」から「戦後」へ ……287
全体主義化・軍国主義化の中で 287　生活綴方と生活教育 288　戦後新教育 288　規準としての新教育 289

3 近代批判の教育論 ……290
近代の教育思想と新教育 290　新教育の外部へ 292

3-1 『脱学校の社会』
学校は制度信仰をつくる 292　技能訓練と人間形成 292　学校の機能を縮小する 293

3-2 『〈子供〉の誕生』
子どもの発明 294　　生活の分断 295　　学校による貧困化 295　　近代への懐疑 296

4 この時代の教育思想 ……………………………………297
教育をめぐるジレンマ 297　　ジレンマを見通す 297

4-1 フーコー——規律訓練としての教育
『監獄の誕生』 298　　学校のメカニズム 298　　新教育を外から見る視点 299

4-2 ルーマン——コミュニケーションから教育を見る
教育のリアリティ 299　　不透明な相手とのコミュニケーション 300

4-3 ハーバーマス——合意をめざすコミュニケーション
コミュニケーションの切り詰めに抗して 301　　コミュニケーション的行為と教育 302

参 考 文 献 ……………………………………305

年　　　表 ……………………………………315

地　　　図 ……………………………………318

事 項 索 引 ……………………………………324

人 名 索 引 ……………………………………332

Column
① プロタゴラス　18
② イソクラテス　20
③ キケロ　22
④ ソクラテス　35
⑤ プラトン　38
⑥ アリストテレス　44
⑦ アウグスティヌス　50
⑧ トマス・アクィナス　56
⑨ ルター　61
⑩ ペトラルカ　73

⑪ コメニウス　88
⑫ ロック　106
⑬ ルソー　126
⑭ 人間形成 (Bildung)　147
⑮ ペスタロッチ　166
⑯ フレーベル　174
⑰ ヘルバルト　187
⑱ 教育勅語　223
⑲ 福沢諭吉と森有礼　240
⑳ デュルケーム　249
㉑ デューイ　267
㉒ 教育基本法　290

● 図版出所
99頁　Jan Amos Komenský, *Orbis Sensualium Pictus*, Praha-Královské Vinohrady Nákladem Fr. Strnada, 1942.

192頁　Metz, P., Herbartianismus als Paradigma für Professionalisierung und Schulreform, Bern u.a. 1992, S. 112.

216, 217, 240頁　国立国会図書館ホームページ「近代日本人の肖像」。

300頁　朝日新聞社提供。

執筆者紹介（執筆順，＊は編者）

＊今井 康雄（いまい　やすお）　　　　　　　▶はじめに，第 8, 15 講
　現在　東京大学名誉教授
　主著　『メディアの教育学――「教育」の再定義のために』東京大学出版会，2004 年。『メディア・美・教育――現代ドイツ教育思想史の試み』東京大学出版会，2015 年。

加藤 守通（かとう　もりみち）　　　　　　　▶第 1, 2, 4 講
　現在　東北大学名誉教授
　主著　『教養の復権』（共著）東信堂，1996 年。『文化史としての教育思想史』（共編）福村出版，2000 年。

菱刈 晃夫（ひしかり　てるお）　　　　　　　▶第 3 講
　現在　国士舘大学文学部教授
　主著　『ルターとメランヒトンの教育思想研究序説』溪水社，2001 年。『近代教育思想の源流――スピリチュアリティと教育』成文堂，2005 年。

北詰 裕子（きたづめ　ゆうこ）　　　　　　　▶第 5 講
　現在　青山学院大学教育人間科学部准教授
　主著　「J. A. コメニウスにおける事物主義と図絵――17 世紀普遍言語構想における言葉と事物」教育哲学会編『教育哲学研究』第 84 号，2001 年 12 月。「コメニウスにおける世界の表象と教育的提示――図絵・修辞・身体」教育思想史学会編『近代教育フォーラム』第 15 号，2006 年 9 月。

岩下　誠（いわした　あきら）　　　　　　　▶第 6 講
　現在　青山学院大学教育人間科学部教授
　主著　『教育支援と排除の比較社会史』（共編）昭和堂，2016 年。『問いからはじめる教育史』（共著）有斐閣，2020 年。

森田 伸子（もりた のぶこ） ▶第 7 講
現在　日本女子大学名誉教授
主著　『子どもの時代――『エミール』のパラドックス』新曜社，1986 年。『文学の経験――読むことと書くことの思想史』勁草書房，2005 年。

鳥光美緒子（とりみつ みおこ） ▶第 9 講
現在　中央大学文学部教授
主著　「メトーデ試論」『教育学年報 3 教育のなかの政治』世織書房，1994 年。『スイスと日本』（共著）刀水書房，2004 年。

山名　淳（やまな じゅん） ▶第 10 講
現在　東京大学大学院教育学研究科教授
主著　『ドイツ田園教育舎研究――「田園」型寄宿制学校の秩序形成』風間書房，2000 年。『夢幻のドイツ田園都市――教育共同体ヘレラウの挑戦』ミネルヴァ書房，2006 年。

辻本 雅史（つじもと まさし） ▶第 11 講
現在　国立台湾大学日本語文学系教授
主著　『近世教育思想史の研究――日本における「公教育」思想の源流』思文閣出版，1990 年。『「学び」の復権――模倣と習熟』角川書店，1999 年。

山本 正身（やまもと まさみ） ▶第 12 講
現在　慶應義塾大学名誉教授
主著　『仁斎学の教育思想史的研究――近世教育思想の思惟構造とその思想史的展開』慶應義塾大学出版会，2010 年。『日本教育史――教育の「今」を歴史から考える』慶應義塾大学出版会，2014 年。

田中 智志（たなか さとし） ▶第 13, 14 講
現在　東京大学大学院教育学研究科教授
主著　『人格形成概念の誕生――近代アメリカの教育概念史』東信堂，2005 年。『教育思想のフーコー――教育を支える関係性』勁草書房，2009 年。

Information

●**本書のねらい**　今,教育のあるべき像が揺らいでいます。教育の現実を認識し,教育の未来を構想するためには,過去の教育思想から何を学ぶかが重要です。本書は教育思想とその社会的背景を,代表的な思想家に焦点を当てて解説し,現代に至る大きな「流れ」をとらえる入門書です。教職を志す人は必携の書です。

●**本書の構成**　本書は時代の流れを重視した4部構成をとり,「第1部 西洋教育思想の源流――古代・中世」「第2部 近代の教育思想」「第3部 日本の教育思想」「第4部 現代の教育思想」という大きな区分のもとに,15講から成り立っています。とくに第2部は近代の教育思想を総合的にとらえるための3つのテーマ,「A 教育における〈近代〉」「B 〈近代〉への教育的対応」「C 学校を支える思想」に分けています。本書を最初から通して読むことで,教育思想史の考え方がわかるように構成しました。

●**イントロダクション**　各講の冒頭ページには,本文に導くリード文をおき,その講で扱うテーマの位置づけ,問題意識を示し,見取図を与えるイントロダクションとしました。

●**コラム（*Column*）**　本文で登場する重要な思想家や事項などを,コンパクトに解説したコラムをおきました。

●**参考文献**　巻末に,さらに学習を進めるうえで参考になる文献を,「原典に迫る」「理解を深める」「視野を広げる」の3つの視角から分類し,紹介しています。本文中の参考文献もあわせて掲載しました。本文中には,基本的に（著者名 出版年）で表示しています。

●**年　表**　巻末に,その部で登場する思想家に関連する年表をおきました。思想家が生きた時代の特徴や,思想家同士のつながりが見えてきます。

●**地　図**　巻末に,本書で登場する思想家が活躍した場所を示す地図を掲載しました。時代,場所,社会的背景を想像しながら本文を読むことで,理解の幅が広がります。

●**索　引**　巻末に,基本用語,思想家の人名などを中心にした索引を付けました。

本書のコピー，スキャン，デジタル化等の無断複製は著作権法上での例外を除き禁じられています。本書を代行業者等の第三者に依頼してスキャンやデジタル化することは，たとえ個人や家庭内での利用でも著作権法違反です。

はじめに 教育思想史の考え方

こんな人に読んでもらいたい

この本は，これから教育のことについていろいろと知っていきたい，学んでいきたい，と考えている人たちのために書かれた教育思想史のテキストである。教育について専門的に学んだことがなくても，教育思想の歴史が大まかに理解してもらえるように書かれている。だから，他の分野，たとえば人の心や社会，歴史や哲学などについて学んでいて，「教育の考え方はどうなっているのだろう？」と教育の問題に関心をもった人にも，無理なく読んでもらえる本になっているはずだ。

多くの人にとって，「教育思想」というのはあまりなじみのない言葉かもしれない。「思想」などという遠くの話より，目の前の教育をどうするかが先決だ，と考える人もいるだろう。しかし，目の前の教育の現実をどう理解するか，どうつくっていくか，と考えたとき，教育思想とその歴史が，実はとても身近で切実な問題になる。そういう教育思想史の考え方を理解してもらうために，この「はじめに」では，「教育思想」とはどういうものか，その歴史を学ぶことにどんな意味があるのかを説明し，この本全体の手引きとしたい。

あなたならどうする

最初に1つ身近な話をしよう。教育思想にあまり関係がないと思えるかもしれないが聞いてほしい。

ここに3歳になったばかりの男の子がいて，その父親または母親

1

があなただとする。子育ては楽しいが，時には息抜きも必要である。そう考えて，あなたは1日だけベビーシッターを頼み，久しぶりに友人とコンサートに出かけることにする。息子には前もって十分言い聞かせ，彼もお留守番することを納得した。ところが，さて当日になってベビーシッターが来ると，彼はダダをこね始める。あなたが出かけようとすると泣き出す。——そんなとき，あなたはどう感じ，考えるだろうか。以下のA，Bのうち，あなたの感じ方・考え方に近いのはどちらだろうか。

A この子はいったんお留守番をすると約束したのだから，それを今になって守れないというのは不当だし意志薄弱である。私を外出させまいとして泣いているのだとすれば，なおさら，そういう筋の通らないわがままに屈するのはこの子のためにならない。外出するという自分の意志を私は押し通す必要がある。

B この子が聞き分けのないのは困ったものだが，いざお留守番となるとわけもわからず悲しくなってしまったのだろう。約束などと大人の理屈を持ち出してもまだ理解できる年ではない。ここは自分の予定のことよりも子どもの気持ちを考えてやることのほうが大事だ。一応なだめすかしてみて，それでもダメなら家にいてやることにしよう。

どちらが正解か，というテストではないから安心してほしい。しかし，どちらかといえばBの考えに共感する人が多かったのではないだろうか。実は，これと似た設問で日本とドイツの母親の意識を調査した研究がある (Konradt/Trommsdorff 1990)。両者の間には統計的に見て有意な差が出た。日本の母親はBの態度，ドイツの母親はAの態度をとる傾向が強かったのである。

正解があるわけではないとしても，A，Bどちらがより適切な態度かを考えることはできるだろう。上のアンケートを行ったドイツ人の研究者たちは，日本の母親の態度に相当の理があることを強調

している。わけもわからず悲しくなったと見るのが子どもの心理にかなっているし，Bのような態度は，子どもの情緒的な安定を確保し親との一体感をつくりだすのに役立つ。結局はそのことが，子どもに言うことを聞かせるうえでも有効に働くだろう。

　これに対してAの場合，親の意志と子どもの意志のぶつかりあいとして状況がとらえられる。子どもの側の不安が高まるだけではない。親の側も，子どもを独立の存在と見ながら，そのためにかえって強圧的な態度に出ざるをえないというジレンマに立たされる。

　しかしこれとは別の見方もできる。Bのような態度は，子どもを情緒的に安定させ親子関係を盤石にするかもしれないが，逆に親への子どもの依存を強め長引かせる。Aの場合，子どもは，固有の意志をもった存在だと無理やり見なされることで，早いうちから自立を促されることになるだろう。

見解の相違？

　ダダをこねるわが子をどうするか，という目の前の問題への対処も，その背後に何があるかを探っていくと，教育についての考え方——子どもというものをどう見るか，その成長をどうとらえ，そこへの働きかけをどう工夫するか——の違いに行き着く。しかも，日本の母親とドイツの母親で統計的に有意な差が出たとなると，この考え方の違いを個々人の見解の相違と片づけるわけにはいかない。違いは，それぞれの社会の成り立ちとも深く結びついているように思われる。Aのような態度は，個々人の自立を重視するタイプの社会になじむものだし，Bのような態度は，人と人との関係を重視するタイプの社会になじむものだろう。

　もっとも，AとBの間には，違いよりも共通する部分のほうが実は多い。A，Bどちらも一理ある，というのが，大方の読者の第一印象だったに違いない。ベビーシッターといっしょに外出して，コンサートの間だけベビーシッターに子どもを預ければよいではな

いか，など，もっと実際的な解決策が頭に浮かんだ人もいただろう。上の調査でも，違いは程度問題でしかなかった。Aを支持した日本の母親，Bを支持したドイツの母親は，けっして少なくなかったのである。

「どちらも一理ある」と思わせるような，AとBの共通部分とは何だろうか。Aの親は，今妥協することは子どものためにならないと考えて断固外出しようとする。Bの親は，気持ちをくんでやることが子どものためだと考えて外出を諦めようとする。出てくる行動は逆だが，どちらも，「子どものため」を考えて自分をコントロールしている点では共通している。「どちらも一理ある」と思えたのは，おそらくこのあたりに原因がある。

親が子どものためを思うのは当然ではないか，といわれるかもしれない。しかし注意してほしい。上のAもBも，たんにわが子かわいさで行動しているのではない。また，それが子どものためだとされている世間のしきたりに従っているのでもない。何が「子どものため」であるかを自分なりに考え，自分の言動が子どもに与える影響を考えて自分をコントロールしている。自分で自分を意識的にコントロールするこのような態度を「反省的」と呼ぶことができる。人の親は大昔からこのように反省的にふるまってきたわけではない（「孟母三遷」のような例外はあるが）。反省的な態度をよしとするのは，教育についての，かなり新しい1つの見方なのである。このような見方が社会に広まったのは近代以降のことだといってよい。

思想はエビデンスに勝る

身近な葛藤場面を例にしてここまで考えてきたことをまとめてみよう。

　①子どもとの間に生じたささいな葛藤も，それに対処しようとすると，そこには教育についての考え方の違いが現れる。

　②この考え方の違いは，個々人の見解の相違には解消できない

部分をもつ。それは各々の社会の成り立ちとも関わってくる。
③ある種の教育についての考え方は、社会や文化の違いを超えて、ある時代に共通した教育についてのものの見方を映し出している。

この②③の部分、つまり、個々人の見解の相違に解消できない部分の教育についてのものの見方・考え方を、私たちは「教育思想」と呼びたいと思う。それは、ある社会に、あるいはある時代に広まっていて、教育に関わる個々人の判断やふるまいを（何がそもそも「教育」か、ということも含めて）枠づけているようなものの見方・考え方である。

こうした意味での教育思想の重要性は、どれほど科学が発達してもたぶん残るだろう。また先ほどの例に戻って、心理学的な研究との関係を考えてみる。3歳という年齢段階では思考が欲求に大幅に左右される、というのが発達心理学上のエビデンス（科学的知見・証拠）だとしよう（Cassidy 1998; Bartsch 1996）。だとしても、そこから自動的に対処法が出てくるわけではない。だから無理強いするのは酷だ、というBのような態度が出てくるかもしれない。しかし逆に、だからこそあえて約束の意味を強調する必要がある、と考えてAのような態度をとることも可能だ。AをとるかBをとるかを決定する力をもつのは、エビデンスの側ではなく思想の側なのである（AであれBであれ、選び取られたふるまいがどう作用するかを研究するのが教育学の役目になる）。つまり、思想はエビデンスに勝る。

思想の優位については、もっとうがった見方をすることもできる。教育において心理学などのエビデンスが求められるのはなぜだろうか。それは、教育で間違ったことをしないためには子どもの心理や発達段階を知る必要がある、と信じられているからだろう。ところがこの信念は、特定の教育思想を前提にしているのである。

子どもを育てるうえで、親としての情愛に従っていればよい、あ

るいは古くからの子育てのしきたりに従っていればよい，というのであれば，子どもの心理や発達段階を知る必然性はない。知る必要が出てくるのは，教育に対する態度が反省的になるからだ。自分のふるまいの帰結を予測する必要が生じ，その予測のための拠り所が必要になる。その拠り所が心理学のエビデンスに求められるのである。とすれば，発達心理学という学問領域，そしてそこでなされるさまざまな調査研究それ自体が，A，Bに共通するあの教育思想，反省的な態度をよしとする教育思想に，支えられている。教育思想が変われば，何がエビデンスの名に値するかも変わることになるだろう。エビデンスは教育を考えるうえで無視してはならないものだ。しかしそのエビデンスの土俵を決めるのは思想なのである。

教育思想はどこにある？

　教育思想は遠い話ではなく切実な問題なのだ，と冒頭で述べたことの意味が納得していただけただろうか。それは，教育における人々の態度・ふるまいの中にしみわたり，教育のあり方を直接的に規定している。だから，自分たちに限らず，ある社会・ある時代の教育のあり方を知ろうとしたとき，教育思想はたぶんもっとも便利で頼りがいのある通路になる。

　しかし，教育思想という通路はそのように便利なものだとしても，肝心の教育思想への通路を，私たちはどこに見出すことができるのだろうか。それを見出すのは容易なことではなさそうだ。ある社会・ある時代の教育思想を，たった1つの調査研究から類推するという上に私がやったような試みは，実はたいへんに無謀な試みである。それは，たった1つの骨片から大きな恐竜の全体像を類推するようなもので，場合によってはとんでもない勘違いに終ってしまう。あらためてアンケート調査を行うわけにいかない過去の時代・社会となれば，教育思想への通路を見出すことはいっそう困難に見える。

　もちろん，歴史研究の領域ではさまざまな試みがある。法律や行

政文書はもとより，自伝，日記，新聞・雑誌，絵画，学校建築，成績調書，等々，ありとあらゆる資料を駆使して過去の教育思想の再構成が試みられている。そうした試みは，十分に成功したものもあるが，まだ個別研究のレベルにとどまっている。私たちがこの本でやろうとしているような教育思想の通史を，そうした実証的な方法で描き出すというには，まだかなり遠い状態のようである。

この本で私たちが選んだ方法は，アンケート調査ではなく，いってみれば聞き取り調査のようなものだ。つまり，ある時代を生きて，その時代の教育についてたぶんもっとも鋭い目で見，考えていたと思われる人のところへ行って，「あなたは教育というものについて，どんなふうに見，考えていましたか？」と聞いて歩くのである。

タイムマシンもなしにそんなことができるのか，と思われるかもしれないが，不可能なことではない。というのも，そうした人々は，教育（もしくは現在の私たちなら「教育」と呼ぶようなことがら）について，自分たちの見方・考え方を実際に書き残してくれているからである。私たちはその言葉に十分注意深く耳を傾ければよい。私たちがこの本で行うのはこうした聞き取り調査，つまり，「(教育) 思想家」と呼ばれるような人々が残した書き物から，その時代・社会の教育思想を読み取るという試みである。そのことによって私たちは，しっかりしたデッサンのように，細部は省略されていても全体として狂いのない，恐竜の全体像を得ることができるだろう。

> なぜ過去に目を向けるのか

もっとも，教育思想の歴史について説明するのに恐竜をたとえに出すのはあまり適切ではなかったかもしれない。恐竜はすでに滅び去った過去だが，私たちはそのようなものとして過去の教育思想を見ているわけではない。私たちが過去の教育思想に目を向けるのは，現在の私たち自身を規定している教育思想に気づき，それを問い直し，場合によっては新しい教育思想を思い描くきっかけにす

るためなのだ。現在,教育の仕組みがさまざまな問題をかかえ,新しい教育のあり方が模索されているとすれば,自分たちの教育思想の限界を知ることは,現在もっとも求められていることの1つといえるだろう。

そういうことなら過去に目を向ける必要はない,現在の教育思想を調べればよいではないか,といわれるかもしれない。しかし,ことはそれほど簡単ではない。エビデンスの土俵を決めるのは思想だ,と述べた。教育思想は,その土俵上にいる者にとっては,自分が踏みしめている安定した大地のようなものであり,それが限界線をもつことに気づくのは難しい。これは,自分たちが地球という球体にへばりついていることなど普通意識されない,というのと似ている。

冒頭のAかBかという問いを出されたとき,両者の共通性に目が向いた人は少なかっただろう。現在では,教育に対して反省的な態度をとるということは,この大地に果てしがないというのと同じほどに当たり前のことなのだ。そして,それほどまでに当たり前であり気づかれないからこそ,それは教育思想の一部をなすのである。

教育思想史を学ぶということは,そのような自分自身が立っている土俵に気づき,それを問い直すことができるようになる,ということだ。人はどこまでも時代の子であり,厳密にいえば自分の土俵の外に出ることはできない。しかし,この土俵の外にも世界がある,ということを経験することはできる。教育思想史はそのための素材と機会を提供する。

過去に目を向けると,①自分たちが当たり前と思っているのとはずいぶん違った教育についてのものの見方・考え方があったこと,したがって自分たちの土俵が可能な教育思想のすべてではないことに,気づかされるだろう。また,②教育思想の展開を追うことで,現在の自分たちの教育思想が歴史の中で形成されたものであり,したがって今後変化していく可能性があることにも気づかされるだろ

う。この本は，読者をこの2つの意味での外部の経験へといざなうことをめざしている。

> **教育思想史への2つのアプローチ**

上の①②は，過去に対する2通りのアプローチを示している。私たちは，多少欲張りだが，この本で①②の両方を読者に経験してもらいたいと考えている。「はじめに」の最後に，この2つのアプローチについて簡単に説明しておこう。それが同時に，この本の構成について説明することにもなるだろう。

(1) 教育思想の「流れ」をとらえる　まず②から始めると，このアプローチでは，現代に至るまで教育思想がどのように展開してきたか，その「流れ」を追っていくことになる。この本の目次も，おおよそ私たちの考える「流れ」にそってつくられている。

目次を見てもらえばわかるとおり，全体の中でもっとも大きな割合を占めるのが「第2部　近代の教育思想」の部分である。そして，そこで扱われるのはヨーロッパの教育思想である。日本人なのになぜヨーロッパなのか，と思われるかもしれない。しかし，たとえば例の教育に対する反省的な態度を考えてほしい。それは現在の私たちにとって大地のように自然なものだが，その歴史的な起源をたどっていくと，先にも触れたとおりヨーロッパ近代（たぶん16, 7世紀のヨーロッパの上流家庭）に行き着く。また，私たちが教育について考える場合の大前提になっている全員就学の学校制度。これも，その思想的起源はヨーロッパ近代（やはり16, 7世紀）にある。

このように，私たち自身の教育思想のルーツを探っていくと，少なくともその重要な部分をヨーロッパ近代に求めざるをえない。ヨーロッパ近代の教育思想を扱った第2部がもっとも大きな割合を占めているのはこのためである。そして，このヨーロッパ近代の教育思想を理解するためには，その土台となっている西洋古代・中世の思想について知ることが必要になる。それを扱うのが第1部である。

「レトリック」「哲学」「キリスト教」という3つの伝統に焦点をしぼって、ヨーロッパ的な教育思想のルーツを描くことにしたい。

ヨーロッパ由来の「近代的」な教育制度や教育思想を、日本人は明治以降、自分たちの社会を近代化するために意図的・積極的に輸入した。しかし、教育思想はそれぞれの社会や文化に深く根づいた部分をもっており、日本人の教育思想がまったくヨーロッパ化したわけではない。これは、冒頭のAかBかという問いに対する回答の傾向が、ドイツと日本では異なっているという事実にも顔をのぞかせている。第3部では、ヨーロッパ近代のインパクトを受けて、日本の教育思想がどう変化し、どのような教育思想が新たに現れてきたかを見ることにしたい。

欧米諸国でも日本でも、全員就学の学校制度が実現するのは19世紀後半以降のことである。近代の思想家たちが考えたことが、いちおう現実のものになったといえる。現実のものになることによって欠点も見えるようになり、近代の教育思想に対する批判や対案が出されるようになる。最後の第4部では、この19世紀後半以降の展開を追う。現在の私たち自身の教育思想の直接の土俵となるものが、どのように形成されてきたかを探ることにしたい。

(2) 過去の教育思想に耳を傾ける　教育思想の展開を理解し、現代の教育思想をこの流れの中に位置づけることは、自分たち自身の教育思想を見直す際に、この見直しが見当違いの方向に向かわないようにするために大切な作業である。しかしこれは、過去の教育思想を、ピンでとめて陳列箱に入れるということではない。

この本で私たちが主に扱うのは、上にも述べたとおり「思想家」と呼ばれるような人たちの残した書き物である。彼(女)らの言葉(残念ながら本書には女性の教育思想家はほとんど登場しないが)は、「流れ」のかなたからかすかに聞こえてくる、というような弱々しいものではないはずだ。それは（私たちの説明がうまくいけばの話だが）、

読者の耳元で語りかけるような力強さをもっている。

　彼（女）らの言葉がこのような力をもつのは，彼（女）らが自分たちの時代・社会の教育思想の限界線を自ら経験した人たちだったからだ。彼（女）らの多くは，同時代の教育思想の土俵をはみ出るようなアイディアを展開しようとした。そのため同時代の限界線にぶち当たり，通常はそのようなものがあることさえ気づかれない限界線を浮き上がらせることになった。だからこそ，先に述べたように，思想家の書き物からその時代・社会の教育思想を読み取るということが可能なのである。彼（女）らは時代の子であるが，その思想は時代を越え出る部分をもつ。私たちは，時代と社会の限界を越え出る大きな想像力をもつことへの励ましを，彼（女）らの言葉から受け取ることになるだろう。

　教育思想史を学ぶということは，教育の現実を認識し教育の未来を構想するための準備を整えることだ。そして，現実を認識し未来を構想するためには，過去へのゆったりとした旅が必要なのだ——これが，この本から学びとってほしい教育思想史の考え方である。
　この本が，読者にとってそのような旅の経験となることを願っている。

　　　　　　　　　　　　　　　　　　　　　今井　康雄◆

第 **1** 部

西洋教育思想の源流
古代・中世

第1講 レトリックと教育

> レトリックは，古代ギリシャにおいて考案された「語りの術」である。「語りの術」ないし「話芸」は，もちろん世界の多くの文化の中に見出される。わが国においても，落語，講談，義太夫，浪曲などが存在する。これらの話芸には，話すことに関する多くの実践的なヒントが含まれている。レトリックをこれらの話芸から分かつ特徴は，レトリックを考案し理論化した古代ギリシャ人たちが史上類を見ない理屈好きな民族だったことに由来する。彼らはレトリックを単なる実践的な技術として扱うだけに満足せず，言葉の本質について深く考えた。そして，その思考をもとに，独自の教養論を展開することになった。
>
> 本講では，第1に，古代のレトリックの歴史を概説し，レトリック的教養論が生成していく過程を示す。第2に，レトリックの基本的な理論をアリストテレスやキケロの理論を参照して概説し，それが私たちが想定する以上に包括的かつ総合的な学問であることを明らかにする。

1 レトリックの歴史

●レトリック的教養論の誕生

ホメロス：武器としての言葉

古代ギリシャ最古の文学作品『イーリアス』と『オデュッセイア』は，西洋の思想と芸術の豊かなルーツである。ホメロスという盲目の吟遊詩人の作と見なされてきた両書は，紀元前12世紀頃に生じた小アジアのトロイアでの戦争をめぐって幾世紀にわたって歌われ続けてきた口承詩が紀元前8・7世紀頃におよそ今の形になったものである。本書では，便宜上，両書を「ホメロスの作品」

と呼ぶことにするが，現実の「作者」は，トロイア戦争をめぐる物語を歌い継いできた多くの吟遊詩人と，それを聞いてきた聴衆である。

　ホメロスの作品においては，ギリシャ文明の揺籃期の人々の世界観や人生観が，神話や物語を通じていきいきと描かれている。古代ギリシャ人は，ヘレニズム時代に至るまで，ホメロスの作品の暗唱を子どもの教育の中核に据えた。人々は，ホメロスを暗唱することを通じて，理想とする人間像や人生の教訓，さらには世界のあり方さえをも学んだ。プラトンがいみじくも言ったように，ホメロスは「ギリシャ人の教師」だったのである。

　ホメロスの作品の登場人物の大半は貴族であり，そこに見出される人間観と教育観は貴族に固有のものであった。貴族の世界は，厳しい競争（アゴン）の世界であった。貴族は世襲であり，生まれの善さは貴族にとって必要不可欠なものであった。とはいえ，それだけでは十分でなかった。貴族は，自らの卓越性ないし徳（アレテー）を行為において示すことによって，はじめて名声を獲得し，自らの存在の意義を確認することができた。そして，このことはライバルたちに競争で打ち勝つことによって成し遂げられたのである。戦争は，このような競争にとってかっこうの機会を提供した。貴族はたんに敵に打ち勝つだけでなく，味方のライバルに対しても手柄を競い合った。

　貴族にとってのもう1つの競争の場は，人々が集う集会であった。人々の中で雄弁を駆使して，他の弁者に優ることは，貴族に大きな栄誉と賞賛を与えた。戦時における武勲と平時における雄弁，これらが貴族の教育目的の両輪を形成していた。話すこととは，一種の闘争と見なされていた。言葉を武器としてとことん議論し合うという西洋の伝統は，すでにホメロスの時代に準備されていたのである。

ポリスの成立：スパルタとアテナイ

ホメロスの作品に描かれている貴族の社会は，その後，ポリス（都市国家）が成立することによって大きく変容した。ポリスは，人口が数百から数千人に及ぶ小規模の国家であり，当時のギリシャ文化圏に乱立し，互いに覇を競い合った。その中で群を抜いていたのがスパルタである。スパルタにおいては国家への忠誠と自己犠牲が最優先され，手柄をめぐる味方同士の争いは当然のことながら忌避されるようになった。戦場における貴族たちの華々しい活躍は影を潜め，黙々と指揮官に従う不屈の無名兵士たちが戦を遂行することになった。このような社会において，雄弁もまた活躍の場を失い，寡黙が美徳とされるようになった。

雄弁が復活したのは，アテナイにおいてである。もともとはアッティカ地方の小ポリスだったアテナイは，紀元前6世紀にソロンの改革などを通じて力を蓄え，ついにはペルシャ戦争における活躍を通じてスパルタに並ぶギリシャの盟主となった。紀元前5世紀中葉には，アテナイは，ペリクレスの改革を通じて民主制を徹底した。その結果，アテナイ市民は立法・行政・司法に直接関与することができるようになり，彼らの投票が政治や裁判の命運を決することになった。民主制はすべての市民に政治的活動への道を開いたが，その際に重要になったのが集会において人々を説得する弁論の能力であった。

ソフィスト：レトリックの教師

このような需要に応えたのがソフィストたちであった。彼らの大半は，辺境の小ポリスの出身で，自らの才能を発揮するために，ギリシャ文化の中心地であるアテナイへ集まり，教師として身を立てた。彼らの代表格であるプロタゴラスは，小アジアのアブデラ出身で，自らをはじめて「ソフィスト」（知者）と名乗り，金銭契約に基づいて教育を行った。彼は西洋における最初の職業教師であっ

第1講　レトリックと教育

Column① プロタゴラス（前490頃-420頃）

　レトリックを重視するプロタゴラスの教育内容は，当時のアテナイにおいて歓迎され，若者を中心とした一部の市民たちに熱狂的に受け入れられた。加えて，各人を「万物の尺度」と見なすプロタゴラスの思想自体が，すべての市民が発言権をもつアテナイ民主主義の精神にマッチしていたともいえる。アテナイの指導者ペリクレス自身，プロタゴラスと親交を深め，息子たちの教育を彼に委ねたのみならず，アテナイの植民地トゥリイの法の作成を彼に依頼した。アテナイ民主主義の黄金時代のイデオローグはプロタゴラスであった。彼の著作はすべて散逸し，彼の言葉の引用や彼の思想に関する言及がプラトンやアリストテレスなどの著作に残されているにすぎない。これらの史料から推察すると，プロタゴラスは，絶対的な真理の存在を否定し，有為転変する現実世界においてそのつど適切な判断を下す実践的な知を重視した。そして，この種の知の習得のために，同一のテーマについて賛否両論の立場から演説を執筆したり，討論をしたりする修練を推奨した。プロタゴラスが教えたレトリックは，このような多面的かつ実践的な知から成り立つ語りの技法だったのである。プロタゴラスの思想は，イソクラテスやキケロのレトリックの源流である。同時に，彼が重視した実践的な知のあり方は，アリストテレスの倫理思想にも大きな影響を与えた。

た。また，ゴルギアス（前490頃-385頃）は，シチリアのレオンティヌム出身で，外交使節としてアテナイに来た際に自らのきらびやかな演説で人々を魅了し，その後レトリックの教師として当地に留まった。

　ソフィストの教育は文献学から数学に至るまで多岐にわたったが，その中核を占めていたのはレトリックであった。レトリックは，対立する意見が競い合う公共空間の中で，いかにして聴衆の心を動かし，賛同を得るかという，説得の術であった。その際，ソフィストたちがとりわけ重視したのは，1つのテーマを複数の異なった視点から見る修練であった。このような修練を通じて，ソフィストたち

は，つねに変動する社会の中でそのつど適切な判断を下すことができる柔軟な知を育成しようと努めたのである。

ソフィストたちの登場は，アテナイの伝統的な宗教と思想を大きく揺さぶった。「宗教や道徳は，民族ごとに異なる相対的なものである」という彼らの主張は，オリンポスの神々への素朴な信仰の上に成立していたアテナイの伝統的な世界観と道徳観に真っ向から衝突した。同時に，金銭を受け取って徳を教育するという彼らの実践も，伝統的な共同体の中での無償の人間形成を重視する人々の不信を買うことになった。彼らが外国人であるということもまた，このような不信に輪をかけることになった。結果として，5世紀の半ば以降のアテナイにおいては，新旧の教育をめぐる激しい論争が勃発した。喜劇作家アリストパネスの代表作『雲』(前423，第2稿)は，この論争を誇張した形でおもしろおかしく描いている。その際に，ソフィストたちの教えるレトリックは白を黒にする詭弁として激しく弾劾されている。

哲学との離別：西洋思想の2つの潮流

おもしろいことに，『雲』の主人公はソクラテスであった。ソクラテスの死後にプラトンが書いた対話篇の主人公ソクラテスは，ソフィストたちを批判する哲学者として描かれている。しかし，ソクラテスの哲学は，ソフィストたちがアテナイにもたらした知的な刺激と混乱ぬきには存在しなかった。アテナイの市民から見れば，ソクラテスもまた1人の風変わりなソフィストだったのである。とはいえ，次講で述べるように，ソクラテスによって始められ，彼の弟子プラトンによって確立された哲学的伝統は，ソフィストの思想と実践を激しく弾劾し，レトリック的伝統に並ぶ，西洋思想のもう1つの潮流を確立していくことになった。

イソクラテスの学校

レトリックを中心とするソフィストの教育は，紀元前4世紀にはイソクラテスによっ

第1講　レトリックと教育　19

Column② イソクラテス（前436-338）

アテナイに富裕な楽器製造業者の息子として生まれる。ソフィストたちの全盛期に青年期を過ごし，自らもアテナイにてソフィストたちを聴講し，その後テッサリアにて5年間，ソフィスト・ゴルギアスのもとで弁論術を学んだ。前404年にアテナイに帰国したとき，ペロポネソス戦争の影響で父の家計は傾いており，彼は，法廷のための演説作成者として生計を立てた。前390年頃，アテナイに学校を設立した。後に「イソクラテスの修辞学校」として有名になるこの学校において，イソクラテスは年に2名ほどの正規の学生を取り，イタリア半島から黒海に至るまで当時のギリシャ文化圏の権力者や金満家の子弟が遊学に来た。イソクラテスは，プラトンのアカデメイアが追及する厳密な知識は人間にとって到達不可能であると見なし，あくまでも実践的・実用的な知を重視した。晩年において，イソクラテスは，アテナイ市民でありながら，当時台頭しつつあったマケドニアに対して友好的な立場を貫き，マケドニアを盟主とした統一ギリシャ軍によるペルシャ遠征を説き，98歳にて天寿を全うするまで政治的にも活躍した。

て継承されていった。ゴルギアスの弟子であるイソクラテスは，紀元前390年頃にアテナイに学校を開設した。学校の目的はポリスの有能な指導者を育成することで，年に2名の正規の学生を受け入れるというエリート教育が実施された。授業料は，アテナイ市民に対しては無償であったが，外国人に対しては当時のアテナイの中流階級の年収の2倍に相当するほどの高額なものであった。それにもかかわらず，学校は大きな名声を得て，ギリシャ全土の富裕な家の子弟がそこで学んだ。イソクラテスは，教育が成功するために必要な要素を①素質，②技術（理論），③練習の3つとし，才能豊かな人

間にレトリックの理論を教示し、それを繰り返し練習させるという方法をとった。とりわけ彼が重視したのは弁論の基本的な型の習得と討論を用いた練習であった。彼はまた歴史の研究も推奨したが、その理由は、歴史が弁論に必要な過去のさまざまな事例や教訓を提示するからであった。このように、歴史教育のルーツはレトリックにあったが、その際歴史は偉人伝のような過去の範例の宝庫として理解されていた。

イソクラテスの学校は、プラトンによって同時期にアテナイに設立されたアカデメイアとライバル関係にあり、教育をめぐって両者の間に激しい論争が展開された。

アリストテレスの『弁論術』

レトリックに関して私たちがもつ最初の包括的な理論は、プラトンの弟子アリストテレスによって書かれた『弁論術』(前340頃) である。アリストテレスは、ソフィストたちの理論をおそらくは参考にしつつも、それを哲学的に体系化することによって、たんなる手引き書ではない、包括的なレトリックの理論を確立した。アリストテレスの『弁論術』は、レトリックの理論を知るために貴重な資料である。

キケロ：教養人としての弁論家

レトリックの理論はヘレニズム時代になるとさらに整備され、レトリックを中核とした教育は広く普及した。

紀元前1世紀には地中海世界の覇権はローマへと移ったが、ローマ人たちは、彼らが征服したギリシャの学問を積極的に受け入れ、アテナイのような文化都市へと自らの子弟を留学させた。キケロもまた、このような留学組の1人だった。

キケロは、名門の出ではなかったが、たぐいまれなる弁論を通じて、元老院の中心人物にまでなった。彼は、ギリシャ文化を積極的に受容し、レトリックと哲学の2大伝統をローマに定着させる重要

Column③ キケロ (前106-43)

ローマの南東のアルピヌムに騎士階級の父の息子として生まれる。ローマでの勉学、ギリシャへの留学の後に、ローマにて弁護士としての活動に従事し、その優れた弁論を武器に政治の表舞台にのし上がっていった。当時のローマにおいては、自らが庇護する人間を法廷で弁護し、必要に応じて政敵を弾劾することは、有力なローマ市民の重要な役割の1つであった。前63年、執政官に就任。同年、カティリーナによる陰謀計画を発見し、彼に対する死刑宣告を勝ち取る。その際キケロが行った『カティリーナ弾劾演説』は、ラテン語演説の白眉であり、長くラテン語学習者の必読テキストと見なされてきた。このときが、キケロの政治的キャリアの頂点といえる。その後の政治的キャリアは、カエサルやアントニウスという独裁者の台頭と元老院の弱体化という暗雲に覆われ、最終的にはアントニウスが差し向けた刺客によって命を絶たれることになった。古代ギリシャのレトリックと哲学の伝統は、古代ローマによって受容されることを通じて、西洋文化の礎になったが、その際キケロが演じた役割ははかりしれないものであった。レトリックに関しては、卓越した法廷弁論の執筆のみならず、『弁論家について』のようなレトリックの理論書を通じて、キケロはギリシャのレトリックのローマ化を実現した。キケロはまた、ギリシャ哲学への造詣も深く、晩年の政治的な不遇の時期においては幾多の哲学書を執筆し、多くのギリシャ語の哲学用語をラテン語に翻訳した。「教育」や「陶冶」と訳されるギリシャ語の paideia を humanitas (「教養」ないし「人間性」) と訳したのも彼であった。

な役割を演じた。

キケロは『弁論家について』(前55頃) において、自らの理想の弁論家像を示している。理想の弁論家は、当然のことながらレトリ

ックに熟達していなければならないが、だからといってたんなるレトリックのスペシャリストに甘んじていてはならない。彼は、自らの技術を悪用しないためにも、道徳的な品性をもたなければならない。また、弁論が十分な輝きをもつためには、弁論家はレトリックのほかにも、人間や社会に関するさまざまな知識をもたなければならない。これらの知識の中枢は、倫理学を筆頭とする哲学が占めている。キケロは、プラトンとイソクラテスの時代以来分断されていた哲学とレトリックを理想の弁論家像のもとで融和しようとしたのである。同時にキケロは、弁論家がその他の「自由人にふさわしい諸学芸」(artes liberales) を学ぶことも求めた。「自由人にふさわしい諸学芸」は中世においては、文法・修辞学・弁証法の三学と算術・幾何学・音楽・天文学の四科からなる「自由学芸」として確立され、それが現代の「一般教養」(liberal arts) へと展開することになった。

幅広い知識を背景とした言葉の達人としてのキケロの理想の弁論家は、ルネサンス・ヒューマニズムによる受容を通じて、西洋の教養人の原型となった。それは、間接的には、現代の教養論にもいまだに影響を与え続けている。

クインティリアヌスとアウグスティヌス

レトリックは、民主制アテナイや共和制ローマのような自由な討議ができる公共空間において開花した。それに対して、独裁者や皇帝が支配する社会ではレトリックは本来もっていた活動の場を失い、学校での教科の1つになっていった。弁論家の時代が終わり、弁論教師の時代が始まったのである。

帝政ローマの弁論教師クインティリアヌス (35頃-100) は、『弁論家の教育』(95頃) という大部の著作においてレトリック教育について広範に論じた。クインティリアヌスの著作には、キケロの著作に見られるような輝きはない。しかし、そこには、幼児期からの

家庭教育や学校教育に関する周到な議論のように，キケロが論じなかった実用的な論述が見出される。この著作は，中世においてほとんど忘却されていたが，ルネサンスにおいて再発見されることになった。キケロがルネサンス人文主義に霊感とヴィジョンを与えたならば，クインティリアヌスは，古典語教育の具体的な助言を与えることになった。

後にキリスト教の司祭として有名になるアウグスティヌスもまた，キリスト教に改宗するまでは弁論教師としてのキャリアを歩んでいた。キリスト教徒の中にはレトリックのような異教の学芸に関して警戒感や嫌悪感を示す人たちも少なくなかった。それに対して，アウグスティヌスは，レトリックやプラトン哲学のような異教の教えを，キリスト教が古代ギリシャ・ローマ文明を征服した際に獲得した「戦利品」としてキリスト教のために利用することを提唱した。その結果，レトリックはキリスト教の説教に積極的に用いられることになり，説教の伝統を通じて中世に受け継がれていくことになった。

2 レトリックの理論
●包括的で総合的な学問としてのレトリック

本節では，アリストテレスやキケロの著作を主として参照しながら，レトリックの理論の中核を，「目的」「言語観」「弁論の作法」という3つの項目に分けて検討する。このことを通じて，なぜレトリックが教養論へと発展したのかがわかるだろう。「話すことの技術」であるレトリックは，その機能を全うしようとすれば，さまざまな知識と必然的に関わらざるをえない。たんに言葉を学んでいるだけでは，人は言葉の達人にはなれないのである。

> 目　的

レトリックの目的は，人を説得すること，ないし人を動かすことである。ゴルギアスについて興味深いエピソードがある。それによれば，医者である兄弟が患者に手術を勧めても患者が受け入れようとしなかったとき，ゴルギアスは弁論の力で患者を手術へと説得することに成功したという。当時の手術はたいへんな痛みを伴ったはずであり，それを受け入れるように説得するためには，専門家のドライな説明だけでは十分ではなかったのだろう。おそらくゴルギアスは自らのレトリックを駆使して，手術を受けた場合と受けない場合のメリットとデメリットをまざまざと描き出し，あえて苦痛に耐えるだけの勇気を鼓舞したのであろう。

ゴルギアスの例は，医術のような専門知の限界を示してもいる。いかに専門知が発達し，事物に関する認識を深めようとも，それが人々に受け入れられるためには，レトリックが必要なのである。しかし，なぜ専門知だけでは十分でないのだろうか。それは，次に述べる言語の本質と関わっている。

> 言語観：言語の3要素

人を説得するためには，ただ内容の正しさだけを考えていてはいけない。たとえ言っていることが正しくても，「私」が「あなた」に信頼されなければ，「あなた」は「私」に耳を貸さないだろう。また，「あなた」がいらいらしているときに，大事な相談をもちかけても，断られるだけだろう。説得の内容が正しいものであるということは当然であるが，それだけでは十分ではないのである。

アリストテレスによれば，レトリックは，①語り手，②聞き手，③内容，という言語の3つの要素を考慮しなければならない。「私」（①）が「あなた」（②）に「何か」（③）について語ることが言語の基本的な構造なのである。

3要素は，具体的には以下のように考慮される。

第1講　レトリックと教育

①語り手に関して重要なのは、その人柄（エートス）である。語り手は、自分が信頼できる人柄の人間だということを聞き手にわからせなければならない。いくら言っていることが正しくても、話し手が信頼されていなかったり、嫌われていたりすると、説得は不可能である。話し手にとってとりわけ望ましい性格は、穏和さである。

②聞き手に関して留意すべきは、その情念（パトス）である。情念といっても、つねに熱情的である必要はない。倦怠感や重苦しさから笑いによって生じる開放感に至るまで、あるいは嫉妬や怒りから愛情に至るまで情念の幅は広い。弁論家は、聞き手の情念をすばやく察知し、必要に応じて他の情念を聞き手に呼び覚まさなければならない。情念に作用するもっとも効果的な手段は、ユーモアである。

③内容に関しては、理路整然と論理的に語ることが主眼となる。いくら語り手の性格が信頼され、語り手が聞き手の情念に適切に働きかけたとしても、肝心の話の内容が支離滅裂では、説得は不可能である。弁論家は、さまざまな論証をわきまえた論理学者でなければならないのである。

たんに話の内容だけでなく、語り手と聞き手との関係を考慮することが、レトリックに独自の特徴を与えている。聞き手に対する関心から、聞き手の心理を掌握し、できればそれを誘導する必要が生じる。情念に関する体系的な記述は、現在においては心理学の課題であるが、西洋哲学における最初の情念論はアリストテレスの『弁論術』の中に見出される。聞き手をいかに説得するかという実践的な課題が、その根底にあった。弁論家は、巧妙な心理学者でなければならなかったのである。

また、語り手の人柄を印象づけ、聞き手の関心を呼び覚ます手段として、ユーモアが重視された。とりわけ、西洋の紳士教育論のル

ーツとなったキケロの『弁論家について』では、ユーモアに関する論述がかなりの部分を占めている。現在においても、西洋の紳士はユーモアのセンスをもつことが求められているが、このことはレトリック的教養の遺産なのである。

　話の内容に関しては、弁論家は巧妙な論理学者でなければならなかった。ある主張を否応なしに人に認めさせる力を論理はもっている。論理もまた、説得の重要な要素なのである。西洋における論理学はアリストテレスによって生み出されたが、それは3段論法という形をとった一種の論証であった。論理学自体、人を説得するというレトリック的状況から生まれたといっても過言ではない。とはいえ、(すでにアリストテレスにおいて見られ、その後の哲学ではますます顕著になることであるが)論理学は、レトリックと袂を分かち、語り手の人柄や聞き手の情念を考慮せずに、複数の命題(「AはBである」といった類の文)の関係を真偽という基準で吟味する科学として発展していくことになった。

弁論の作法

レトリック的知の多面性は、「弁論の五要素」においてさらに明らかになる。「弁論の五要素」とは、①発想、②配置、③修辞、④記憶、⑤発表という、弁論を完成する五段階の課程である。

① 発想とは、話をどのような視点から、どのような戦略のもとに語るかに関する、全体的な構想である。このような視点は、トポス(場所)と呼ばれる一連の論点を学ぶことを通じて獲得される。トポスは、主として哲学者たちの議論から学ぶことができる。

② 配置とは、弁論の構成である。古代の弁論の構成は一般的に、「序言」「主題提起」「説得」「結び」からなり、必要に応じて、「反対意見の反駁」「要約」「余談」などが加えられた。

③ このようにして弁論全体の構想と構成が定まった後に、修辞

の段階で弁論が実際に作成される。その際，弁論はたんに明瞭であるだけでなく，十分に飾られた「脂身のついたもの」(キケロ)でなければならない。弁論の装飾は，隠喩のような技法によってもなされるが，それ以上に重要なのは，哲学や歴史に関する知識である。該当するテーマに関して哲学的な知識を示し，あるいはそれに類似する過去の歴史的事例に言及することが弁論の価値を増すことになる。また，韻律を用いて，散文に韻文のようなリズムを与えることも，弁論を飾る重要な手段の1つであった。

④聞き手の目の前で効果的に話すためには，弁論の内容をあらかじめ記憶しておく必要があった。そのために考案された技術が記憶術である。記憶術とは，記憶の内容を1つひとつ像に置き換えて（たとえば「正義」を「天秤」に置き換える），それをあらかじめ心の中に準備した場所に並べ，そのイメージを記憶に焼き付けるという技術であった。記憶術は，17世紀以降衰退したが，ルネサンスに至るまで影響力をもち続け，美術や哲学にも影響を与えることになった。

⑤五段階の中でいちばん大事なものは，発表である。いくら周到に弁論を準備しても，発表で失敗すれば元も子もないからである。記憶が重視されるのも，あくまでも発表を効果的にするためであった。書かれたものを読み上げていては，弁論家は自らのまなざしを効果的に用いることができない。目とは人を説得するための重要な器官なのである。それに劣らず重要なものが声である。また，体全体を用いたさまざまなジェスチャーも無視することができない。

5つの段階の中で，①発想と③修辞は哲学と深い関わりをもっている。とくに注目すべきは，修辞と哲学との関わりである。修辞とは「言論を飾る」ことであり，一見するとたんなる美辞麗句を連想

させるが，キケロの考えでは，哲学に関する教養に裏打ちされたとき弁論は豊かなものになる。

哲学と並んで重要な教養は，歴史である。もっとも，歴史といっても，過去の事実に関する科学的で客観的な記述ではない。そのような歴史観は近代以降のものである。古代からルネサンスに至るまで，西洋において歴史は「教訓の宝庫」として機能してきた。そういった意味で，歴史は神話や物語と同類であった。話の内容に応じて，歴史から必要な教訓を引き出すことは，弁論に輝きを与える重要な手段であった。このようにして，歴史はレトリック的教養の不可欠な要素になったのである。

さらにレトリックは，発表において，まなざしや声やジェスチャーと関わることになる。キケロによれば，役者の芸は，もともとはレトリックから派生したものである。したがって，弁論家は役者からも発表について学ぶことができる。キケロ自身，発表について論じる際にロスキウスというローマの名優の演技について何度も言及している。レトリックは，哲学や歴史などさまざまな学問に関する教養に加えて，演劇的な所作や声といった身体知とも深く関わっているのである。

レトリック的教養の展開

レトリックというと，美辞麗句を用いたり，あるいはひどい場合には白を黒と言いくるめたりする，似非学問であるという見方がある。このような見方は，ソクラテスやプラトンがソフィストやイソクラテスを相手にした教育論争の中で広めたものである。それ以来，ソフィストは長らく「詭弁家」のレッテルを貼られることになった。しかし，実際には，レトリックはさまざまな学問と関わりをもった裾野の広い総合的な学問であり，高い志をもっていた。

哲学の側からの激しい弾劾にもかかわらず，レトリックはアテナイにおいて開花した後，ローマにおいてキケロの時代に第2の大輪

を咲かせることになる。キケロの理想の弁論家は，レトリックに長じているとともに，哲学の造詣も深い，教養人であった。

古代末期において，レトリックは，アウグスティヌスを通じて，教会の説教の中に導入され，中世においても生き延びることになる。

そして，ルネサンスになると，ペトラルカによるキケロの再発見をきっかけとして，レトリックは，ヒューマニズムの名のもとに第3の黄金時代を迎えることになる。

レトリック的教養は，哲学的教養と並んで，西洋教育思想史の潮流を形成した。そして，それは現在においても，教育を考える際の貴重な手がかりを提供し続けている。

——————————加藤 守通◆

第2講 哲学と教育

> レトリック的伝統と並んで西洋の教育思想にはかりしれない影響を与えたのが,哲学的伝統である。紀元前5,4世紀にアテナイで生まれたこの伝統は,古代のみならず,中世,そして近現代に至るまで強い影響力を持ち続けている。しかも,その影響は,西洋を越えて世界的なものになりつつある。「個人の尊厳」や「真理と正義を愛する」ことといったわが国の教育の世界で使われる概念も,その起源をたどれば,この伝統に帰着する。本講では,ソクラテス,プラトン,アリストテレスの3人に焦点を当てて,古代ギリシャにおける哲学的伝統の誕生と確立を教育思想史の立場から概観する。

1 ソクラテス

「哲学」とは何か

「哲学」という用語は,西 周がギリシャ語の philosophia を「希哲学」と翻訳し,その後「希」が省かれることによって成立した。philosophia という用語の使用は,ピュタゴラス学派にまでさかのぼるが,それを自らの活動のキーワードとし,はかりしれない影響を後世に与えたのは,ソクラテスである。

ソクラテスが philosophia あるいはその動詞 philosophein を用いるとき,そこにはアイロニカルな論争的意味が込められていた。彼は,自分が知者 (sophos) ではないこと,自分は知恵 (sophia) を所有せず,むしろそれを愛し求めている (philein) ということを

主張した。哲学は，無知の自覚と結びついていた。ソクラテスにとって，無知の自覚は，知的な探求の出発点であり，原動力であった。

ソフィストによる知の民主化と相対主義

ソクラテスの立場は，今も昔もきわめて異例なものであり，このことがソクラテスを思想史における唯一無二の存在にしている。

ギリシャ思想史の草創期は，ターレス，アナクシマンドロス，ピュタゴラス，パルメニデス，ヘラクレイトスといった知者たち（sophoi）の時代であった。彼らは，大衆から距離を保ち，世界の起源や構造に関する特権的な知の所有者として振る舞った。知者たちは，精神世界の貴族だったのである。

しかし，アテナイのような民主国家が出現すると，大衆の思想により適応した，民主的な思想が要請された。それに応えたのがソフィストである。「万物の尺度は人間である」というプロタゴラスの言葉が示しているように，知はもはや一握りの知者たちの専有物ではなくなり，「私」や「あなた」といった意味でのそれぞれの「人間」の見解が尊重されるようになる。その結果，多種多様な見解が生じるが，それらを調整するために，討論や弁論が重視されるようになった。ソフィストのレトリック教育はこのような背景をもっていた。

ソフィストによる知の民主化は，当時の道徳や教育に大きな混乱をもたらした。道徳の領域では，善悪や美醜といった価値は，それぞれの民族に応じて（それどころか，極端な場合には，それぞれの個人に応じて）異なると主張する相対主義が勃発し，伝統的な道徳の地盤を揺り動かした。このことによって，伝統的な社会が行っていた教育も自明性を失い，新旧の教育の是非をめぐる教育論争が勃発した。第1講で示したように，この教育論争の貴重な資料がアリストパネスの『雲』である。奇妙なことに，『雲』ではソクラテスが新しい教育を提唱する破廉恥なソフィストとして描かれている。この

ことは，ソフィストの思想とソクラテスの哲学が，当時のアテナイ人の目からは区別されなかったことを示している。それは，なぜだろうか。ここで哲学とソフィスト思想の関係に再度目を向けてみよう。

哲学とソフィスト思想 　哲学とソフィスト思想は，しばしば互いに相容れないものであると見なされている。この見解の生みの親はプラトンである。プラトンは，彼の著作の主人公ソクラテスを，ソフィストたちを論駁するヒーローとして提示し，プラトン哲学が知的世界で支配を確立すると，ソフィストたちはたんなる「詭弁家」と見なされるようになった。

とはいえ，ソクラテスが登場するためには，伝統的な道徳観がソフィストの相対主義によって十分に流動化されている必要があった。特定の道徳観によって強く縛られているスパルタのような社会では，哲学は芽生えない。善悪や道徳に関する既存の考えが揺り動かされ，これらのテーマに関して議論をすることが意味をもったとき，はじめて哲学が生まれた。そういった意味で，哲学とは，紀元前5世紀後半にアテナイで起きた教育論争の副産物であるともいえる。

この論争において，ソフィストたちは，相対主義の視点から，特定の社会の伝統に束縛される既存の道徳観の狭さを指摘した。しかし，「ソフィストの相対主義は，既存の道徳観を批判した結果，いかなる道徳にも縛られない無責任で放縦な人間を育成する」という根強い批判も存在した。『雲』の作者アリストパネスはその代表である。もっとも，このような非難は必ずしも的を射たものではない。というのも，ソフィストたちは（少なくとも，プロタゴラスやゴルギアスのような第1世代のソフィストたちは），既存の道徳観に縛られない多面的な視点をもつことを強調するだけでなく，刻一刻と変化していく政治の世界の中でそのつどの状況に応じて適切な判断を下す判断力の育成にも配慮していたからである。とはいえ，当時進行して

いたペロポネソス戦争が長期化し，デマゴーグたちがアテナイを崩壊へと導いていったとき，その責任の一端はソフィストたちに帰せられることになった。

ソクラテスもまた，この教育論争に関与したが，彼がとった道は，伝統的な道徳観でもソフィストの相対主義でもない，第3の道であった。彼は，伝統的な道徳観がもはや効力を失ったことを認める。伝統的な道徳観にとって，勇気や節制や正義が何であるかは自明の事柄であって，理論的な正当化を必要としないものであった。それどころか，理論的な正当化を問うこと自体が，ある種の冒瀆と思われた。それに対して，ソクラテスの哲学は，勇気や節制や正義といった徳が何かを知らないという自覚に基づいていた。もっとも，だからといって，ソクラテスはソフィストの相対主義に与して，徳が文化に応じて相対的であると主張したわけではない。ソクラテスにとって，勇気や節制や正義はあくまでも1つの普遍的なものであり，人生を賭して真摯に追求されるべきものであった。ソクラテスが重視した「魂の配慮」は，この追求と不可分なものであった。

このように，ソクラテスは独自のしかたで教育論争に参加したが，伝統的な道徳の崩壊を憂うる保守主義者たちの目から見れば，徳をめぐるソクラテスの問いは，伝統を破壊する危険な思想と映った。結果として，ソクラテスは，紀元前399年に，新規な神々を導入し，青少年を堕落させるという罪状のもとに訴えられ，死刑に処せられることになった。

ソクラテスの問いの射程

ソクラテスは，アテナイ市民にとってソフィスト以上に苛立ちのもとであり，その結末がソクラテスの不当な処刑であった。アテナイ市民を苛立たせたのは，ソクラテスの奇怪な容貌でもなければ，主義主張でもなかった。人々を苛立たせたもの，それは彼の問いとそこから生じた行き詰まりの状況（アポリア）であった。

Column④ ソクラテス (前470/469–399)

　アテナイに生まれる。父は石工、母は産婆であった。アテナイ市民の中では高貴な生まれではなかった。もともとは経済的に余裕があったが、哲学に没頭したために、晩年には貧しくなった。裸足でいつも同じ上着を着てアテナイを逍遥するという伝説的なソクラテス像は、彼の晩年を描いたものである。彼は、アテナイでの活動を好み、ペロポネソス戦争で兵士として3度出兵したとき以外は、そこから外に出たことはなかった。彼が好んだ場所は、ギムナジオンと呼ばれる運動場であった。そこには良家の子弟たちがレスリングなどの運動をしに集まっていたが、ソクラテスは老齢に至ってもそこに通い、若者たちとレスリングをした後に彼らを哲学的な対話へと誘った。このようにして、肉体的な鍛錬の場は精神的な鍛錬の場となった。ソクラテスはまた、アテナイに来訪したときソフィストたちとも積極的に交わり、彼らと議論を交わした。このことから、ソクラテスもまたソフィストであるという悪評がアテナイに生じた。ソクラテスと交流が深かった一部の青年たちが不穏な政治的活動を行いアテナイに損害を与えたこともソクラテスの悪評を増した。それ以上に致命的だったのは、ソクラテスに吟味され論駁されたアテナイ市民たちの遺恨であった。これらが原因で、ソクラテスは、前399年に「ソクラテスは、国家の認める神々を信じることなく、新奇なダイモニア（神霊）をもちこんだ点において、また青年を堕落させた点において、罪があり、そしてその罪は死に値すべきものである」という告訴を受け、最終的に死刑の判決を下されて、毒杯を仰いだ。彼はいっさい著作を残さなかったが、彼の思想はプラトンの著作などを通じて知ることができる。

プラトンの初期の対話篇におけるソクラテスは，歴史上のソクラテスをかなり忠実に映し出していると見なされている。そこでソクラテスは，美や勇気や節制や正義などの重要な事柄に関して，それらに関した知識を有すると自ら標榜する人物に向けて主に問いを発し，問いの意味を相手に忍耐強く説明し，問いに対する相手の答えを入念に吟味し，最終的にそれを反駁する。結果として，誰ひとりとして彼の問いに答えることができず，多くの人々がソクラテスに自分の見解を反駁されて憤りを感じることになった。

　ソクラテスの問いは，アポリアに終わるので，一見すると不毛な，それどころか破壊的なものに見える。しかし，われわれはこの問い自体がもつ革新性を見逃してはならない。ソクラテスの問いは，「勇気とは何か」「正義とは何か」「美とは何か」といった形式をとっているが，驚くべきことにソクラテスの対話の相手は，ほとんどが相当の知識人であるにもかかわらず，この問いの意味を理解しない。彼らの最初の答えは，「勇気とは，敵に背を向けないことである」「正義とは，借りたものを返すことである」「美とは，乙女である」といったものであった。これらの答えは，勇気や正義や美の範例（example）を挙げて満足している。つまり，対話の相手にとって「勇気とは，正義とは，美とは，何か」という問いは，「何が勇気，正義，美なのか」という問いと同じものであった。実際，ホメロス以来，ギリシャ人は，神話や物語によって伝承されてきた具体的な範例のもとに勇気や正義や美を理解していた。ギリシャ人は，勇気と聞いて，『イーリアス』の主人公アキレウスを，美と聞いて，美女ヘレネを思い浮かべた。それはちょうど，民話やおとぎ話，さらには現代においてはアニメや映画が道徳の範例を提供しているようなものである。ソクラテスの問いは，このような範例の提示に満足しない。彼は範例の狭さや一面性を指摘し，あらゆる状況に該当するような普遍的な答えを要求した。この要求がいかに未曾有なも

のであったかは，当時の人々の無理解が証明している。とはいえ，道徳教育論は，ソクラテスによって新たな次元へと突入した。特定の社会の範例や規則に縛られない，普遍的な価値の追求が始まったのである。

2 プラトン

イデア論

ソクラテスの弟子プラトンの思想の根幹は，イデア論と霊魂不滅論である。ソクラテスは，「Xとは何か」という問いによって，あらゆる状況に当てはまるXの普遍的な存在を想定した。たとえば「美とは何か」という問いで問われている美は，美しい乙女にも，美しい壺にも，美しい行為にも妥当するものでなければならない。また，時とともに消滅したり，他と比較して醜く見えたりするものは真の美とは見なされない。プラトンは，ソクラテスのこの考えを継承すると同時に，さらに大きな一歩を踏み出して，勇気や節制や正義や美といったものが時間や空間に束縛されたこの世界のかなたに現実に存在していると主張した。このような時間や空間の束縛を超えて存在する真の存在を，プラトンはイデアと呼んだ。イデア論を提唱することによって，プラトンは師ソクラテスとは違う独自の思想を展開することになった。

霊魂不滅論

イデア論と表裏一体をなすのが霊魂不滅論である。私たちを取り巻く世界は，生成と消滅が繰り返される世界である。それに対して，イデアは，このような世界を超越した永遠性の中に存在する。それでは，どのようにして人間はイデアを認識することができるだろうか。ギリシャ語において「人間」は「死すべき者」とも呼ばれていたように，古代ギ

Column⑤ プラトン（前428/427-348/347）

アテナイの名家に生まれる。当時の名家の青年のならいとして，彼もまた青年時代には政治家としてのキャリアを志望した。しかし，ペロポネソス戦争におけるアテナイの敗戦後に，彼の親族であるクリティアスとカルミデスが反民主的な「30人政権」に荷担して非業の死を遂げ，さらにその後の民主政権において彼が親炙(しんしゃ)していたソクラテスが死刑に処せられるに及んで，現実の政治に絶望し，哲学の道へと進んだ。ソクラテスの死後，彼は，イタリアやエジプトといった当時のギリシャ文化圏の辺境に及ぶまで10数年にわたって遍歴したといわれている。おそらくイタリアにおいて知ったであろう，魂の不死と輪廻を説くピュタゴラス主義，そして存在への思惟を徹底的に深めたパルメニデスの思想は，ソクラテスの哲学と並んで彼の哲学の根幹を形成することになった。その後，アテナイに帰国し，前387年頃アカデメイアに学校を設立した。アカデメイアは，529年に廃止されるまで900年近く存続することになる。プラトンは，自らの哲学を確立した後にも政治への関心を失わず，その政治思想を実現すべくシチリア島のシュラクサイを3度も訪問したが，試みは挫折した。彼は，アカデメイアで講義をする一方で，外部の一般読者に対してアカデメイアの活動をアピールするために多くの対話篇を執筆した。講義録はその後すべて失われ，現在残っている彼の著作は一部の書簡を除いて対話篇のみである。対話篇は，ソクラテスの思想をかなり忠実に反映していると思われる初期著作，イデア論や霊魂不滅論というプラトン自身の思想が確立された中期著作，晦渋であるが思弁的な深まりを見せている後期著作に分類される。

リシャ人は（ピュタゴラス学派のような例外を除いて）死すべき人間を不死なる神と対比してとらえていた。しかし，もしも死が支配する領域の中に人間が閉じ込められているならば，人間は，死を超越し

38　第1部　西洋教育思想の源流

た永遠性の領域を知ることはけっしてないであろう。プラトンは，ピュタゴラス学派から魂の永遠性の教えを取り入れることによって，この問題を解消した。魂がイデアを認識できるのは，魂自体が不滅であり，永遠性と深い関わりをもっているからである。プラトンはこの思想を，「人間の魂は地上の肉体のもとに生まれる以前にイデアの世界に留まっていた」という神話によって表現した。魂の本来の故郷はイデアの世界である。地上での生はあくまでも仮の宿であり，肉体は「魂の牢獄」なのである。霊魂不滅論は，プラトンの『パイドン』（前385頃）において最初に説かれ，『饗宴』（前385頃）や『パイドロス』（前370頃）などの著作において繰り返し論じられている。

永遠性への帰還としての教育

イデア論と霊魂不滅論を通じて，プラトンは教育に新たなる領域と課題を提示した。ホメロスの詩においては，人間の魂は死後にも冥界に存在するが，それは肉体という活力の源を失った影のようなものであった。したがって，ホメロスの英雄たちが期待できた唯一の不死性は，地上の世界における名声のみであった。ソフィストの相対主義も，有為転変する地上の生の相対性を指摘したが，それを超えた永遠性の領域の存在を認めることはなかった。ホメロスにおいても，ソフィストにおいても，現世における成功が教育の目的だった。

それに対して，プラトンは，永遠性の領域を人間の魂本来の故郷と見なし，魂はこの故郷への帰還をめざすべきであると主張した。教育もまた，この文脈の中でとらえられることになる。もはや現世における成功が教育の目的ではなく，来世においてイデアの世界に帰還するための準備としての魂の浄化と自己変容が教育の目的となった。このことは，プラトンの教育思想に従来にないダイナミズムを与えたが，同時に現世と来世，肉体と魂といった二元論を生み出

すことにもなった。

想起と学習

学習に関するプラトンの見解も，イデア論と霊魂不滅論を背景にしている。『メノン』（前402頃）においてプラトンは，主人公ソクラテスと奴隷の少年との対話を通じて，まったく数学の教育を受けていない少年が，ソクラテスからの問いに1つひとつ答えていくことを通じて，数学の公理を発見する過程を描いている。ここで少年は，ソクラテスの援助を受けつつも，自らの力で無知の状態から知の状態へ移行している。なぜこのようなことが可能なのだろうか。プラトンによれば，それは，少年がまったくの無知の状態にはなかったからである。少年は，潜在的に数学の公理を知っており，ソクラテスの問いによって，その記憶を呼び起こされたのである。

この潜在的な知の意味は，イデア論と霊魂不滅論を通じてはじめて明らかになる。両者は『メノン』においてはいまだ主張されておらず，その後に書かれた『パイドン』において現れている。とはいえ，『メノン』の学習論と『パイドン』のイデア論＋霊魂不滅論は以下のしかたで一緒に考えるべきである。すなわち，人間の魂は不滅であって，この世界で肉体に宿る前に，イデアの世界をかいまみていた。その時の記憶は，この世界へと魂が下降する際にほとんど失われたが，それでもわずかに残っており，適切な補助が提供されれば，徐々に記憶を取り戻すことができる。学習とは，イデアの世界に関する失われた記憶の想起なのである。

エロス論

エロス（恋）に関するプラトンの思想も，イデア論と霊魂不滅論を背景にしている。ギリシャ悲劇のエロスが人間を襲う不条理な欲望であったのに対して，プラトンのエロスは，かつてかいまみた美のイデアに関する憧憬であり，そこへと帰還しようとする欲動である。プラトンにとってエロスの始まりは，美しい肉体への欲望である。しかし，当時の

ギリシャにおいてエロスはあくまでも肉体的な次元に留まっていたのに対して、プラトン的なエロスは、肉体を超えて、美しい魂への愛、美しい学問や制度への愛、そして最終的には美のイデアへの愛へと変容していく。エロスの対象が美のイデアであるのは、美が他のイデアと比べてもっとも光り輝くものだからである。それは、美しい肉体として、万人の眼前に現れている。しかし、美を追求すればするほど、私たちは死すべき肉体を超えた永遠性の領域へと導かれていく。

プラトンのエロス論は、『饗宴』と『パイドロス』にて論じられているが、『饗宴』においてはエロスとソクラテスの類似性が強調されている。ソクラテスはエロスにもっとも長じた人間として描かれているが、それは哲学がもっともエロス的な営みであり、エロスの欲動は哲学において完成するからである。

『国家』の教育論：音楽と体育

永遠性への帰還へのエロス的欲動としての哲学。この思想は、『国家』（前375頃）の教育論にも反映している。

この著作において、プラトンは、理想の国家における教育について語っている。教育の最初の段階において重視されるのが、音楽と体育である。当時の音楽はつねに言葉を伴っており、音楽と詩とはほとんど同義語であった。したがって、音楽教育においては詩人の作品が用いられることになるが、プラトンはホメロスやギリシャ悲劇の作品を教育的な視点から厳しく弾劾している。体育も音楽と並んで重視されたが、それはたんに体育が肉体を強化するためではなく、魂の気概的部分を育成するからであった。プラトンは人間の魂を、理知的部分・気概的部分・欲望的部分の三者からなると考え、音楽による理知的部分の育成と体育による気概的部分の育成がバランスのとれた人間を形成すると考えた。音楽教育だけでは、人間は軟弱になり、体育教育だけでは、無骨になるのである。プラトンの

初期教育論の背景には調和の哲学がある。

『国家』の教育論：パイデイア

『国家』における教育論は、国家の指導者たちの教育において完成する。そこに描かれているのは、プラトンの高等教育論ともいうべきものであり、プラトンはそれをパイデイアと呼んでいる。パイデイアというギリシャ語は、もともとは「子育て」という程度の日常的な意味しかもっていなかった。それに対して、プラトンは、超越的な世界へと魂を振り向かせ導くこととしてこの言葉を理解した。

パイデイアに関するプラトンの思想は、『国家』第7巻の「洞窟の比喩」に凝縮されている。そこで人間は、洞窟の奥に拘束されている囚人と比較される。この囚人は、薄暗い壁に顔を向けて縛られており、後ろで燃えている火がこの壁に投影するさまざまな幻影しか見ることができない。かりに誰かが囚人の縄を解いたとしても、囚人は、振り向きざまに火を見るやいなや、目に痛みを覚えて、もとの境遇に戻ってしまう。したがって、囚人が解放されるためには、少しずつ目を光へと慣らしていくことが必要である。そうすることによってようやく、囚人は火を見、さらに洞窟の外へ出て事物を見、そして最後にはすべての光の源である太陽を見ることができる。

この比喩において、教育（パイデイア）は、人間を超えた超越的な存在（太陽は、プラトンによれば、すべてのものの存在と認識の源である「善のイデア」の象徴である）に向かう自己変容のプロセスとして描かれている。このような自己変容が可能であるのは、人間の目の中にすでに太陽の光が宿っている（すなわち人間の魂はイデアの世界の記憶をもっている）からである。

「洞窟の比喩」の教育論は、アカデメイアのカリキュラムを反映している。プラトンは、この比喩の解説の中で、目が徐々に光になじんでいく（つまり魂が徐々にイデアの世界へと順応していく）ための

補助として，数論・幾何学・立体幾何学・音楽・天文学そして最後に弁証法という順でのカリキュラムを提供している。これらの学問は，人間の魂を具体的で経験的な世界から出発して徐々にイデアの領域へと高めていく，エロス的な機能を有しているのである。

3 アリストテレス

諸学問の父

プラトンの弟子アリストテレスは，史上まれに見る博識の人であった。彼は，プラトンのアカデメイアで20年を過ごし，アカデメイアの蔵書を知悉し，哲学史に関する深い洞察をもっていた。同時に彼は，経験を重視し，当時のギリシャの諸ポリスの法制を収集し，動植物に関する膨大なデータを集めた。学問・教育に関する彼の第1の貢献は，それまでははっきりと境界が定まっていなかった諸学問を各々に固有の原理に則って確立したことにある。「倫理学」「自然学」「詩学」「論理学」をはじめとして幾多の学問がアリストテレスによって確立された。彼の諸著作は，中世においては学問の揺るぎない権威となり，後世にはかりしれない影響を与えた。

『ニコマコス倫理学』の教育思想：教育，習慣，コミュニティ

このように多くの学問を確立したにもかかわらず，アリストテレスは，教育学を1つの独立した学問として定めなかった。教育に関する彼の思想は，『ニコマコス倫理学』（前335-323頃）や『政治学』（前335-323頃）の中で扱われている。

アリストテレスは，『ニコマコス倫理学』において，人間にとっての最高善を幸福と規定している。幸福であるということが倫理学の目的であるならば，政治学の目的とは，幸福である人々からなる共同体をつくることである。アリストテレスにとって，幸福とは，

Column⑥ アリストテレス（前384-322）

カルキディア半島のスタギラに生まれる。父はマケドニアの侍医であった。前367/6年にアテナイのアカデメイアに留学する。アカデメイアにはプラトンを筆頭に錚々たる哲学者や科学者がおり、自由な討論の気風が支配していた。アリストテレスはそこに20年滞在した。彼はそこで「読書家」というあだ名を得たが、それはアカデメイアの書庫に保管されている蔵書を朗読する役割を与えられていたからである（当時、黙読は存在しなかった）。この仕事はけっして名誉あるものではなかったが、アカデメイアの蔵書に関する広範な知識を背景とした哲学史に関する豊かな教養をアリストテレスにもたらすことになった。アカデメイア滞在の後半には、アリストテレスは授業をもつことが許され、プラトンのイデア論に対する批判的な立場を明らかにした。とはいえ、思索に捧げられた生活を重視するというアカデメイアの基本的な立場を遵守し、それを批判するイソクラテスに対して論戦をはった。前347年、プラトンの死後、アリストテレスはアテナイを離れ、小アジアやレスボス島などを遍歴した。動植物に関する膨大な知識はその間に獲得された。前343年には、マケドニアにて当時13歳だった王子アレクサンドロスの教師になる。前335年、アテナイに戻り、リュケイオンの地に学校を設立した。学校はペリパトス（ギリシャ語で散歩を意味する）と呼ばれ、彼の学派はペリパトス学派と呼ばれる。彼の著作で現存するもののほとんどは、アカデメイアとリュケイオンにて行った講義の記録である。彼は中世スコラ学において学問の権威と見なされるようになり、彼の著作は中世の大学の基本的な教科書になった。

単純ないい方をすれば、各人が自らの能力を発揮し、活動することにある。たとえば、職人にとってはその技術を活かすことが幸福である。しかし、各々の職業に固有な幸福とは違い、人間一般に共通

している幸福が存在し，それは，人間に固有の能力（知性的な能力と倫理的な能力）の行使に存している。その際，各人が自らの能力を支障なく発揮するためには，必要なハビトゥスないし型を身につけなければならない。アリストテレスはそれを徳と呼び，魂の2つの部分に対応させて，知性的な徳と倫理的な徳とに分けている。知性的な徳は5種あるが，その中でも際立っているのが，哲学的な知である知恵（ソフィア）と政治的・実践的な知である賢慮（フローネーシス）である。倫理的な徳には，勇気や節制や温和さ，さらには機知などがある。これらの徳を身につけ行使することが，人間に固有な幸福につながるのである。それでは，これらの徳はどのようにして身につくのであろうか。それらは反復と習慣づけによって獲得される。私たちは，勇気ある行為を実践することによって，勇敢な人間になり，節制ある生活を送ることによって節制ある人間になる。同様のことは，知性的徳の獲得に関してもいえる。ここで大事なことは，このような反復と習慣づけとは，すでに徳を有している人々との交わりの中で生じるということである。知性的なあるいは倫理的な徳を有している人々と交わり活動を共にすることによって，人は知性的なあるいは倫理的な徳を身につけた人間となる。ポリスとは，このような交わりを保証する場なのである。教育がポリスという政治的な枠組みの中で論じられるのは，そのためである。

『政治学』の教育思想：音楽教育論

『政治学』の最後の巻である第8巻は，「最善の国政における教育」を扱っている。アリストテレスにとって，幸福な人間をつくることが政治の究極目標である以上，教育は，政治の中でも最重要事項として，最後に論じられるものであった。

アリストテレスの教育論のかなりの部分は，音楽教育に関するものである。すでに述べたように，当時の音楽とは詩と不可分のものであった。それゆえ，音楽教育とは文学教育でもあった。音楽教

は，太古の昔からギリシャ人の教育において重要な位置を占めていた。プラトンもまた，『国家』の初等教育の中核に，体育と並んで音楽を置いた。したがって，音楽教育を重視するアリストテレスの姿勢自体はとりわけ独創的なものではない。重要なのは，その論拠である。

当時，アテナイにおいては，読み書き，体育，音楽，図画の4科目が子どもに教えられていた。これらの中で，音楽以外の科目はみな実用的な要素をもっている。それらはみな，実生活において役に立つので，それらを教えることに誰も疑念を差し挟まない。それに対して，音楽は，いかなる実用性ももたず，たんに楽しみのためだけに存在する。なぜ音楽を子どもに教えなければならないのだろう。

ここでアリストテレスは，閑暇と仕事の区分を導入する。閑暇とはギリシャ語のスコレー（schole）の訳である。英語のスクールの語原になっているように，閑暇とはたんに暇な時間ではない，また仕事の疲れを癒す休息の時間でもない。閑暇は，人間が学問や芸術に専念し，幸福を実現するための，自由で満ち足りた時間である。それに対して，仕事（ギリシャ語 ascholia）は直訳すれば「閑暇の不在」を意味する。アリストテレスにとって，仕事はあくまでも充実した閑暇を過ごすための手段にすぎなかった。

さて，閑暇をいかに過ごすかは，アリストテレスにとって政治の問題であった。閑暇が仕事以上に価値があり，国民を幸福にするのが政治学の目的である以上，閑暇の過ごし方を教えることは，政治学の重要な課題であった。アリストテレスによれば，ペロポネソス戦争の勝利者であるスパルタは，このことを怠ったために，滅亡に至った。スパルタ人は，戦に強かったが，戦に勝利した後に平和の中での生き方を知らなかったために，急速に堕落し，ついに国が破滅したのである。

アリストテレスにとって，閑暇の最高の過ごし方は，哲学するこ

とであった。とはいえ、この種の生き方はすべての国民に求めることができない。それに対して、音楽（文学）は国民の誰でもが楽しむことができる営みであった。だからこそ、音楽は閑暇を充実したしかたで過ごすために必要なものとして、他の実用的な科目以上に重視された。

この種の考え方は、現代の私たちにとって理解しがたいものかもしれない。私たちの多くにとって、人生の意義は仕事に見出され、それ以外の時間は「余暇」、つまりあくまでも骨休めのための余分な時間である。そして、人に迷惑をかけないかぎり、どのように余暇を過ごすかは個人の勝手である。ギリシャ的な閑暇と近代的な余暇の間には、大きな溝がある。

とはいえ、労働時間の短縮や平均寿命が長くなったことに伴って、生きがいを仕事に求める生き方が疑問視され始めていることも確かである。このような状況の中で、アリストテレスの音楽教育論は、生涯教育を考えるための1つの指針となるかもしれない。

哲学的教養の展開

ソクラテスによって創設され、プラトンとアリストテレスによって確立された哲学の伝統は、西洋のみならず世界に大きな影響を与えることになった。この伝統は、超越と普遍性という大きな課題を後世に残した。たえず変転する感覚的な世界の中で成功や栄華を求めるのではなく、時間を超えた永遠性の領域（それは同時に感覚ではとらえられない思惟の領域でもある）を魂の故郷として、それを究極の目標として生きるという新しい生き方が、ここに提示されることになった。このような生き方は、時には現世の利害関係に疎い人間をつくるものとして非難され、また時には人間の分限を超えた思い上がりとして傲慢のレッテルを貼られた。とはいえ、人間を超えたもの（イデアや神）との密接な関係性の中で人間をとらえることによって、哲学的伝統は、人間に従来なかった尊厳を付与した。また、イデア論に見られ

るような普遍性への憧憬は、西洋の精神を錬磨し、中世から近代に至る西洋思想の礎を築いた。近代の自然科学もまた、この温床から生まれている。

教育においては、プラトンが『国家』の「洞窟の比喩」において提示したパイデイア（教育）論は、教育理解の原型として、現在に至るまで影響力を保っている。「正義と真理を愛する」人間の形成を教育目的として掲げるわが国の「教育基本法」もまた、この伝統の影響下にあるといえよう。

——————————加藤 守通◆

第3講　キリスト教と教育

　西洋文化を縦糸・横糸のようにして織りなしているのは，古代ギリシャ・ローマ以来の教養（ギリシャではパイデイア，ローマではフマニタスと呼ばれた）と，キリスト教である（アーノルド1965：161ff.）。欧米のどの町に行っても必ず教会があるように，キリスト教を抜きにして，西洋文化はもとより，西洋教育史および思想を語ることはできない。
　本講では，西洋教育思想のもう1つの源流を形成するキリスト教について取り上げる。キリスト教を思考の中心としながら教育思想を語る3人に注目してみよう。アウグスティヌス，トマス・アクィナス，ルターである。西ローマ帝国が崩壊しつつある古代末期から，中世，そして近代の始まりへ。この3人は，それぞれの時代における教育思想を代表しているといえよう。

1　アウグスティヌス

　イエスをキリスト（ヘブライ語でメシア）すなわち救い主とする信仰，つまりキリスト教は，古代ローマ時代ながらく弾圧されてきたが，コンスタンティヌス帝のミラノ勅令によって，313年にようやく公認される。古代キリスト教最大の教父（信仰を伝え著し自らも聖なる生活をしたと認められる人々）といわれるアウグスティヌスは，まさに古代西ローマ帝国崩壊の時代を生きた。

Column⑦　アウグスティヌス（354-430）

主としてラテン語で著作を残す教父の中で最大の神学者・哲学者。その後の西洋思想に多大な影響を及ぼすことから、「西欧の父」と呼ばれる。ローマ帝国末期、北アフリカのタガステに生まれる。マダウラで文法学と修辞学を習得し、19歳のときキケロの『ホルテンシウス』（前45）に出会い、哲学に目覚める。当時はマニ教を信じていたが、激しい霊・肉の葛藤を経て、386年にキリスト教への劇的な回心に至る。391年にヒッポの司祭、396年に司教。回心に至るまでの激しい内的葛藤を描く代表作として『告白』をまず読まれたい。

プラトン主義とキリスト教

アウグスティヌスは、プロティノス（204/5-270）を経由した神秘主義的色合いの濃いプラトン主義（新プラトン主義とも呼ばれる）を主たるベースとした古代教養の上に、キリスト教の神学と哲学、そして教育思想を構築した（マルー 2008）。その第1の特質は、「基礎づけ主義」と呼ばれる。基礎づけ主義（foundationalism）とは、ある絶対的な基点を設けて、それとの関連の中で人間存在をとらえ、それへと導くものとして倫理や教育を理解する思考形態である（沼田・加藤 2000：240）。ある絶対的な基点もしくは基準とは、プラトン主義の伝統の中ではイデアであり、キリスト教では神に相当する。アウグスティヌスは、絶えず神という基準との関係において人間と教育のあり方を問いかける。キリスト教信者としての彼にとって、世界および人間は、唯一絶対の神によって創造された被造物であると考えられる。私たちのすべてが、造物主としての神に根源的に依存していると信じられている。まずは、プラトン主義とキリスト教

を基礎にして，つねに神（イデア）を基準にして，アウグスティヌスは教育について考えていることを覚えておこう。

神の像としての人間と原罪

『聖書』の「創世記」第1章26-27節には，キリスト教による世界観・人間観を根底から決定づける記述がある。「われわれにかたどり，われわれに似せて人を作ろう。そして海の魚，空の鳥，家畜，地の獣，地を這うものすべてを支配させよう。神はご自分にかたどって人を創造された。神にかたどって創造された。男と女に創造された」。そして，すべてを見て神は「よし」（善）と肯定したという。他の生物とは明確に区別された「神の像」（imago Dei）としての人間観であり，その人間は，すべての被造物の頂点として，この世界の支配を任されている。あるいは，「神の似姿」（similituido Dei）としての人間観ともいわれる。人間と神とは，このとき連続・一致する関係にあった。こうした人間と神との平和で調和した関係を，神の像や似姿は示している。

ところが，今現実には人間のいったいどこが神に似ているというのだろうか。最初の人間であるアダムとイヴが犯したオリジナルなもともとの罪，「原罪」（peccatum originale）。これ以降の私たちはみな罪のもとにある，とアウグスティヌスはいう。それは，自己の欲望や情欲に従って，つねに自分の利益を追求しようとする人間の姿をさす。そして，自分も最終的に神のようになりたいと思う傲慢である。人間と神とは，このとき不連続となり，最初の一致の関係は破綻してしまった。ここに神の像としての人間は，本来的な理想となり，堕罪後の私たち現実の人間にとっては，めざすべき理念となる。まさに絶対的基点としての神の像であり，アウグスティヌスをはじめ，トマスにせよ，ルターにせよ，この罪の現実をどうとらえて行動するかに，彼らの教育思想の，微妙にして大きなニュアンスの違いが現れる。よって，神の像をめざす運動，すなわち神の像

の再生に向けた教育を見る前に、私たちは罪の現実を押さえておかなければならない。我欲追求の動物としての人間の浅ましさを原点において直視するところから、アウグスティヌスの教育思想は始まる。

原罪後、私たちすべての人間は、最高の存在であり善であり支配者である神との分裂と敵対の関係に陥ったとされる。結果、私たちは自己を求め、自己のためにすべての被造物を利用し、神を忘れるに至る。生き物としての私たちは、本来的には善における幸福を希求しながらも、神へと向かわず自己へとねじ曲がった意志と選択によって、神との間に分裂を引き起こす。「じっさい、転倒した意志から情欲が生じ、情欲に仕えているうちに習慣ができ、習慣にさからわずにいるうちにそれは必然となってしまったのです」(アウグスティヌス 1978：265)。このように、原罪の結果は分裂と無知、情欲、苦痛、そして死である。だが、このような古い意志の一方で、私たちの中には、本来の善、つまり神を求め、神のうちに安らごうと、神を愛する新しい意志の芽生えがある。「かくて二つの意志が、一方は古く他方は新しく、一方は肉的で他方は霊的な二つの意志が、衝突し争いあって、魂をずたずたにひきさいてしまったのです」(アウグスティヌス 1978：266)。私たちの生は、つねに分裂と葛藤、つまり不安の中にある。

神の像の再生

アウグスティヌスは、神の像もしくは似姿としての人間ならではの能力を、理性(知性)・意志・記憶の3つに見出しているが、なかでも生物あるいは動物としての人間の中心は、第1に意志であり、意志に付随する感情である。人間存在の本質は、意志である。意志のあり方によって、欲望・喜び・恐れ・悲しみといった4つの基本的感情が生まれる。

さて、生物としての人間は、絶えざる不安の中に生きざるをえないわけであるが、しかし、その本来の意志は、不安を抜け出して善

を希求し，幸福に至ろうと欲している（はずである），とアウグスティヌスはいう。その生来の安息の場所とは，すなわち神にほかならない。この神における安息を求める原動力を，彼は「愛」と呼んでいる。私たちは，最高善であり幸福の根源である神を探求する愛によって駆り立てられる。ここに，罪人である人間の現実において，神の像の再生が開始される。

ただし，私たちは神の似姿へと「変えられていく」とアウグスティヌスがいうところに注意しなければならない（アウグスティヌス1999：1012）。キリスト教をベースに教育を考える人々にとって共通するのは，このように私たちは神によって「変えられる」（transformamur）という受動性（恩恵）を優先する点である。神を探求する愛は，人間の本質としての意志の中にあらかじめ組み込まれている。が，この愛の火を本気で燃え上がらせ，そして完成させてくれるのは，神しかいないという発想である。いわば教育者としての神。真の教師は神しかいない。結果として人間は変わるのであり，神の像の再生が，この世での終わりに至るまで，たえず続けられていくことになる。人は動物としてこの世に生まれ，神の像としての人間になっていくのである。人間は神の似姿へと向けて，つねに形成の途上にある。

神の協働者としての人間教師

愛としての意志を本質とする人間。しかし，その愛にも，アウグスティヌスによればさまざまあり，現実にはなかなかその間に秩序が成り立たない。神への愛，自己愛，隣人愛と３つに大別される愛。なかでも自己愛は，創造の秩序に従った真の自己愛であればよいのだが，実際には秩序を転倒させ混乱させる罪の自己愛に転落してしまう。愛には秩序が必要である（ordo amoris）。

さて，誰でもまったく知らないものを求めることはできない，とアウグスティヌスはいう。人間にとって最高の探求とは，神への愛

に基づく神の探求であることはいうまでもない。そこで，人間の教師の最大の役割とは，この探求に向けて，哲学と神学の知識と知恵に向けて生徒を誘うことである。彼は『教師について』(De magistro) の中で，教師はこの誘いとしての教育を，まずは言葉によって行うという。

　彼は教育を言葉（記号）による知識の伝達としてとらえる。記号 (signum) と実在 (res) の図式がここに成り立つ。教師は生徒に対して言葉という記号を手段として何らかの実在（内容・内実）を伝えようとする。それが，教えるという行為である。が，たとえば「頭」(caput) という記号によって，教師がその指示するものを伝えようとする場合，生徒はすでに「頭」を体験として知っていなければ，あたまを「頭」として知ることはできない，とアウグスティヌスはいう。よって，一見教師が「頭」について記号で教えているかのように見える行為も，実は生徒の中の実在が先行していることになる，と彼はいう。つまり，教育は言葉＝記号によるのだが，これによっては教育できないのである。すると，教師は生徒の中にある実在を記号によって想起させたことになる。生徒は「それ」を，自身の心の中で見出したのである。そのときアウグスティヌスは，生徒は言葉によらず「内なる教師」によって学んだのだという。この内なる教師を，彼は内的人間に住むキリストともいう。すべての学びは，私たち（生徒）の精神が内なる教師や真理と相談（内的対話）した結果として発見 (invenire) されるのだ，とアウグスティヌスはいう。

　では，記号以前の実在をまだもたない場合は，どうなのか。このとき生徒は教師の言葉によって真理の探求 (quaerere) へと促される，と彼はいう。教師にできることとは，ただ生徒の外から真理認識へと誘う外的刺激を与えることだけであって，真理を直接に教えることは，けっしてできない。

教師は生徒を教えることはできない。人間の教師は，教育者としての神に，内なる教師たるキリストに協働することができるのみである。こうした姿勢は，次に見るトマスやルターにも共通している。

それでは，こうした基本的なキリスト教的教育観を踏まえたうえで，いったいどのような教育課程によって，古代から中世にかけて，これが企画・実践されてきたのか。トマスの受けた典型的なカリキュラムを簡単に確認した後，その教育思想を取り上げよう。

2 トマス・アクィナス

中世スコラ学の完成者といわれるトマス・アクィナス。スコラとはスクール，つまり学校であり，大学発生以前の修道院や教会附属の神学校をさす。そこでの哲学・神学の正統派とされるのがトマスの思想である。では，彼はどのような教育課程に学んだのであろうか。簡単に見ておこう。

中世の教育課程 　古代・中世の学校教育課程の基本科目は，自由学芸（artes liberales）と呼ばれる。その伝統は，むろん古代ギリシャ・ローマの教養にさかのぼる。そこにキリスト教が加わる。古代ギリシャ・ローマ以来の教養にキリスト教を付加し，キリスト教的教養（フマニタス）の基礎を築いた最大の人物とは，やはりアウグスティヌスであった。彼によって，自由学芸は，これを学ぶものを段階的に高次の真理へと高め，自由にするものとされた。

中世を通じてさまざまな変化はあるものの，基本は，三学（trivium）と呼ばれる文法学・修辞学・弁証学，四科（quadrivium）と呼ばれる算術・幾何学・天文学・音楽から成り立っている。そして，哲学は神学のはしためといわれたように，こうした哲学による学芸

Column⑧　トマス・アクィナス（1225頃-1274）

スコラ学最大の哲学者・神学者。ドミニコ会修道士。「天使的博士」と呼ばれる。イタリアはナポリの近郊に生まれ，5歳頃モンテ・カッシーノのベネディクト会修道院に入る。1244年にドミニコ会に変わり，パリ大学でアルベルトゥスに師事。パリ大学神学部教授。その代表作は膨大な巻数に及ぶ未完の『神学大全』（1265-73）であるが，『トマス・アクィナス（人類の知的遺産20）』にはトマスの思想全体にわたるコンパクトな著作抄が含まれるので，まずこれを読まれたい。

課程トレーニングの先に，神の認識，すなわち真理の探求（神学）が始まる。たとえば，カロリング・ルネサンスを代表するアルクイヌス（730頃-804）は自由学芸を，『聖書』に証された真理に至るまでの，哲学の7つの小道と表現した（アルクイヌス　1992：122）。読書（学習）と労働と祈りを根本とする修道院で，トマスもまたこの道をひたすらに歩んだのであった。

アリストテレスとキリスト教

アウグスティヌスがプラトン主義を主な下敷きにして思想を形成したのに対して，トマスは，当時いわゆる12世紀ルネサンスを経てようやく復旧されたアリストテレスから大きな影響を受けて思想を形成した。そして，このアリストテレス-トマス主義によるキリスト教義体系が，次に見る宗教改革やルネサンス期に至るまでのローマ・カトリック教会（スコラ学）の正統派とされた。比するに，ルターは再びプラトン-アウグスティヌス主義の伝統と合流することになる。

すでに見たように，アウグスティヌスは神というイデアを絶対の基準として教育をとらえた。そして，著書の題目にもあるように「神の国」と「この世の国」とを，明確に区別した。すなわち，イデアの世界と，それによって制作される現実世界との区別である。神（イデア）の世界に由来する恩恵と，自然の世界であるこの世，さらに教会と国家とは，アウグスティヌスによれば非連続となる。

これに対して，そもそもプラトン哲学の批判から出発するアリストテレスにおいては，イデア（彼の言葉では形相）は，けっしてこの現実の素材や原料としての物体（質料）を超越したところにあるのではない。たとえば私なら，私という物体としての幼い質料の中に，私の未来に現実化して現実態となるはずの形相は，すでに内在しているととらえられる。よって，イデアや神を超越的な基点として，この基準に従って世界や人間を制作するのではなく，この現実界の質料そのものに内在している形相が内側から自然に生成してきたものとして，世界や人間の形成を考えることになる。すると，私たち人間は，みな生成の可能性を生きる可能態となる。イデア界は現実界をまったく超越した彼岸にあるのではなく，この可能態としての現実界との連続性を保つことになる。人間の生を含めたすべての現実世界を物事の内なる生成と見なす，こうしたトマスの立場が，教育思想に及ぼす影響は大きい。

神の像の完成へ向けた努力

恩恵は自然本性を廃するのではなく，むしろこれを完成する，というのはトマスの有名な言葉である（稲垣 1996：51）。神による超越的な恩恵は，私たちの自然本性（natura）を完成する。ここには，信仰と理性，神学と哲学との調和・統一がある。アウグスティヌスによれば，私たち人間の自然本性は原罪によって破壊され，その意志もまた，かなりの程度，自己愛へと転落してしまっていた。しかるに，トマスはこの事実に対して，神の像としての人間の形成

を，どうとらえるのであろうか。

　トマスにおける神の像としての人間は，人間が他の動物とは区別されて，「神を受容しうるもの」(capax Dei)，つまり認識と愛とを通じて神との直接的な一致に至ることが可能な存在と考えられる。人間だけが神を認識すると同時に自己のあり方・生き方を認識することができる。そして，自己を神に向け変え，神を愛することができる。このことが，すでに「神を受容しうるもの」としての神の像としての人間の自然本性を形づくる。しかし，私たちはこの現実生活の中で，神を活動において習慣的に愛するように，神の像をつねに再創造していかなくてはならない。すなわち，可能態としてある神の像を，たえず現実態にしていかなければならない。このとき，私たち人間の「神化」(deificatio) が始まる。そこで神の像は「神の似姿」へと完成される。トマスにおいて人間であるということは，神の像としての潜在能力を内蔵したうえで，さらに恩恵の力が加わった自らの努力によって，神の似姿へ向けて自己を完成させることを意味する。要するに，人間は恩恵と努力という習慣によって，人間となる課題を与えられているのであって，けっして所与としてすでに人間であるのではない。人間は神の像として完成品として生まれてくるのではない。神の似姿としての人間になるかならないかは課題として任されている。人間は人間化されてはじめて，トマスのいう人間らしい人間になることができる。ここに教育が果たすべき役割は大きい。

> **習慣と徳の形成**

　トマスにおいて哲学にせよ神学にせよ，知的な営みは「知恵の探求」(studium sapientiae) といわれ，私たちを神との類似（神の似姿）へと近づけるがゆえに，もっとも高貴であり有益であり，大きな喜びをもたらすとされる。トマスは，知恵の探求を遊びにも似た楽しいものとする。しかも，トマスによればすべての存在には目的があるという。私たち

人間にとっては幸福が究極の目的に当たる。ここでの幸福とは、知恵の探求の結果としての「神化」であることは、いうまでもない。

が、現実には私たちはみな、たとえ悪人と呼ばれる人々であっても幸福になりたいと望んでいるはずなのに、なぜ先の人間化もしくは神化から遠ざかってしまうのであろうか。1つには、「習慣」(habitus) の問題があげられる。

神によってつくられた自然本性を出発点および目的としながら、私たち自身によってつくりだされる限りでの本性を、トマスは習慣と呼ぶ。習慣は可能態と現実態との中間にある。習慣は、私たちに内在するさまざまな可能態としての能力（その最大のものは神を受容する能力）を行為という現実態へと秩序づけるものである。しかも、この諸能力がよりよい働きへと、知性（理性）によって秩序づけられた場合に徳 (virtus) と呼ばれる。すでに見たように、私たち人間の自然本性は他の生き物のように閉じられたものではなく、習慣および徳の形成を通じて、人間となるべく、つねに完成をめざすべき課題として与えられている。ここに、人間の自由の問題が浮かび上がる。

原罪の問題をどうとらえるかは別にしても、トマスは、人間の意志は必然的に究極目的である幸福を欲求するのだという（稲垣 1979：362ff.）。この点で意志は幸福しか意志しえない。しかし、この目的に達するためにどのような手段を選択するかは、私たちの自由であり、ここに選択可能性という意味での自由な意志があるという。このとき、さまざまな迷いや狂いや誤りが生じることになる。やはり、恩恵を抜きにしては神の像の完成も、よりよき習慣と徳の形成（人間化）もなしえないゆえんである。

ところで、トマスは知性を思弁的知性と実践的知性に区別する。思弁的知性の目的は、真理に関わる。実践的知性の目的は、思弁的知性によって考察された真理を、行動へと秩序づけることにある。

教育の知性は,おそらくこの両者の統合にあるのだろう。

トマスの時代に教育学と呼ばれる学問はなかったが,究極の目的(幸福)に向けた行動の秩序化をどうすればよいのか,という現代の教育における問いを,トマスは私たちに対しても提起し,知恵の探求へと誘っているといえよう。

3 ルター

トマスは,よりよき習慣を通じて優れた人間的徳が形成され,また形成しなければならないと説いた。迷える子羊である人間にとって恩恵は必要不可欠であるけれども,これは自然本性を完成させるのであった。いわば,人間による努力の可能性を信じる楽観的な教育思想である。しかるに,ルターはこれとは正反対の主張をする。

徹底して破壊された神の像

ルターは,当時「新しい方法」(via moderna) と呼ばれたオッカム主義の伝統の中で教育を受けた。これは,中世末期の神学者オッカム (1285頃-1347/49) の学説によるもので,トマスのように,神学と哲学とを階層的秩序によって統一する方法(「旧来の方法」via antique)とは正反対の立場をとる。つまり,理性や知性による推論によっては,けっして神にも信仰にも至ることはできないという主張である。哲学と神学,すなわち信仰とを厳格に区別するところに最大の特徴がある。ここに,自然本性から恩恵によって段階的に成長・進化・完成に至るといった,トマス的「神の像」の完成へ向けた教育観は,全否定されることになる。

ルターによれば,神の像としての私たち人間は,原罪以降,徹底して堕落してしまっている。つまり,私たちの中の神の像は,徹底して破壊されてしまっている。その中心は,自己愛であり,我欲を

Column⑨ ルター (1483-1546)

　16世紀ドイツの宗教改革者。アイスレーベンで農民の子として生まれる。1505年にエルフルト大学法学部に進学するも、シュトッテルンハイム近郊での落雷体験を機に、父の反対を押し切り、アウグスティヌス隠修士会修道院に入る。1513年以降ヴィッテンベルク大学神学部教授。ルターの考えは、メランヒトンによって体系化された。アイスレーベンで永眠。代表作としてまず『キリスト者の自由について』(1520)を読まれたい。

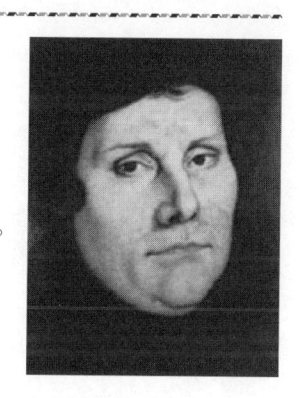

本質とする意志である。つねに自己のものを求めようとする、神に背く意志である。人間と神との一致関係は、完全に破綻したのだ。

　ルターは、当時オッカム主義のドイツにおける中心であったエルフルト大学法学部に進学後、アウグスティヌス派の修道院に入る。中世以来の教育課程を踏まえながらも、ルターの教育思想形成に当たっては、誰よりもオッカムおよびアウグスティヌスといった人物からの影響が大きい。ただし、アウグスティヌスはすでに見たように、自己愛をすべて悪とはしなかったが、ルターはそうではなかった。徹底した自己否定の後にたどりついたのは、キリストのみ、聖書のみ、という理性や知性によらない、私たちの内面の奥底にある「霊」(Geist) の次元における信仰「のみ」(*sola* fide) であった。ここに、人間はあるがままの自然(古い人間とか肉的人間とルターはいう)をいったん全否定された後、新しい人間あるいは霊的人間として再び甦るという、非連続の再生を経ることになる。トマスのように、自然本性から連続的に「人間」が生成してくるとは、けっして考えられない。そして、幸福を意志する中で何を選択するかという

第3講　キリスト教と教育

自由も，ルターには残されていない。アウグスティヌスはすべての自己愛を罪とはとらえなかったが，ルターにおいては人間の自由意志は，つねに罪としての自己愛（我欲）に傾かざるをえないからである。これが，ローマ・カトリック教会に対するプロテスタント，宗教改革者ルターの教育思想のかなめである。

罪あるがゆえの再生

よって，私たち人間にまず求められる姿勢は，ルターによれば罪の徹底した認識である。人間がいかにあさましく，最終的には自己の利益しか求めえないかを自覚しておくことである。私たち人間は，「人々の前」では表面上善人と見受けられても，「神の前」においてはみな深層偽善者である。だから，自然のままの自己を，いったんすべて否定すること。人間の本質が，我欲（エゴイズム）にあること。まずこのリアルな現事実から出発するのが，ルターである。

すると，ここからの脱出は自分の力では不可能となる。（自然本性に根ざす）知性や理性による哲学的知恵とは別世界の，信仰の次元の事柄である。苦しみ抜いた経験の後，彼は，このようなあわれな人間を救うためにこそキリストがいる，と霊の次元で確信できるようになる。救い主としてのイエスとの原点における個人的出会い（宗教的経験）である。

結果として，純粋な隣人愛の実践や神への愛は不可能であると，自己の罪（エゴ）を深く認識するところから，逆にキリストへの信仰の道が明確にされることになる。つまり，罪あるがゆえの新しいキリスト教的人間に向けた再生が，ここに可能となる。すべては，キリストすなわち神の側からの，無償の恩恵によって，この再生のすべては成し遂げられる。ここに，私たち人間によるすべての能動的努力は停止している。私たちは，罪の自覚において，ただ受動の状態として，神に対して自己を完全に投げ出した状態にある。エゴを捨てた状態にある。自己の能動性が止むところに，神の能動性が

働く。そのために，私たちは徹底して受け身の状態にならなければならない。このとき，罪あるがゆえの再生が，神の力によって開始されることになる。

神の像の再創造に向けた教育

ルターの教育思想のかなめにある人間観を確認した。それは，トマスに比べて，アウグスティヌスに比べても，かなり悲観的でラディカルな人間観のように私たちの目には映るであろう。ふつうなら，そこまで自己の暗部をえぐり出す必要はない，と思われるであろう。実際，ルターもまた恩師からそのように忠告された。が，「新しい方法」の流れを受けたルターには，調和や一致や統合をめざす「旧来の方法」には，もはや逆戻りできなかった。それまでのやり方では，自己の救いと平和に至ることができなかったのである。

しかし，ルターは罪の問題を最後まで追究したがゆえに，かえって神の像としての人間の再創造に向けた教育へと，その底力を反転することができた。ドイツ国内にあまねく学校を建て，そこに子どもたちを通わせよう，と当時の権力者たちに呼びかけたのであった。1524年には『ドイツ全市の参事会員にあてて，キリスト教的学校を設立し，維持すべきこと』を記し，1530年には『子どもたちを学校へやるべきであるという説教』を公にしている。また，キリスト教信仰へと生徒たちを導くテキストとしては，1529年に大・小2冊の『カテキズム』(教理問答書)を著している。

ルターは，主に初等学校教育についてさまざまな提言を行っている。中等高等学校および大学教育については，ドイツの教師と当時から呼ばれたメランヒトン（1497-1560）が多大な功績を残している。

ルターは，ドイツのすべての子どもたちが，少年も少女も含めて毎日1時間でも2時間でも学校に通うべきであると主張した。その本来の動機は，むろん信仰に由来して，キリスト教的人間を数多く教育することにあった。罪の認識から『聖書』を通じたキリストと

の出会いへと，神の像の再創造へ向けた準備を，すべての生徒たちにさせることであった。ここで，ルターのいうキリスト教信仰が，あくまでも『聖書』を媒介としていることを忘れてはならない。

ルターによると，キリストや神は，『聖書』のみに記され，ここに啓示されているのであって，『聖書』という文字テキストをメディア（媒介）としない出会いは，とうてい考えられない。文字を介さない，直接的な霊的交流といった心霊主義（スピリチュアリズム）をルターは徹底して警戒し，これを排除している。神の像の再創造は，つねにリテラシー（読み書き能力）を前提とし，聖書という文字テキストを各人が個人として読むという経験から始まる。結果として，ルターは近代的個人を準備した。このため，ルターは『聖書』をドイツ語訳し，子どもたちにはドイツ語，できればラテン語の読み方や教養を身につけてほしいと願った。そして，『カテキズム』を手引きとして，『聖書』へと進むように促す。さらに，歴史，歌，音楽，算数もカリキュラムに加えられている。

すべての子どもたちが学校に通うようになり，キリスト教的人間としての基礎教養と信仰とをもって，キリスト教的世界を改善すること。ここに，ルターの教育思想のねらいがある。たとえ明日世界が滅びるとわかっていても，私はリンゴの苗木を植えるであろう，というのは，教育と人間の未来に向けたルターの不屈の信仰による希望を，如実に物語る言葉である。

キリスト教と教育

ルターをはじめ，アウグスティヌスやトマスなど，キリスト教を思考の中心としながら教育思想を語る彼らに共通しているのは，やはり課題として与えられた人間のあり方・生き方の模索であるといえよう。

動物(アニマル)として私たちはこの世に誕生する。しかし，私たちは「人間(ヒューマン)」になっていかなければならない。人間として誕生しただけでは「人間」ではない。この「人間」を，キリスト教では「神の

像」や「神の似姿」として表現する。私たちは，神の像にふさわしい生き物として，たえず神の似姿にふさわしいあり方・生き方をめざさなければならない。ここに人間の尊厳がある。そのための人間的努力と援助が教育である。教育の目的と手段とを冷静な知性によって見極め，恩恵を願いつつ，熱い信仰によって，彼らはこの課題を果たしたのであった。

———————————菱刈 晃夫◆

第 2 部

近代の教育思想

A 教育における〈近代〉

第4講 ルネサンスとヒューマニズム

　本講では、ルネサンスの教育思想をヒューマニズムに焦点を当てて論じる。教育思想史の観点から見た場合、ルネサンスがもたらした最大の貢献は、ヒューマニズムだからである。ヒューマニズムは、キケロに代表される古代のレトリックの伝統を、たんなる技術においてのみならず、精神においても、復興させた。ヒューマニズムを通じて、ギリシャ・ラテンの古典語による文学や歴史の学習が教育の重要な核と見なされるようになった。この伝統は、現在においても教養教育の理念において生きている。

1 ヒューマニズムとは何か

ヒューマニズムの定義　ヒューマニズムという名称は、ドイツの教育学者ニートハンマーによって1808年につくりだされたものであり、ルネサンスに用いられていたわけではない。ルネサンスには、ウマニスタというイタリア語が存在した。ウマニスタとは、人文学 (studia humanitatis) の教師である。人文学とは、直訳すると「フマニタスの諸学問」という意味であるが、ここでいう「フマニタス」（ラテン語 humanitas, 英語 humanity）は、「人間性」と「教養」という意味を兼ね備えていた。

　人文学の中核は、ギリシャ・ラテンという2つの古典語による文学、歴史、修辞学、道徳哲学の学習であった。これらの学問を学ぶことが、人間を粗野な状態から誘い出し、人間が本来あるべき状態

へと導くと考えられた。人文学とは、人間を（本来あるべき）「人間にする」教養であり、教育の中核に置かれるべきものと考えられていた。

本講では、ヒューマニズムを人文学がもつ教育的な価値を重視する思想と見なす。また、人文学の教師に限らず、このような思想の持ち主をヒューマニストと呼ぶ。

中世との比較

言語教育、文学教育、歴史教育は現代においても教養教育のかなりの部分を占めているが、これらはみなヒューマニズムの遺産である。

ヒューマニズムが成立する以前の中世的な世界では、これらの学問はあくまでも傍系であり、時には異教の思想を伝播する危険なものとさえ見なされていた。たしかに、中世においても広義の言語・文学研究は「文法学」という名のもとに存在していた。とはいえ、古典ラテン語に関する関心は、ヒューマニズムにおいて飛躍的に増大した。

古代ギリシャ語に関しては、中世においてはほとんど知られていなかった。12世紀にはアリストテレスの著作が西洋に紹介され、アリストテレスは諸学問の権威として熱心に読まれ続けた。中世の学問の中心を形成したのは、スコラ学であった。

スコラ学は大学において発展したが、その際にもっとも用いられた教科書は、アリストテレスのアラビア語訳をラテン語に重訳したテキストであり、それに関する註解であった。アリストテレスの研究者でさえ、アリストテレスの著作をギリシャ語原典で読もうという関心をもたず、むしろ彼の著作に関するアヴェロエスなどによる註解の読書に専念した。テキストを原典で読むという必要性は、中世には存在しなかった。

その理由は、アリストテレスやプトレマイオスのような古代の著作家（ラテン語 auctor, 英語 author）は、中世においては諸学問の権

威（ラテン語 auctoritas, 英語 authority）として読まれていたからである。これら古代の著作家たちの作品は、自然や宇宙や道徳や論理学などさまざまな学問に関する信頼できる教科書として読まれていた。したがって、重要なのは、そこに書かれている内容の普遍的な真理であり、それは特定の言語表現に依存しないものと見なされていた。「アリストテレスという歴史上の人間がどのような言葉を用いたか」「彼の思想は当時のギリシャ社会のどのような状況を反映しているのか」といった問いは、中世においては存在しなかった。古代の著作家たちはあくまでも「永遠の位相のもとに」読まれ、彼らを取り巻く言語的・歴史的な文脈は切り捨てられていたのである。

それに対して、ヒューマニストたちにとって、古代の著作家たちは、あくまでも血肉をもった生身の人間であり、歴史的な位相のもとにとらえられるべき存在であった。アリストテレスもまた、絶対的な権威としてではなく、欠点ももった、とはいえ偉大な、歴史的人物の1人として読まれることになる。そして、アリストテレス以外にも、ホメロスやプラトン、ヴェルギリウスやキケロといった多くの古典作家が愛読されるようになる。ヒューマニストたちは、読書を通じて、古代の偉大な人間たちとの精神的な対話を求めた。このような精神的な対話にとって、著作の内容はもとより、著作の形式も重要になる。著作の内容が真であることはもちろん大事であるが、著者の言葉や文体も著者の人間的な魅力を示す重要な指標である。それどころか、著者の言葉や文体に関する歴史的な理解がなければ、内容も正しく理解することはできない。

ヒューマニストたちは、もはやアラビア語訳からの重訳でアリストテレスを読もうとしない。15世紀フィレンツェにて活躍したヒューマニスト、レオナルド・ブルーニ（1370–1444）が考えたように、アラビア語からの重訳は野蛮なラテン語で書かれており、アリストテレスという魅力的な人間の思想を盛るには不釣り合いな器なので

ある。ブルーニは自らギリシャ語を学び，アリストテレスの著作を優美なラテン語に翻訳したが，その背景にはこのような思想があったのである。

2 時代区分

ペトラルカ

ヒューマニズムは，ペトラルカによって誕生し，15世紀イタリアにて開花し，その後16世紀にかけてヨーロッパ全土へと浸透していった。

ヒューマニズムの成立に関して決定的な影響を与えたのは，ペトラルカである。ペトラルカは，幼少時代からキケロを中心とした古典ラテン語の世界にのめりこんでいった。彼は，一時父の希望によりボローニャ大学で法学を学ぶが，父の没後は，コロンナ家の庇護のもとで南仏とイタリアで執筆活動と古典収集に専念した。彼が執筆したイタリア語の抒情詩集『カンツォニエーレ』(1356) は，西洋の恋愛詩の伝統にはかりしれない影響を与えた。とはいえ，彼自身の関心の中心は，ラテン語著作の執筆であり，歴史，叙事詩，対話篇，書簡といった幅広い作品群を残している。これらの作品は，古典ラテン語を模して書かれている。中世の「野蛮な」ラテン語ではなく，古代の「優美な」ラテン語を復興させることで，古代の優れた習俗と文化を再興させようという意図がその背景にはあった。ルネサンスは，たんなる復古趣味ではなく，古代人との対話を通して，古代の栄光を現在に蘇らそうとする全面的な改革運動だったのである。

イタリアでの開花

ペトラルカの思想と活動は，スコラ学者などからの批判を受けながらも，その共鳴者を着実に増やしていった。とりわけペトラルカの祖国イタリアにお

Column⑩ ペトラルカ (1304-74)

　フィレンツェ近郊のアレッツォに生まれた。父はフィレンツェ人でダンテとも面識があったが、政争に敗れて追放されていた。1311年に一家はアヴィニョンに移住し、ペトラルカは南仏で少年期を過ごした。少年期に父の蔵書の中にキケロの著作を見つけ、その言葉の甘美さに魅了されたことが、彼の文学熱の端緒となった。1316年から26年にかけて法学をモンペリエとボローニャで学ぶ。1326年、父の訃報に接してボローニャからアヴィニョンへ戻り、その後、友人ジャコモ・コロンナの紹介で、その兄であり枢機卿であるジョヴァンニ・コロンナの加護下に入った。コロンナ家の加護のもと、ペトラルカは創作活動や古典収集活動に専心することができた。ラウラという女性への恋を歌った抒情詩集『カンツォニエーレ』は、ルネサンス・イタリア文学の白眉であり、そのソネットという詩形は、ヨーロッパの詩に多大な影響を与えた。もっとも、ペトラルカ自身の関心は、古典ラテン語を駆使した文学の再創造にあり、この分野においても多くの書簡や『わが秘密』(1342)など幾多の対話篇を残した。1341年にペトラルカは、ローマにて桂冠詩人の栄誉を得た。彼は、桂冠を受けた最初の近代詩人と言われている。1353年以降、彼は活動の拠点をイタリアに移し、ミラノ、パドヴァ、ヴェネツィア、パヴィアと移り住んだ後に、パドヴァ近郊の田舎町アルクアに居を定め、そこで没した。彼の著作と彼が収集した膨大な蔵書は、彼に続くヒューマニズムの発展にはかりしれない影響を与えた。

いては、15世紀になると北部の諸都市を中心にヒューマニズムが開花した。ヒューマニズムの新しい精神に則って、ピエトロ・パオロ・ヴェルジェリオ (1370-1444) やブルーニが教育論を執筆し、グアリーノ・ダ・ヴェローナ (1374-1460) やヴィットリーノ・ダ・フ

ェルトレ (1515-1608) が学校を経営した。ヒューマニズムに対する批判は依然として存在したが, ヒューマニストたちのアカデミーや学校は新しい文化の発信源として, 大学を凌駕する教育と文化の中心地となった。

15世紀のヒューマニズムの中心は, フィレンツェであった。ペトラルカの弟子コルッチョ・サルターティ (1331-1403) は, ビザンティンの碩学マヌエル・クリソロラス (1350-1415) をフィレンツェに招聘し, ギリシャ語の授業を開設した。これを契機に, 古代ギリシャ語は古典ラテン語と並んでヒューマニズム教育の中核を占めることになった。キケロの教育理念を継承し, 哲学や芸術に捧げられた観想的生活と政治に捧げられた実践的な生活の両方に卓越した人間を形成することがこの時代のフィレンツェのヒューマニズム(「市民ヒューマニズム」とも呼ばれる) の特徴であった。

しかし15世紀後半にメディチ家がフィレンツェの政治を独占するようになると市民ヒューマニズムは衰えた。フィレンツェにおいては, メディチ家の庇護のもとにマルシリオ・フィチーノ (1433-99) がプラトンの著作集のラテン語訳を刊行した。フィチーノは, プラトンやヘルメス主義といった古代の哲学とキリスト教との融和をはかり, 彼の哲学はヨーロッパの哲学のみならず文学や美術にも多大な影響を与えた。また, ヒューマニズムは北部イタリア各地の宮廷でも影響力をもち, カスティリオーネ (1478-1529) の『宮廷人』(1528) に見られるように紳士教育論を生み出すことになった。

　ヨーロッパ全土への浸透

グアリーノらの学校にはヨーロッパ全土から学生が集まり, 彼らはヒューマニズムをそれぞれの祖国に持ち帰った。こうした中で, 15世紀後半から16世紀前半にかけて, ヒューマニズムはヨーロッパ諸国に定着した。

とりわけ大きな存在は, オランダ出身のエラスムス (1466-1536)

であった。彼の流暢なラテン語著作はヨーロッパ全体で愛読され，その影響はイタリアにさえ及んだ。教育論としては『子どもの教育について』(1529) などがある。そのほか，イギリスのトマス・モア (1477/8-1535)，スペインのファン・ルイス・ビーベス (1492-1540)，フランスのギヨーム・ビュデ (1468-1540)，ドイツのフィリップ・メランヒトン (1497-1560) など多くのヒューマニストたちが教育論を執筆した。ビュデとメランヒトンに至っては，それぞれの祖国で，ヒューマニズムの精神に基づく教育施設の設立に多大な貢献をした。このようにしてヒューマニズムはヨーロッパの教育思想として確固たる地位を占めるに至った。

このようにヒューマニズムはきわめて広範な運動であり，重要な人物の思想と業績を列挙するだけでもかなりの紙数を必要とする。本講では，ヒューマニズムの思想を，それがペトラルカにおいて成立し，イタリアにおいて確立した時期に焦点を当ててその主たる特徴を概説するにとどめたい。

3 ヒューマニズムの言語観

ペトラルカのキケロ体験

第1節では，スコラ学とヒューマニズムの読書観の相違を指摘したが，この相違の背景には，言語に関する理解の相違があった。ヒューマニズムの原動力は，言語に関する新たな理解と感性であった。

スコラ学にとって，言語とは特定の内容を表す記号であり，たんなる手段であった。大事なことは内容がわかることであって，それさえできれば，言語がいかなる国語，いかなる文体で書かれているかは些末なことであった。それどころか，言語の優美さにこだわる

ことは,読者の関心を内容から遠ざける本末転倒なこととさえ考えられていた。

それに対して,ヒューマニストたちは,言語をたんなる記号とは見なさなかった。彼らは,文体やリズムなど言語に固有の表現の魅力にとりつかれた。そして,言語の裏側に「真理」ではなく「人間」を見出した。言語に関するこのような新しい感性と理解がヒューマニズムを生み出したのである。

この出来事の興味深いエピソードを,私たちはペトラルカによるキケロの発見に見出すことができる。少年時代に父の蔵書の中にキケロの著作を見出したことが,ペトラルカとキケロとの最初の出会いであった。少年ペトラルカは,ラテン語の知識がなく,文章の内容を理解できなかったが,彼はその言語の甘美さと響きのよさに魅了されたのである。父の蔵書にもあったように,キケロの著作は中世においても知られていた。とはいえ,キケロは,主として厳格な道徳哲学者としてとらえられていた。彼もまた,アリストテレスほどでないにせよ,権威ある著作家の1人だった。ペトラルカによるキケロ体験は,それとは次元を異にしたレトリックの達人としてのキケロの発見であった。古代のレトリックは,ここに新たに蘇ったのである。

文献学の台頭

言語に関するこのような理解と感性は,文献学によって学問的に深められていった。ペトラルカ以来ヒューマニストたちは,古典収集に力を入れ,多くの貴重な写本を入手した。しかし,これらの写本は断片的であったり,筆記者の誤記が含まれていたりして,そのままただちに読書に堪えるものではなかった。また,同じ著作に関して複数の異なった写本が存在する場合には,そこに見られる異同の調整が課題となった。このような課題に応えるために導入された学問が文献学である。

文献学は言語の発音,綴り,文法に加えて,方言や時代ごとの相

違,さらには作者の文体までも視野に入れている。それは,言語を「歴史の位相のもとに」見るヒューマニストたちの関心と表裏一体のものであった。文献学という強力な道具を手に入れることによって,ヒューマニズム運動は,学問的にも堅固な基盤をもつことになったのである。

文献学は,古代ギリシャ・ローマのそれまで知られていなかった書物を新たな読書の対象とすることで,文学のみならず,自然科学や天文学を含む広範な学問領域に新風を吹き込んだ。

文献学が甚大な影響を与えた領域の1つが,聖書研究である。中世における聖書の読解は,ヒエロニムスによるラテン語訳の聖書を対象としていたが,ルネサンスになると直接『新約聖書』のギリシャ語原典や『旧約聖書』のヘブライ語原典を読むことが可能になった。結果として,従来のカトリック的解釈に囚われない聖書解釈が可能になり,このことが宗教改革に大きなインパクトを与えることになった。ルターを支え,プロテスタントの学校教育の礎を築き,「ドイツ人の教師」と呼ばれたメランヒトンは,文献学的な造詣豊かなヒューマニストだった。

4 ヒューマニズムの宗教観

異教文学の教育をめぐるキリスト教との関係

ここで,ヒューマニズムとキリスト教との関係について考えてみたい。

16世紀になるとギリシャ・ラテンの両古典語の教育は,イエズス会のようなカトリックの教育機関においても,かつまたプロテスタントの学校においても,教育課程の重要な部分を占めるようになった。とはいえ,古典語教育は最初からキリスト教によって歓迎されていたわけではない。

すでに，帝政ローマ期にキリスト教が国教となったときにも，古代ギリシャ・ローマの文芸とキリスト教の間には対立が存在した。前者はキリスト教と無縁の異教と見なされ，時にはキリスト教徒を堕落させる有害な教えと見なされたのである。もっとも当時においても，アウグスティヌスや聖バシレイオスのように，ギリシャ・ローマの文芸をキリスト教の宗教と積極的に融合させようとする人たちもいた。

　ペトラルカ以降，ヒューマニストたちが古代の文芸を愛好し，その学習を教育の中核に置くようになると，古代における論争が再燃し，ヒューマニズムの実践に対して，若者たちを異教へと誘惑する危険なものであるという非難が浴びせられた。

　この種の非難に対するペトラルカの対応は，古典作家の作品の内容はキリスト教に対立しないというものであった。ペトラルカ自身，敬虔なキリスト教徒であったが，彼が敬愛したキリスト教作家は，古典文学の造詣が深いアウグスティヌスであった。アウグスティヌスはキケロと並んで，ペトラルカの人生の大きな指針であった。

　15世紀前半になると，ヒューマニズムは，イタリアの各都市へと浸透していった。とりわけフィレンツェにおいては，ペトラルカの弟子ともいえるサルターティとその弟子のブルーニの多彩な才能を通じてヒューマニズムは大きく発展し，フィレンツェを文芸の中心にするのに貢献した。当然，彼らに対する批判も激しく，詩の教育的意義をめぐって，サルターティやブルーニといったヒューマニストたちと保守的なキリスト教徒たちとの間に激しい論争が繰り広げられることになった。

詩の擁護　とりわけ非難が集中したのが，ホメロスやオウィディウスといった古代ギリシャ・ローマの異教詩人の作品を教材として用いることに対してであった。これらの作品は，たんに異教に属するだけでなく，神々による女性

の誘惑など一見すると明らかに不道徳な内容を含んでいるからである。古代ギリシャにおいても，プラトンはホメロスやギリシャ悲劇の作品を良俗に反するものとして理想の国家から追放したが，それと類似した批判が保守的なキリスト教徒たちからなされたのである（第2講参照）。

この非難に対するヒューマニストたちの応答の一例として，『学習と文学について』におけるブルーニの主張を見てみよう。ブルーニは，詩を形式と内容に関わる両面から擁護する。まず形式についていえば，詩は自由人にふさわしい優美さと気品をもっている。加えて，詩の調和とリズムは精神を目覚めさせるという教育的な効果もある。さらに，人間には生まれつき，詩を愛する傾向があり，他の学問に取り組むにはまだ早い時期から詩を学び，それをはっきりと記憶に留めることができる。詩は，幼児教育の最良の教材になりうるのである。内容に関しては，ブルーニは，異教の詩人たちの一見不道徳にも見える内容は，字義どおりに読むべきではなく，あくまでも寓話（アレゴリー）として読むべきであると力説する。この種の解釈が文学作品の理解にどれだけ資するかについては，現代の視点からは大いに疑問である。とはいえ，異教文学を教材にすることに対して今からは想像できないほどの抵抗と反感が存在していた当時において，寓話説は異教文学を教材として守るための防波堤の役割を果たしたことは確かである。古典作品がもつ教育的な意義は，ヒューマニストたちのこのような努力を通じて，徐々にキリスト教文化の中で受け入れられることになっていった。

5　古代哲学の復興

文献学の興隆は，従来知られていなかった古代の哲学の再発見に

もつながった。中世においては，アリストテレスが権威と見なされたために，彼以外の思想家はほとんど注目されなかった。プラトンでさえ，いくつかの対話篇が翻訳されたにとどまっていた。15世紀になると，プラトンを筆頭に，アリストテレス以外の古代の哲学者たちが再評価される。ヒューマニズムは，古代のレトリックの伝統のみならず，哲学の伝統をも復興させることになったのである。

この復興の金字塔ともいえるのが，フィチーノによるプラトン著作集のラテン語訳である。この訳を通じて，それまでは知られていなかったプラトンの諸著作が読まれるようになった。フィチーノはプラトン哲学とキリスト教との融和をはかり，独自の思想を展開した。彼によれば，人間の魂（フィチーノはそれを端的に「魂」と呼ぶ）は，神・知性・魂・質・量という世界を構成する5つの原理の中間に置かれている。魂は，神と知性（天使）という上位の存在と質（たとえば色）と量（物質）という下位の存在とを結ぶ「世界の絆」として，重要な位置を獲得したのである。

この思想をさらに推し進めたのが，ピコ・デッラ・ミランドラ(1463-94)である。『人間の尊厳に関する演説』(1486)という名のもとで有名になった作品において，ピコは「世界の絆」としての人間というフィチーノの思想を批判し，世界に特定の場所をもたず，自らの意志によって何にでもなれることに，人間の尊厳を見出した。天使は，天使であることを選択できない。天使は，天使であるしかないのである。それはちょうど，獣が獣でしかないのと同様である。それに対して，人間は自らの意志で天使にも獣にもなることができる。自由意志こそが人間の本質であり，それによって人間は天使をも凌駕している。ルネサンス史家ヤコブ・ブルクハルトによれば，ピコの演説は，ルネサンスにおける人間賛美の最高の表現であった。

中世においては，地上の生の空しさを強調するために「人間の悲惨」について多くが語られてきた。ルネサンスにおいては，古代哲

学の復活によって，人間の自由と創造性に関する肯定的で楽観的な思想が誕生した。人間は，現世における自らの尊厳を取り戻したのである。フィチーノとピコの哲学は，フィレンツェ・プラトニズムと呼ばれるが，それはボッティチェッリやミケランジェロをはじめとした絵画や彫刻，さらには詩や小説などにも多大な影響を与えることになった。

6 ヒューマニズムの教育論

教育改革の世紀

人間に関するヒューマニストたちの強い関心は，教育への関心と結びついていた。教育を人間形成という広い意味でとらえれば，彼らの思想はすべて教育思想ということができる。古代作家の作品を読むことがもつ人間形成的意義を自覚していないヒューマニストは，1人もいないからである。同時に，ヒューマニストたちの多くは，青少年の教育という狭義の教育活動にもたずさわり，この分野に関する教育論を執筆した。従来のスコラ学的な教育論に対抗して人文学に基づいた新しい教育が語られ，実施されたのが15世紀であった。15世紀は，教育改革の世紀だったのである。

ヴェルジェリオとブルーニの教育論

ヒューマニズムの教育論に関する最初の体系的な著作は，ヴェルジェリオの『青少年の美徳と自由な学芸について』(1402頃完成)である。この書は，「自由な学芸」，すなわち人文学を「人間を自由にする」「自由な人間にふさわしい」学問と見なし，その秩序立った学習を勧めている。とりわけ重視されているのは，ギリシャ・ラテンの両古典語，歴史，道徳哲学，修辞学の学習である。

フィレンツェにおけるヒューマニズム運動の旗手であったブルー

ニも『学習と文学について』において教育を論じている。この著作はある貴婦人に捧げられたものであり、女性教育論としての性格ももつが、その基本的な構想は男女両性の教育に関わっている。ブルーニは、古典ラテン語を入念に学ぶことで文学の造詣を得るとともに、宗教文学・倫理学・歴史・修辞学・詩といった学科の学習に専念するよう勧めている。ブルーニの教育思想は、キケロにおける理想の弁論家像を強く反映している。理想の弁論家を論じたキケロの著作『弁論家について』は中世においては部分的にしか知られていなかったが、その完全な写本が見つかったのが 1421 年であった。ブルーニの教養論は、この文献学的な大発見の影響のもとで書かれた。古代レトリックの教養論は、15 世紀フィレンツェにおいてよみがえったのである。

グアリーノの教育実践

ヴェルジェリオとブルーニの著作は、主として新しい教育理念を論じた書であり、諸教科の体系的な教育についてはほとんど触れていない。体系的な教育計画論の出現は、バッティスタ・グアリーノの『教授と学習の順序』(1459) を待たなければならない。この本が貴重なのは、それがバッティスタの父、グアリーノ・ダ・ヴェローナの教育実践を忠実に反映しているからである。彼もブルーニのようにギリシャ語を学んだが、彼の場合はわざわざコンスタンティノープルに留学して、クリソロラスからギリシャ語を教わっている。彼のギリシャ語の知識は当時としては比類がないものであった。1420 年にヴェローナに公立学校を開いた。彼の学校にはイタリアはもとよりヨーロッパ各地から青少年が集まり、彼の自宅に寄宿して教育を受けた。バッティスタの著作は、父の実践をもとに書かれた教授と学習の手引きである。

『教授と学習の順序』の理論は、古代ローマの弁論教師クインティリアヌスの理論から多くを借用している。クインティリアヌスの

『弁論家の教育』の完全なテキストが発見されたのは，1416年であった。そこでは，教育課程は初等コース，文法学コース，修辞学コースの3つに分けられている。

初等コースでは，言葉をはっきりと，容易に，しかし過度な明瞭さを避けて，発音することが教えられた。

文法学コースは，方法的部分と歴史的部分の2つに分けられる。方法的部分では，古典ラテン語の文法が，グアリーノが作成した文法書をもとに教えられた。規則の学習においては，筆記と暗唱の両方が併用され，作文（練習演説）が活用された。文法に続いて，詩の韻律も教えられた。そのうえで，ギリシャ語の学習が導入されたが，その際に，ギリシャ語を頻繁に書くこと，そしてギリシャ語とラテン語を相互に翻訳することが重視された。歴史的部分は，方法論の後に続き，歴史家や詩人の作品の広範な読書を通じた古典的教養の確立が意図された。

修辞学コースでは，キケロの作品を中心に修辞学の技法が教えられた。

この書の教育方法論に特徴的なのは，第1に，ギリシャ語の学習にラテン語の学習と匹敵するほどの重要な地位が与えられていることである。ギリシャ語は15世紀初頭にはほとんど知られていなかったが，15世紀後半にはヨーロッパ諸国においてギリシャ語の知識が飛躍的に増大した。このことに関するグアリーノの貢献は多大であった。

第2の特徴は，書くことと話すことの積極的な活用である。書くことに関しては，生徒は言葉の意味や印象的な格言などをノートに書き留めるのみならず，本に注釈を書き込むことも推奨されている。さらに，練習演説の作文や翻訳など，書くことは積極的に活用されている。話すことに関しては，教育は言葉の明瞭な発音から始まり，その後も音読が強く推奨されている。また，長い文章もつねに最後

まで読み上げ，わからないときには何度も繰り返し読むことで意味を理解することも勧められている。

第3の特徴は，基本的な文法規則を徹底的に習得した後には，ただちに（文法学コースの歴史的部分において）古典作家の著作の幅広い読書が課せられていることである。古典作家の作品に直に親しむことが重視されていたのである。

第4の特徴は，生徒の自発的な学びが奨励されていることである。生徒が学ぶ意欲を自発的に獲得することが教育の前提と見なされ，体罰は否定される。また，ある程度上達した生徒は，翻訳などを頼りにして独力で読書を続け，自分だけの抜粋集を作成することが勧められている。

ヒューマニズムの展開

ペトラルカによるキケロ体験に端を発したヒューマニズムは，ビザンティンからの学者の流入や印刷術の発明といった外的要因にも後押しされて，イタリアの，そしてついにはヨーロッパ全体の文化に影響を及ぼす重要な潮流を形成した。それは，忘れられていた古代の偉大な芸術や科学を蘇らせることによって，近代の形成にとってはかりがたい影響を与えた。ミケランジェロの美術もコペルニクスの太陽中心説も，ヒューマニズムによって準備されたのである。

教育の分野においては，後にディルタイが「精神科学」(Geisteswissenschaft)と呼び，「自然科学」と対比した，文学・歴史・修辞学・道徳哲学といった人文学の人間形成的な意義が確立された。「精神科学」の源流はルネサンスに始まり，それは17世紀以降の自然科学と並んで，近代の教育を形づくっていった。

――――――加藤 守通◆

A 教育における〈近代〉

第5講 コメニウス

近代学校の構想

　あなたが経験してきた学校を思い浮かべてみよう。学校という空間，校舎。各学年に分かれたクラスがあり，教室の中では先生が黒板の前に立ち，多くの生徒たちに向かって，教科書の内容を説明している。生徒たちは教科書に載せられたさまざまな事柄を学び，1年を経ると，またその上の学年へ進級し，やがて卒業していく。

　こうした現代の学校教育の原型は，とくに19世紀以降の近代国民国家において展開された公教育の流れの中で制度化されてきた。教育対象としての子ども，年齢ごとの学年編成，カリキュラムの整備，同一学齢者に対する同一教科書の使用，そして教師1人に対する多数の生徒という一斉教授の構造。私たちにもなじみ深いこうした近代学校の構想を打ち立てた教育思想家として位置づけられてきた人物が，17世紀に生きたコメニウスである。

　チェコを祖国とするコメニウスは，プロテスタントのフス派の流れを汲むチェコ兄弟教団の最後の主席監督官であった。ヨーロッパ中を巻き込んだ三十年戦争で祖国を追われた後，各地域のプロテスタント諸侯による庇護を受けつつヨーロッパを放浪する生活を終生送った。コメニウスを庇護した領主や諸侯たちの中には，彼に教育改革・学校改革を依頼するものが少なくなかった。そうした状況の中で，コメニウスは数多くの著作を書き続けた（詳しくは*Column*⑪参照）。

　コメニウスの教育思想は，あくまでも17世紀当時に彼が直面した課題に対する応答であり，歴史的文脈とは切り離せない。にもかかわらず，私たちが直面するさまざまな教育問題を考えるうえで，コメニウスの教育観は，豊かな素材を提供してくれるだろう。では，コメニウスが教育構想を打ち立てた17世紀とはいかなる時代であったのだろうか。

1 諸価値の移行期としての17世紀
●問題としての世界の表象

コメニウスは『大教授学』(*Didactica Magna*, 1633-38年執筆, 1657年出版) の献呈状の中で, 当時を以下のように描写している。「現在私たちの中に, また私たち人間の営みの中に, なにか一つでも本来あるべき場所にあるもの, あるべき姿をとっているものがあるのでしょうか。どこにも, 一つもありません。なにもかもさかだちし, 乱れ切って, 崩れ去り, 滅び去って行くのです」(『大教授学』1:33)。

コメニウスが描き出す現実社会の混乱は何に起因するのだろうか。強力な一因として, まずハプスブルク家 (カトリック陣営) とドイツの諸侯 (プロテスタント陣営) を中心に泥沼化した三十年戦争の惨禍が挙げられる。また, 17世紀は伝統的社会から近代社会へと向かう過渡期でもあり, それまでの世界像そのものに対する見直しが迫られた時代でもあった。たとえば, 17世紀は「科学革命の時代」と呼ばれるように, ヨーロッパのキリスト教社会において長らく信じられてきた天動説に対して, 地動説という新たな宇宙論が登場する。自然科学分野における諸発見, それに伴う学問分野の拡張と専門化によって, 中世以来のアリストテレス的な自然哲学体系への異議申し立てが行われる。さらに, 大航海時代を経た新世界の発見はそれまでの世界地図の書き換えを促し, 航海術による流通の拡大によってさまざまな見聞や新発見の類が続々と届けられる。グーテンベルク以降の印刷技術の発展は, 古代の作家の諸著作や聖書を民衆の手に届くようにし, さらに各国語の書物や多国語対訳版の書物が大量に流布した結果, それまでのヨーロッパ社会における政治・教会・学問に関わる唯一の共通言語であったラテン語は, その確固たる地位の変更を余儀なくされる……。すなわち, コメニウスが描き

出す現実社会の混乱は，それまでの世界の見方を支えてきた旧来のさまざまな価値観が大きく揺らいだことの1つの帰結であったといえよう。

コメニウスが直面した問題は，まさに諸価値の移行期のただなかにおいて，誰に，何を，いかに伝達するのか，というモデルを構築することであった。

2 あらゆる人にあらゆるものを

● 『大教授学』

「あらゆる人に」という理念

コメニウスの教育論は神と人間の緊張関係において展開される。彼の主著である『大教授学』はその副題に「あらゆる人にあらゆる事柄を教授する・普遍的な技法を提示する」と掲げられ，表題の別名として教授学の理念が以下のように謳われている。「いかなるキリスト教王国のであれ，それの集落，すなわち都市および村落のすべてにわたり，男女両性の全青少年が，ひとりも無視されることなく，学問を教えられ，徳行を磨かれ，敬神の心を養われ，かくして青年期までの年月の間に，現世と来世との生命に属する・あらゆる事柄を，僅かな労力で，愉快に，着実に教わることのできる学校を創設する・的確な・熟考された方法」(『大教授学』1：13)。

コメニウスは，以下のような流れで，教育の必要性を論じる。人間は神の似姿として創造されたがゆえに，他の被造物（生物）に比して卓越した存在である。人間の究極の目的は，神とともにある永遠の幸福であり，現世の一生涯は，来世での永遠の生命への準備にほかならない。そのために，神が人間に与えた役割は，①あらゆる物事を知る者となること（＝学識），②諸事物と自分を支配するものとなること（＝徳行），③万物の源泉である神に，自分自身と

第5講 コメニウス　87

Column⑰ コメニウス (1592-1670)

チェコ語名コメンスキー (Jan Amos Komenský)。日本では主に『大教授学』や『世界図絵』を著した教育学者として知られているが，彼はまた宗教改革者フスの流れを汲むチェコ兄弟教団の最後の主席監督でもあり，百科全書主義的な哲学体系（汎知学）に取り組んだ哲学者でもあり，なおかつチェコ文学の古典として名高い『地上の迷宮と心の楽園』(1631) をものした文学者でもある多才な人であった。コメニウスは，1592年3月28日，現チェコ共和国の東部地方であるモラヴィアのウヘルスキー・ブロド近郊で生まれる。10歳のとき父を亡くし，親戚に引き取られた後，両親が属していたチェコ兄弟教団附属学校でラテン語教育を受ける。その後，ドイツのヘルボルンとハイデルベルクで学び，ラトケやアルシュテットの影響を受ける。1614年帰国。プシェロフの兄弟教団附属学校の教師として活動した後，1617年に牧師となる。翌年三十年戦争 (1618-48) が勃発。1620年，白山の戦いでプロテスタント側がハプスブルク率いるカトリック勢に敗北して以降，信仰上の理由で迫害され，国内逃避行を余儀なくされる。1627年，フェルディナント2世によるプロテスタント諸派の国外退去令を受け，ポーランドに亡命。その後，イングランド，オランダ，スウェーデン，ハンガリーを転々とする中で教授学や汎知学に関わる多くの著作を著した。祖国の解放と帰還を夢見ながらも，1670年11月，オランダにて客死した。

あらゆるものを還す者となること（＝敬神）である。ゆえに，現世において学識と徳行と敬神の追求に努力することが，人間にとって究極目的に近づく道であり，これこそが人間の本務であるとコメニウスは考えた。

しかも，人間には学識，徳性，敬神の種子が自然的に内在してい

る。このときコメニウスは「自然」という言葉に二重の意味を付与している。第1には、アダムの堕落以前に人間がもっていた根源的な特性であり、第2には、神の摂理である。しかし、この種子はそのままでは展開しない。ここに、人為的な教育の必要性が生まれるのである。「人間を教育される動物（Animal disciplinabile）と規定した人は、間違っていなかったことになります。教育されなくては、人間は人間になることができないのです」（『大教授学』1：81）。

ここから、「あらゆる人に」教育が必要であるという理念が導き出される。永遠なる神と死すべき人間という関係から見れば、現実社会において明確な区分として存在した階級の違いや貧富の差異、また男女の性別や個人間の能力差、身体的に不自由な部分をもつか否か、といった問題は捨象される。求められるのは、教育をほどこし種子を十分に展開させ、人間を人間へと形成することなのである。

学校改革のプラン

では、あらゆる人を対象とした学校構想とは、どのようなものであったのだろうか。コメニウスは、「神が人間に青少年期を与えたのは、人間をまさに人間性（humanitas）に向かって形成するためであった」（『大教授学』1：90）という。馬や牛や象など他の被造物（動物）は1,2年で成長するが、人間だけが長い時間をかけて成長する。青少年を集め、修業年限を決め段階的に教えるという職人の徒弟修業を引き合いに出しながら、コメニウスは学校のプランを提示する。彼は、1歳から24歳までの成長期の年数を、6年ごとの4段階に区切り、各学校を割り当てていく。

①幼児期（1-6歳）　　母の膝（各家庭における養育期）
②少年期（7-12歳）　　初級学校、あるいは母国語学校（各集落ごとに設置）
③若者期（13-18歳）　　ラテン語学校、あるいはギムナジウム（各都市ごとに設置）

④青年期（19-24歳）　　大学（各州ごとあるいは各王国ごとに設置），および外国旅行

各段階の学校では1年ごとに学年を分けられ，同一学年で同一の内容を扱った教科書による教育が施される。教育内容はごく簡単なもの・一般的なものから，難しいもの・個別的で詳細なものへと学年を経るごとに深められていく。

上記の4段階それぞれにおいてコメニウスがとくに重視するのは，人間の各能力を培うことである。①の段階では，さまざまな事物を見，聞き，触れ，味わうことを通じて，「外部感覚」の対象と交わり，識別する習慣をつけること。②では，文字の読み書きや絵の描写，歌を歌うことや数をかぞえ何かを計測することを通して，「内部感覚」（写像力と記憶力）および，内部感覚を表現する器官である手と舌の訓練をすること。③では，感覚で集めた事物について「それは何か？ なぜか？」を問うて得られた知識と技術を通じて，認識能力と判断力を磨くこと。④では，調和を保つ意志を培うこと。魂の調和を保つ能力を神学で，精神の調和を保つ能力を哲学で，肉体の生命機能の調和を保つ能力を医学で，利益の調和を保つ能力を法学で，培うことがめざされた。

こうした違いは，コメニウスによれば人間の自然な成長に見合った能力の訓練であるとされる。興味深いのは，それぞれの訓練をほどこす4段階で教える形式は異なるが，内容は同一のものを扱う，と述べる点である。では何を教えるのか。コメニウスの答えは「あらゆる事柄を」である。

> あらゆるものを：百科全書主義的／汎知学的思想

「学校では，あらゆる者が，あらゆる事柄を教わらなければならない」（『大教授学』1：103）とコメニウスは述べる。とはいえ，それはあらゆる人にあらゆる知識や技術の完全無欠な習得を要求するものではない。ここで掲げられる「あらゆる事柄を教わる」とは，

すべての人が,「現世と来世とで出合う重要な事柄のすべてについての基礎,根拠,目的をつかむこと」である。

人間が知るべき重要な事柄としてコメニウスは以下の3つを挙げる。第1に,人間の眼前に繰り広げられたこの世界そのものである。「地上という驚嘆すべき円形劇場の中に繰り広げられて人間の観察を待つ事物」を認識すること。それは,万物を貫く大いなる秩序を知ることにつながる。第2に,神の似姿である人間自身。人間自身を知ることは,人間を自らの像として創造した神の特性を知ることである。それによって人は,魂と良心の涵養に導かれる。そして第3に,神の言葉が記された聖書であり,信仰や生きる指針を与える。これら3つの事柄は,人間においてその種子を展開させるべきだとされた学識,徳行,敬神に対応する内容となっている。

しかし,上記のような「あらゆる事柄」を知りうることははたして可能なのだろうか。コメニウスは,ある1つの思想に基づいて,可能だ,と考えた。それは,百科全書的理想,あるいは「汎知(Pansophia)」という考え方にある。この思想の特徴は,あらゆる知識は1つの有機的連関をもち,個別的な知識は論理的に知の有機的全体と調和的に結合している,という点にある。それは,知恵の樹のイメージを伴って,あらゆる知識の系統的分類と体系化とを可能にする発想であった。ルネサンス期にとくに花開く百科全書的思想は,コメニウスの学生時代の師匠であるアルシュテットの『百科全書』(1649)や,カンパネッラ『太陽の都』でも展開され,また,ベーコンや,アンドレーエ,ラトケなどのコメニウスが影響を受けた著作家たちにも共有されていた。

教育思想家のガレンは,17世紀の百科全書的理想の特徴として,①宇宙の集約にして宇宙の主人である小宇宙という人間像をもつこと,②精密な尺度によって数学的に説明されうる合理的な法則に従って律動する宇宙の統一性という思想,の2つを挙げている

(ガレン『ルネサンスの教育』)。

コメニウスにもそれはあてはまる。コメニウスによれば,「人間は,大宇宙 (Macrocosmos) があまねく拡げて見せるものをことごとく内に秘めている宇宙の縮図 (Universali Epistome)」(『大教授学』1 : 69) であり,「神の造った様々な作品の中心に立つもの」である。そして宇宙を満たす諸事物は一定の秩序によって,「場所,時間,数,尺度,重さ」および「それぞれの本性と調和とにしたがって配置されている」(『大教授学』1 : 131)。

確固とした秩序の想定が,現世と来世にとって重要な「あらゆる事柄」を1つの知の体系へと結びつけるがゆえに,雑然としたこの世界のさまざまな事柄もその秩序に則れば認識することが可能である。そして教育において必要なことは,雑然として混乱した生の現実そのものをたんに示すことではなく,一定の秩序のもとで,正しいあるべき世界をまず伝達することである。世界を正しく認識したうえで,正しく語り,行為することができる人間こそ,17世紀当時の社会的混乱に終止符を打ち,新たな社会を創造しうる行為者になりうるとコメニウスは考えた。ここには,彼が構想した教育改革を通しての社会改革という志向もまた反映されている。では,こうした教育理念は,具体的にどのような内容をどのように教えていくことによって実現されると考えられただろうか。

3 コメニウスにおける教科書の展開

母国語とラテン語,そして事物:『開かれた言語の扉』

階級差なく,貧富の差なく,男女の別なく,すべての民衆の子どもが学ぶための学校という発想の先人として,コメニウスはビーベスやルターをはじめとした多くの教育改革者たちの動向に言及し

ている。しかし実際には，教育機関の多くが，聖職者を中心とした教会附属学校，あるいは教育のための諸費用を十分に支払える貴族や富裕層の子弟のための学校であり，そこでは教会・政治・学問の言語であるラテン語の教育が軸となっていた。また一方で，商業の発展した地域では，証文の作成や取引の記録，取引物の重さや長さの計測等に関わる職業上の理由から，母国語の読み書きと計算を必要とする人たちのための学校が開かれてはいたが，民衆すべてを対象としたものではなかった。

しかしながら，印刷技術の発展を経て，書物を読むことが一定の階層や特定の職業従事者のみの問題でなくなった今，すべての民衆が文字の世界に参入することが重要な課題となってくる。コメニウスはとくに，神の言葉が記された聖書を読むこと，さらに，神が創造したこの世界について書かれた書物を読むことが，人間にとって不可欠であると考えた。

コメニウスは，手工職人，農業従事者，荷運び人夫や女性を教育することに反対する意見に対して，次のように反論する。教育を受ければ，「すべての人が，仕事と労働との合間に神の言葉と神の業とに思いをひそめて，よろこびにみたされる」。そしてこのことは「聖書やそのほかの良書を繰り返し読むこと」によって強められるのだ，と（『大教授学』1：102）。

ゆえに学校においては，すべての子どもに対して，まず文字の読み書きを教えることが緊急の課題であった。文字は，それが母国語であろうとラテン語であろうと，抽象的な記号であるがゆえに，教えられなければ獲得することは難しい。

この厄介な記号である文字を学ばせ，文字のつながりである言葉にしていき，その言葉を，世界に満ちているさまざまな事物や事柄と結びつけて覚えていけば，ただたんに数多くの単語や文法書の丸暗記をするよりも，効果的に言語を習得できる。そして，同じ構造

で母国語と同時にラテン語や他国語をも学ぶことができるのではないか。そうしてコメニウスが作成した語学教科書が、『開かれた言語の扉』(*Janua linguarum reserata*, 1631) である。『開かれた言語の扉』は、画期的な語学教科書として高く評価され、その後ヨーロッパの各国語のみならず、アラビア語、ペルシア語などにも翻訳され普及した。

とはいえ、こうした語学教科書の発想は、コメニウスに独自なものではない。『開かれた言語の扉』は、ラテン語教育の見直しをはかった当時のさまざまな言語教育改革の動向に影響を受けている。その中でも、とくに影響を受けたのは、アイルランド出身で、スペインのサマランカにあるヒベルヌス教団のイエズス会士であったベイズ (1564-1614) が記した『言語の扉』(1611) である。ベイズは、とくに道徳的な事柄を中心に、一般的に使用されているスペイン語の語彙とラテン語の語彙とを対応させて学ばせる、という手法をとった。スペイン語・ラテン語対訳版『言語の扉』は、その後英語やドイツ語、フランス語対訳で、また1629年には8カ国語対訳版で出版されるなどして、各国の語学教育の現場で使用された。

コメニウスの『開かれた言語の扉』は、母国語とラテン語を同時に学ぶというベイズの『言語の扉』を批判的に継承し、母国語のようにラテン語を学ぶという手法を念頭に置きながら、さらに日常的に使用されている語彙を増やしたり、難解な文章を避けるなどの工夫を凝らしたものであった。大きな違いは、ベイズの『言語の扉』が「道徳的な事柄」を中心にしたものであったのに対し、コメニウスの『開かれた言語の扉』は「世界の諸事物」を中心とした点である。

従来の語学教育（とくにラテン語学習における語彙や文法の暗記を中心とした教育）に対してコメニウスがとりわけ批判したのは、たとえ児童が100万個の名詞を流暢に暗誦できても、それをさまざまな

事柄に結びつけることを知らなければ意味がない，という点である。コメニウスによれば，さまざまな名詞や語彙は事物を指し示す記号にほかならない。ゆえに，事物を知ることと言葉を獲得することは並行して行われることが望ましい。であるならば，「あらゆる事柄」を網羅しうるような人間の現世と来世における重要なことを漏らさずに，秩序立てて提示しながら，言語を身につけさせるような教科書が理想である。

『開かれた言語の扉』はその副題に「言語とすべての学問の苗床」とあるように，コメニウスが考える世界の秩序と分類に基づいて，学ぶべきさまざまな事柄の名前とその簡単な説明を載せたものであった。そこでは，神に始まり神に終わるひとつながりの世界の中に（神による天地創造から，大地や気象，動植物，人間の構造，職業，政治・教育・宗教に関する事柄，神の摂理まで），人間が関わるさまざまな事柄が100種類の項目別に並べられ，1000の短い文によって解説される。

各項目は，最初の「1. 導入部」の1文目から「100. 結び」の最後の1000文目まで通し番号が振られた短い文章で構成されている。たとえば，「世界の端緒」は，次のように説明される。「18. 神はすべてを無から創造しました。19. なぜなら最初に（天と地が存在できるように）この上なく広大な空間を広げたからです」。

この教科書の構成は百科全書的なそれであり，世界にあるさまざまな事柄は細かく分類・整理され，コメニウスが考える一定の秩序のもとに再構成されている。教科書として試みられたのは，人間が生きるうえで関わるであろう事柄と言葉の全体的な見取り図の作成であり，コメニウスが教育によって伝えようとした世界の1つの表象である。

『開かれた言語の扉』は，コメニウスの教育実践の中でさらに2つの作品へと展開する。1つは，文字の読み書き初心者のために，

事物を視覚的な「絵」で表し，それと文字で書かれた言葉とを対応させていく『世界図絵』(Orbis sensualium pictus, 1658) という書物である。もう1つは，世界の事物を，子ども自身が自らの声や身体を使って表現しながら学ぶ「演劇」の脚本として書かれた『遊戯学校』(Schola ludus, 1656) である。

コメニウスの晩年の著作『汎教育』(Pampaedia, 1650-55 執筆, 1966 出版) の中では，この2作品はそれぞれ『世界図絵』が読み書きをはじめて学ぶ児童期の学校における教科書として，『遊戯学校』は若者期のラテン語学校において使用される教材として位置づけられている。

| 図絵と文字：『世界図絵』という教科書 |

コメニウスの『世界図絵』は，世界初の絵入り教科書・子ども向けの絵本として高く評価されるとともに，異版本も含めて各国語に翻訳され読み継がれてきた。文豪として名高いゲーテが幼い頃に親しんだ本としてコメニウスの『世界図絵』をあげたというエピソードはよく知られている。

『世界図絵』とは，「世界の事物と人生の活動におけるすべての基礎を，絵によって表示し，名づけたもの」，すなわち「事物に関する私達のこの小さな百科全書」であるとコメニウスは述べる。

『世界図絵』で示される「世界」の内容は 150 の項目に分類・整理されている。入門，1 神，2 世界，3 天空……と始まり，自然の動植物，人間の身体，諸々の職業，社会的生活の事柄，学校関係，倫理や勤勉等々に進み，最後に 149 神の摂理と 150 最後の審判，結びで終わる。つまり『開かれた言語の扉』と同じく，神に始まり神に終わる一連の世界が示されている。しかし何よりもこの『世界図絵』を特徴づけているのは，項目ごとに関連する事物が並べられたさまざまな図絵である。

『世界図絵』という本を開いた読み書き初心者のために，まず登

場するのは「動物アルファベット」である（図5-1(1)参照）。文字を発音と一致させながら教える。文字の音をイメージさせるのは，カラスや羊やバッタの出す音，風や赤ん坊の泣き声である。音を想起しやすくかつ記憶しやすい絵を導きとしながら，子どもは文字の世界へと参入する。

その後に続く150の項目はすべて「項目名と図絵と説明文」という構図で示される。たとえば，人間を取り巻く〈見えるもの〉——自然，人間の身体，職業や技術など——は，当時の観察的技芸の範囲内で，写実的に示される（図5-1(2)参照）。また，宗教的な内容に関して——「キリスト教」や「最後の審判」など——は，民衆にもなじみ深い教会の教示画的モチーフで説明される。そして，人間の内面に関わる〈見えないもの〉——勇気や忍耐や正義——は，擬人化して示される（図5-1(3)参照）。

とはいえ，『世界図絵』の「項目名と図絵と説明文」という構図自体は，コメニウスにのみ独自なものではない。この構図は，16世紀から18世紀の間にヨーロッパ諸国で約2000点以上も出版された大衆本であるエンブレム・ブック（寓意画集）という一連の書物の形式に酷似している。その特徴は「モットー，図像，エピグラム」という構成の中で，道徳的な事柄や人生における教訓を表現したことにあった（図5-1(5)参照）。

コメニウスの『世界図絵』は，同時代に流通していた書物の影響を受けつつ編み出された。その一方で，エンブレム・ブックと異なる点は，世界の諸事物を対象とし，図絵の中の事物と言葉とをあえて一対一対応させた点にある。

『世界図絵』に向き合う読者は，図絵の中の事物と，説明文の言葉とを，数字によって結びつける。さらに，図絵を軸にすれば，母国語とラテン語，あるいは，その他の言語とを対応させて学ばせることが可能であり，実際に『世界図絵』の多国語対訳版も多く出版

図5-1 世界図絵

(1) 動物アルファベット

からすはアーアー鳴きます。　áá　Aa

ひつじはベェーエーエーとなきます。　bééé　Bb

バッタはチーチー羽根をこすります。　cící　Cc

(2) 海の魚と貝

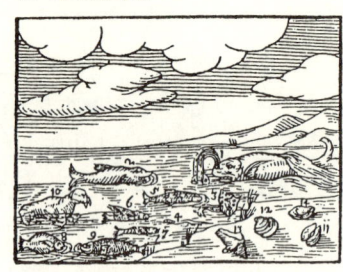

　海の魚で一番大きいのはくじら1です。**いるか**2は最も速く，**えい**3はとても風変わりです。
　他に**とらうつぼ**4や**さけ**5がいます。飛ぶ6ものさえいます。
　にしん7をつけ加えなさい，それは塩づけにされます。**ひらめ**8や**たら**9は乾かして運ばれます。

(3) 英　知

　英知1はすべての事物を**蛇**2のように見まわし，何一つむだなく行い，語り，考えます。
　あたかも**鏡**4の中をのぞくように**過去のことを顧（かえり）み**て3，**望遠鏡**7を見るように**将来や結末**6を予見します5。
　その上，何が行われたか，行われるべきことで何が残されているかを見通します。

98　第2部　近代の教育思想

(4) 正義（チェコ語－ラテン語－ドイツ語版）

Spravedlnost 1	Justitia 1	Die Gerechtigkeit 1
se vypodobňuje sedíc	pingitur, sedens	wird gemahlt, sitzend
na čtverhranném kameni 2,	in lapide quadrato 2,	auf einem Viereckstein 2,
proloze musí býti nepohnutelná,	nam debet esse immobilis;	dann sie sol sein unbeweglich;
sovázanýma očima 3,	obvelatis oculis 3,	mit verbundnen Augen 3,
aby se neohiížela na osoby,	ad non respiciendum personas;	nicht anzusehen die Person;
zacpávajíc levé ucho 4,	claudens aurem sinistram 4,	zuhaltend das linke Ohr 4,
aby zachováno bylo	reservandam	welches vorzubehalten

(5) 不滅は学問研究から得られる

ネプトゥヌスの喇叭手トリトンは，下半身は怪物で，顔は海神であることを示している。

彼は円を描く蛇で囲まれ，蛇は口でしっかりと尾をくわえている。

名声は魂において秀でた人々と，尊い行為に従い，それらが全世界で読まれることを命じる。

(出所) (1)〜(3)：コメニウス 1988, (4)：Komenský 1942, (5)：アルチャーティ 2000。

された（図5-1(4)参照）。

　視覚的な図絵によって事物を描写し，文字で綴られた言葉と結びつけることでコメニウスは，読み書きにいまだ不慣れな子どもたちを，文字の世界へ，書かれた言葉の世界へと参入させる。『世界図絵』のページをめくるごとに子どもは，さまざまな事柄を目にしながら，文字で書かれた世界を──「あらゆる事柄」を──順にひとめぐりすることになる。世界を1冊の書物に閉じ込めるという『世界図絵』の方法は，時代や地域によって，新たな事柄や知識を付け加えたり，古い部分を削除したりしながら書き換えられつつ，各国で流通してきた。

　こうした書物による世界の提示・経験の代理は，読み書きを教育の根幹としてきた近代教育において，連綿と続いてきた営みでもある。私たちになじみ深い教科書類もまた，次世代に伝達する世界の事柄や諸価値を提示するものであるといえよう。「世界を示す」という『世界図絵』の目論見が，結果的に，教育的に有意味であるとされるような事柄や価値を取捨選択して「世界」として提示するという形をとったという点に，教育という営みの特徴を見ることができるかもしれない。

声と身振り：『遊戯学校』の舞台実践

　近代教育の文脈において，客観的な知識の教授は，身体的な訓練とは切り離され，『世界図絵』は前者の典型とされてきた。しかし，コメニウスの著作の中には，その両者を含みこむような教育の様相も見て取ることができる。

　ここで，『遊戯学校』という教材に目を転じてみよう。コメニウスが「生ける百科全書」と呼ぶこのテキストは，『開かれた言語の扉』の内容をラテン語演劇に仕立てたものである。演じられるテーマは世界の「あらゆる事柄」である。演者は，教理問答書や事物と言葉の基本，そしてラテン語をひととおり学んだ段階の生徒たちで

あった。

　こうした学習内容の劇化は，コメニウスに始まったものではない。劇形式は，レトリック教育の中で討論や弁論の訓練として行われており，また，学習内容を暗記するための有効な方法であると見なされていた。たとえば当時，イエズス会の教会学校では聖書に取材した劇や，民衆劇の流れを汲む教訓劇などが頻繁に上演されていた。また，16世紀以来，プロテスタントとカトリック双方のギムナジウムでは，修辞学訓練の一環として，古典的著作や聖書物語がラテン語劇に仕立てられ上演されていた。これらの学校演劇は概ね学校内で上演され，脚本の作者の多くは古代文学や語学教育に関わる学者や教師であった。コメニウスの演劇的著作もまた，こうした学校演劇の流れの中に位置づくものである。なかでも『遊戯学校』は，当時の学校演劇の多くが道徳的な事柄や宗教的な事柄を主題としていたのに対し，「世界の事物」を主題とした点で，特徴的なものであった。

　『遊戯学校』は全8幕からなる。①自然の世界，②人間の構造，③技術の世界，④学校，⑤アカデミア，⑥道徳的生活，⑦家族と社会，⑧王国と宗教。各部は1カ月半ごとに1幕ずつ，1年かけて全幕が上演されることがめざされた。劇の枠組みは，プトレマイオス王が全地上の調査を行うために，各方面の専門家や学者，職人を呼んで賢人たちと対話・討論させるというものである。登場人物たちは，各幕において主題別にひとまとまりにされ（たとえば，野菜屋，穀物屋，花屋，薬草師で身近な植物について論じる，といったように），それぞれが自分の立場から主題に関する事柄を説明し，論じ合う。

　『遊戯学校』で重視されるのは，「あらゆる事柄」に関する知識の習得と，言語を流暢に操る実践的訓練の両立である。コメニウスによれば，人間は対話と行為の中で人生を送る。必要なのは，さまざまな事情を見て取り，顔つきや身振りを整え，立派な振舞いに慣れ

ることである。そのために，演じ手の動作はト書きによって，相手に対する視線の方向や，手の挙げ方，それぞれの配役に伴う表現が促される。学校を「生活の前座」ととらえるコメニウスにとって，職人や技術者達が用具を使いこなし仕事の手順に慣れることをとおして現実に対応していくのと同様に，学習者には具体的な社会関係に則した実践的な練習が不可欠であり，まさにそうした訓練の場こそが学校であった。

とはいえ，コメニウスが『遊戯学校』を「生ける百科全書」と呼ぶのは，生徒たちがたんに事物に関する台詞を暗記して，流暢なラテン語で論じ合うからばかりではない。むしろ，舞台に上がった生徒たちのいきいきとした身振りそのものによって，視覚的に事物を語ることが「生ける百科全書」を成立させるのだ。

なぜ，身振りが事物を語るといえるのか。当時身振りは，聾啞者教育の手段として役者の身体表現や雄弁家の身振りを軸に盛んに研究されていた分野であり，その場合身体的動作は，普遍的文字として解釈可能であると考えられていた。

たとえば，言語思想史において17世紀の身振り記号・手話による普遍言語の試みとして位置づけられているバルワーの『キロロギア』（*Chirologia*, 1644）では，身振りはもっとも信頼できる人類共通の自然言語であると同時に，獲得した知の伝達手段でもあるととらえられている。同時代的な身振りに関する文脈を考慮すれば，『遊戯学校』における身振りは，それ自体が出演者の衣装や小道具とともに，事物を表す記号として，まさに事物を語るものであったといえる。

私たちが『遊戯学校』に見るのは，世界の「あらゆる事柄」を主題としつつ，レトリック教育につながるような，自分が動き，相手を動かす具体的な社会的身振りの訓練と，身振りによる事物の提示という二重のことが渾然一体となった教育の様相である。

では，今まで見てきたようなコメニウスの教育思想は，どのような観点において近代に受け継がれてきたと，あるいは，受け継がれてこなかったと考えられるだろうか。

次世代に何を伝えるか　　現代につながる近代教育学の流れの中で，コメニウスは近代教育学の「祖」として位置づけられ，とくに彼の学校構想は，19世紀以降の近代国民国家において展開した普通教育の起源として高く評価されてきた。この肯定的な評価は，コメニウスの教育理念や方法を，体系的な教授法として解釈する時代の志向性に基づくものである。このような評価の一方で，彼の教育思想を支える宗教的側面や17世紀的な世界観は前時代的なものとして入念に回避されてきた。

　しかし，コメニウスの教育思想は，それを支えるものがあったからこそ成立しえたものである。本講で検討してきたように，彼の教育思想は，17世紀的な認識論的・哲学的・神学的背景をもっていた。〈神－人間〉という緊張関係に基づく教育観，人間に内在した種子の展開，百科全書的思想，大宇宙・小宇宙の照応関係。『世界図絵』や『遊戯学校』などの教材もまた，時代の影響を受け成立していた。コメニウスが展開した学校構想や教育論は，教育の方向や理念，あるいは教育的価値を規定しうる要素が充溢した当時の歴史的文脈に支えられるがゆえに有効な方法論となりえていた。そしてこうしたコメニウスの教育思想は，17世紀という諸価値の移行期，大きな変化の時代のただなかで「次世代に何を伝達すべきか」という問題に対して，1つの回答を試みるものであった。

　近代教育において連綿と続いてきた，あるべき世界を表象し，伝達するという構図（『世界図絵』に典型的に見られるように）を今日につながる教育のあり方として引き受けるならば，私たちは再度，というよりも何度でも，コメニウスが直面したあの問題に向き合わなければならないだろう。それは，こんな問いである。

「大きな時代の変化の中で今日，次世代を担う子どもに向けて，伝達しなければならないとあなたが考えるものとは何か？ あなたがそう考えるものは，はたして何に支えられているのか？」

——————————北詰 裕子◆

B 〈近代〉への教育的対応

第6講 ロック

　本講で取り上げるジョン・ロックは，後世にまで大きな影響を与えた，17世紀を代表する大思想家である。彼の論じたテーマは，教育以外にも政治，認識，宗教など多岐にわたる（*Column*⑫参照）。
　したがって，ロック教育思想の意味を明らかにするためには，さまざまなテーマを含みこんだ彼の思想世界全体がどのようなものであったのか，そして教育論がその思想世界の中でどのような位置を占めるのかを考えなければならない。そしてその思想の意味は，あくまでもロックが生きた具体的な歴史状況の中でとらえなくてはならない。
　そこで本講では，まずロックが思想的に取り組んだ課題が何であったのかを，17世紀ヨーロッパをめぐる状況の中で明らかにする。そして次にその課題が，教育思想としてどのように現れたかを考える。最後に，ロック教育思想の影響について触れることにしよう。

1 ロックの思想世界と歴史的課題

初期近代ヨーロッパ世界の成立と展開

　ヨーロッパ世界は，16世紀を境に大きくその姿を変えた。世界史的な視点では，新大陸の発見やインド航路の開拓を契機として，ヨーロッパ人がアジアと新大陸に進出し，とりわけ西ヨーロッパを中心とした世界経済体制が構築されていく。他方でヨーロッパ内部では，神聖ローマ皇帝やローマ教皇といった中世的で普遍的な権力が衰退し，各国は一定の地域を領有する君主が最高の統治権を

Column⑫ ロック (1632-1704)

イングランド南西部のサマセット州リントンで生まれる。オクスフォード大学で哲学・宗教などを学んだ後,母校で教鞭をとりながら医学を修めた。1667年から政治家アシュリ・クーパー(後の初代シャフツベリ伯)に秘書として仕えた。伯が国王と対立して失脚すると共謀を疑われ,83年オランダに亡命した。89年名誉革命によって帰国すると,それまで執筆していた著作を次々と発表した。また,96年から1700年まで交易植民委員会の委員として再び政治活動に関わった。

主著のうち『人間知性論』(1689)は,人間には生まれつき観念が備わっているとする生得観念論を否定し,知識や観念は経験に由来すると説いて経験論を確立した。『統治二論』(1689)は,君主の支配権は神から授けられたとする王権神授説を否定し,統治者の権力は国民から信託されたものにすぎず,もし統治者が信託に違反した場合には国民には抵抗権が認められるとする社会契約論を唱え,名誉革命を擁護した。『寛容についての書簡』(1689)では,国民の財産の保全を目的とする政治と各人の内面的な信仰の問題である宗教はまったく別の問題であるとして政教分離を唱え,国家権力から個人の信仰の自由を擁護して宗教的寛容を訴えた。これらの著作は近代的市民社会および近代的人間像の原型を提示したものと評価される。

『教育に関する考察』(1693)では,人間の能力や道徳性は身分や血統によるものではなく教育によるものであると説き,後の教育思想に大きな影響を及ぼした。教育関係の著作はほかに「ジェントルマン向けの読書と勉強に関する考察」(1703),「労働学校法案(救貧法論)」(1697),『知性指導論』(1706)などがある。

行使する主権国家へと転換を遂げ始めた。

16世紀に生じたこのような激しい変化を受けて、17世紀のヨーロッパは、さまざまな混乱や反乱を抱えながらも、新しい構造を生み出した。まず政治的には、最後の宗教戦争である三十年戦争 (1618-48) が終結した後、神聖ローマ皇帝とローマ教皇の地位が完全に失墜し、主権国家による勢力の均衡と調整という新しい国際社会のシステム（ウェストファリア体制）が誕生する。経済的には、大西洋貿易を独占していたスペインが没落した後、新大陸・アジアとヨーロッパの中継貿易に優れた自由貿易国家オランダを中心とした国際商業体制が成立する。しかし17世紀後半には、オランダにとって代わり、イギリスとフランスが台頭した。イギリスは2度の革命を通じて王権と議会が和解を成し遂げ立憲君主制へと転換する一方、フランスは議会に比して官僚集団の権力が強い絶対王政へ傾斜するという対照的な経路をたどったが、ともに国家単位の経済力の増強をはかる重商主義政策を積極的に推し進め、軍事力を背景に非ヨーロッパ世界へと進出した。続く18世紀には、両国は世界経済の覇権を競い合い、激しい植民地争奪戦を繰り広げることになる。

このように、ヨーロッパにおける17世紀は、一方で中世の終わりを告げる16世紀の大きな変動の締め括りであるとともに、他方で18世紀に本格的に展開するさまざまな近代的側面を準備した移行期だった。そしてこのような歴史的背景は、この時代を生きたロックの思想形成にも大きな影響を与えることになる。

ロック思想世界の歴史的課題

社会契約論と立憲主義、観察と検証に基づく経験論、政教分離など、ロック思想はたしかに近代思想の先駆的な要素をもっている。ここで「近代」(modern) とは、貴族や平民といった身分制が崩れ、政治的な主権が1人ひとりの国民のものとなる国民国家が成立する時期をさしている。この意味での近代は、アメリカ独立革命

やフランス革命から始まる。それらの革命を支える思想の1つとしてロックが繰り返し参照されたのは、やはりロック思想の中に近代的な要素が多く含まれていたからだ。

しかし、ロックが生きた17世紀は、中世から近代への移行期にあたる「初期近代」(early modern, 最近では「近世」と訳されることも多い) である。そして、ロック思想には17世紀という特定の時代の中で意味をもつ側面が含まれている。この点を確認するためには、政治的実務家としてのロックの活動を見ておくことがよいだろう。ロックは当時のイギリスの大物政治家アシュリ・クーパー (後の初代シャフツベリ伯) という人物の秘書として、現実の政治にも深く関わり、さまざまな政策を提案した。

ロックの政策提言の具体的な内容を見てみると、それは対外的にはイギリスの強力なライバルであったフランスに対し軍事的・商業的優位を獲得して独立を守ることを唱えている。国内的には資本主義的農業や製造業などの保護育成、土地保有者の勤勉と節約の奨励、物乞いの禁止や貧民に労働義務を課すことなどを提案した。これらの政策提言は、ロックが実際にめざした政治体制がどのようなものであったのかを知るヒントになる。それはカトリック絶対主義であるフランスに対抗して、プロテスタント立憲主義国家イギリスを強力な重商主義帝国として新たにつくりだすことだった。

このように具体的な歴史的文脈に置き直してみると、ロックの著作それぞれの具体的な意味も見えてくる。自由な個人による社会契約という政治理論は、フランス風の絶対主義国家をめざしていた国王への批判だった。また政治権力の目的に「公共善」を加えることによって、人々の所有権の保全だけではなく、それに対する一定程度の重商主義的規制を主張するものだった。認識論や倫理学は、絶対主義を脱した新たなイギリス社会を担う人間像を解明するためのものだった。また政教分離と宗教的寛容の提唱は、プロテスタント

内部の対立や葛藤を乗り越え，対カトリック・フランスのため結集する必要性があったという，当時の政治状況と切り離せない。

統治の技術としての教育

ロック思想には，17世紀イギリスという文脈に固有の意味があったことを述べた。では，このようなロック思想世界全体に対して，その教育思想はどのような位置にあるのだろうか。

ロックの教育に関する著作は，2つの種類に分けることができる。1つは『教育に関する考察』(1693，以下『教育論』と略記)に代表されるジェントルマン教育論であり，もう1つは「労働学校案」に示される貧民教育論である。この2つは，書かれた経緯も内容も一見著しく異なり，相反する部分を多くもっているのだが，その具体的な内容は次節以降に詳しく触れよう。ここでは，教育がロック思想全体の中でどのような意味をもつのかを，大きくとらえておくことが重要だ。2つの教育論は，絶対主義とは異なる新たな政治社会をどのようにつくりあげるか，というロック思想全体の課題の中に置き直すと，統一的に理解できる。

この点を明らかにするために，まずロックが「政治社会」(civil society, political society) あるいは「政治的」(political, civil) という言葉で何を意味していたかを確認しておこう。ロックが「政治(的)」という場合，それは対等で同質なもの同士の関係をさしている。ロックの「政治社会」は，平等な人々同士がお互いの財産を守るためにつくりだす共同体である。それに対して「親-子」や「教師-生徒」といった教育的関係は，対等な関係ではないから，政治的な関係ではない。この考え方に従えば，政治と教育ははっきり別のものとなる。

しかし，教育と政治は，互いにまったく関係がないわけではない。ここで，「統治」(government) という概念が役に立つ。統治のもともとの意味は「治めること，支配すること」であり，多くの部分で

政治と重なり合う。しかし,統治がカバーする領域は,政治より広い。たとえば,家庭教師は governor と呼ばれる。つまり「子どもを統治する人」である。また,ある人が自分の欲望を抑えて秩序正しく行動できる場合,彼／彼女は「自己を統治する」(self-government)ことができる人,といわれる。つまり統治は,平等で理性があり財産をもった大人同士の政治的(公的)関係だけではなく,大人と子どもの関係や,自分の自分自身に対する私的な関係を秩序づけ支配することを含んでいる。結論を先にいえば,ロック思想における教育は,個人や家庭といった私的な領域と,政治社会といった公的領域の両方に関わるものだった。そしてそれはまた,重商主義国家という枠組みの中で,公共的な利益を実現するための統治の技術でもあった。

では,以上の見取り図を念頭に置きながら,ロック教育思想の内容を具体的に見ていこう。

2 ジェントルマン教育

『教育論』の主要な特徴は,①教育対象としてはジェントルマン教育論であること,②教育内容としては徳育論と実務家形成論であること,③教育形態としては家庭教育論であることの3点である。以下,それぞれの側面がどのような歴史的意味をもっていたかについて見ていこう。

ジェントルマン教育

『教育論』はロックが友人に宛てた子育ての助言のための手紙がもとになっている。だから,それが「イギリスのジェントルマン階級に相応しい」(献辞)教育論であることは,ある意味で当然のことだ。問題は,なぜロックが本来は私的な手紙を公的な著作として出版したのかという

ことである。出版して世に問うからには，それなりのニーズがあったはずだ。また，各家庭で子育てをよりうまく行うという私的な必要とは別の，より公的な目的があったはずだ。

イギリスの支配層であるジェントルマンの大部分は，爵位をもった貴族ではなかった。それは多くの場合たんなる地主であり，財産をもち，有力者とのコネがあり，支配者にふさわしい教養を身につけているということが条件だった。さらに17世紀後半には，医師，法律家，聖職者など，肉体労働ではない専門的な仕事によって生計を営む「疑似ジェントルマン」と呼ばれる人々が，新たなジェントルマンの仲間入りをしてくる。この時期に，ジェントルマンにとって，教養や徳といった広義の意味での教育が重要となりつつあるのだ。そしてロックが念頭に置いていたのも，ジェントルマンの地位を維持するために教育を必要とした「一般の」ジェントルマンだった。

さらに，『教育論』は，個々のジェントルマン家庭の私的なニーズを超えた目的ももっていた。ジェントルマンは，イギリスの主要な政治主体であり，その教育は国家の統治と切り離すことができない問題だった。もっとも，ロックはジェントルマンが行う教育に対して，国家的な介入が必要だと考えていたわけではない。しかし，教育という問題が国家にとっても重要な関心事であり，国民の福祉と繁栄に関連するという意味で，それはロックにとってけっして私的な事柄にとどまるものではなかった。

徳育と実務家理念

では，そのようなジェントルマン教育として，何がふさわしいのだろうか。教育の目的としてロックが挙げているのは，徳，思慮分別，しつけ，学識の4つである。その中で，ロックがもっとも重視したのは徳である。それは信仰と真理を基礎とし，自分自身の欲望を否定する理性的能力のことだった。思慮分別ないし知恵は，自分の仕事や行為を円滑

に処理する能力である。しつけとは，礼儀正しさの育成であり，社交性の陶冶をめざしたものである。

それに対して，学識はもっとも重要でないものとされた。それは，語学を中心とした学問を修め古典に触れることによって，ジェントルマンとしてふさわしい徳も形成される，という伝統的な人文主義の考えをロックがとらなかったからだ。ロックは人文主義者が重要視してきた詩や音楽を無用のものとし，戦争賛美や軍人英雄論を厳しく批判した。他方で，歴史学，地理学，法律など実学的な科目をジェントルマンが修めるべきカリキュラムに加えている。

ロックが新たなジェントルマン像として提示したのは，有徳で勤勉な「実務家」(man of business) だった。これは，労働から解放されていること，余暇を使ってスポーツに興じたり奢侈を行ったりすることこそジェントルマンの務めである，という旧来のジェントルマン像を，ロックが真っ向から否定したことを意味している。今やジェントルマンは欲望を抑えて仕事に精を出し，そのことによって祖国のために有用な人物とならなければならないのだ。

家庭教育

ジェントルマン教育の方法として，ロックは学校教育を否定し，家庭教育を推奨している。ロックによれば，古典語を中心とした学校教育は，実務家としてのジェントルマンの仕事にはほとんど役に立たないばかりか，鞭打ちなどの体罰が蔓延している。他方で家庭では，子どもを父親か，その代理人である家庭教師の監視のもとに置くことができる。個人指導なので，それぞれの子どもの気質や個性を見極め，それに応じた合理的な教育を行うことができる。

さらに実際的な観点だけでなく，理論的な観点からも，家庭は教育の場としてとらえられていた。ロックの政治論は，人間は生まれながらに自分の所有物に対する権利をもっていると主張するものだ。だから，国王といえども，好き勝手に国民に課税したり財産を奪っ

たりはできないというのが、ロックの絶対王政に対する批判の根拠だった。したがって、ロックによれば、子どももまた所有権をもっている。親といえども、子どもの生命や財産を勝手に奪うことはできない。では、親の権力とは何なのか。それは、子どもの意志・行為の自由に対する権力であり、つまり教育権である。なぜなら、子どもは理性が十分に備わっていないので、親がそれを肩代わりしなければならないからだ。つまり、政治論においても、家庭が果たすべき役割は、教育として現れることになる。

『教育論』で展開されたのは、ジェントルマンの子どもを有徳かつ勤勉な実務家として教育すべきである、という主張だった。ここでの教育は全面的に家庭に委ねられている。その限りでは、教育は私的な営みである。しかし繰り返し触れたように、それは各ジェントルマン家庭の私的な教育要求に応えただけではない。教育は、ロック思想世界全体において、ある種の公的な役割を担うものでもあった。この側面については、第3節でロックの貧民教育論を検討した後、あらためて考察することにしよう。

3 貧民教育

ロックは晩年、交易植民委員会という組織の委員を務めている。交易植民委員会は、名誉革命後の政府が交易や産業の振興を目的として設置したものだ。その任務は、まずイギリスの対外的な政策について検討することだった。具体的には、交易全般に対する現状把握、国内産業の保護育成、植民地経営などが検討された。委員会のもう1つの任務は、貧民対策の検討である。それは、救貧法の改革や救貧税の負担を軽減する方法を検討することだった。

ロックはこの委員会で、救貧法改革の一環として、「労働学校案」

という政策を提案している。それは、帝国主義的かつ重商主義的な経済政策、産業政策、社会政策という枠組みの中で構想されたものである。本節では、その具体的な内容を検討しよう。

救貧法改革とその貧民観

まずは、救貧法改革案がどのような内容をもつものであるかを述べておこう。ロックに従えば、貧民の増加と救貧税負担の増大は、食糧不足が原因でも雇用不足が原因でもない。それは何よりも、貧民の規律の弛緩、礼節の堕落、怠惰にある。ロックは、貧民を労働することができない者と、労働ができるにもかかわらずしない者に分ける。そして後者に関しては物乞いを禁止し、労働能力のある浮浪者は感化院へ収容して3年間にわたる厳しい労働に従事させるべきであるとする。

さらに、この救貧法改革案の対象は、大人にとどまらない。14歳以下の少年・少女が居住する教区外で物乞いするのを発見された場合、それが当該教区から5マイル（約8キロメートル）以内であれば、彼らを労働学校に送り、徹底的に鞭打って、夕方まで仕事に就かせた後に居住地へと帰す。5マイル以上離れた場所で物乞いした場合には、彼らを感化院に送り、6週間の労働に服役させるべきであるとしている。

労働学校案

では、その労働学校とはどのようなものなのだろうか。ロックは、すべての教区に労働学校を設立し、3歳以上14歳以下の教区救済を必要としているすべての子どもを通わせることを提案している。これによって、母親は家庭で子どもの世話を軽減され、もっと自由に就労することができるようになる。その子どもも、秩序や規律のもとで管理され養育され、労働に慣れて勤勉になる。教区もこれによって救貧税の負担が軽くなり、救貧をより効果的に行うことができるようになる。

さらに、ロックは労働学校には宗教的な利点もあると説く。貧民

の子どもは，一般的には怠惰で，しつけは厳しく行われていない。だから，子どもたちは勤勉に働くというような宗教心や道徳性を身につけていない。しかし，労働学校に通うことによって，彼らは教会に行くことを義務づけられ，何らかの宗教心が育てられるというのである。

ロック教育思想の二重性とその統一的理解

このような労働学校案は，ジェントルマン教育論とは著しく異なったものである。『教育論』では，教育権は親の権力の一部と見なされた。そして教育は政治権力が介入できない私的なものとして，つまり家庭教育として描かれた。他方で「労働学校案」では，貧民の子どもの教育は親の権利として理解されていない。それは，国家の介入によって，貧民の子どもを有用な労働力にし，国家の富を増やすための手段としてとらえられている。ロックの教育思想に二重性(ダブルスタンダード)があることは明らかだ。

しかし，2つの教育論には同じ主題がある。それは有徳で勤勉な人間の形成としての教育であり，また教育による労働力の陶冶が，国富の増大と関連づけて論じられていることである。ロックは，ジェントルマンは自分の子どもを正しく教育することができると信頼を置いていた。他方で，貧民は自分の子どもを勤勉で有徳に育てることができるとは考えなかった。したがって，ジェントルマンには家庭教育を推奨する一方で，貧民の子どもは両親から引き離して国家の手に渡すことを主張した。しかし，そのどちらも労働力の陶冶による国力の増強という目的にかなうものとして論じられていることは変わらない。ジェントルマンであれ貧民であれ，国民の勤労を保護し奨励することが，たんなる私的所有を相互に保全することという「政治」よりも広い，重商主義国家における「統治」の重要な技術なのであり，ロックにとって教育はその技術の1つだった，ということができるだろう。

ところで，国家を支える有徳で勤勉な人間はどのようにして形成されるのだろうか。この点を明らかにするため，次にロックの教育方法を検討しなければならない。

4 教育方法

教育目的や教育内容が「何を教えたらよいか」という問題に関わるとすれば，教育方法とは，「どのように教えたらよいか」に関わる問題である。とはいえ，ここで注目したいのは，たとえばラテン語をどうやったら効率的に学習できるか，といった狭い意味での教育技術に関する問題ではない。

もう一度，『教育論』を例にとってみよう。『教育論』の半分以上は，実は具体的な教育方法ではなく，それ以前のしつけの方法に割かれている。つまり，ロックにとって大きな問題だったのは，個々の科目をどのように教えるかではなかった。そのような個別的な学習の前提として，子どもにどのような構えが形成されていなければならないか，ということが重要だったのだ。

このような広い意味での教育方法の背後には，実際の人間の考え方や行動は何によって影響を受けるのか，という人間学的な考察がある。そしてロックは，現実の人間の考え方や行動を左右するもっとも大きな要因は，習慣であると考えた。したがって，教育方法は，有徳な習慣をどのように形成するかという問題として把握されることになった。

習慣形成

ロックは人間が生まれながらに神の観念や特定の道徳的な傾向性をもっている，という考え方を否定した。ロックによれば，子どもの心は「文字がまったく書かれていない白紙（タブラ・ラサ）」であって，観念は経験に

よって獲得される。『教育論』でも,子どもは白紙あるいは形が自由に変えられる蜜蠟に喩えられている。

しかし,子どもはどんな傾向ももたずに生まれてくるのだろうか。もちろんそうではない。ロックによれば,子どもが生まれながらにもっているのは道徳の原理ではなく,快を求め苦を避ける自然の傾向性である。赤ん坊でも空腹になれば苦痛を感じて泣き,ミルクを飲んで満腹すれば快を感じる,というわけだ。しかし,ロックはこのありのままの自然を全面的に信頼したわけではなかった。このような自然の傾向は,目の前の快楽に耽り,どのような手段を使っても苦痛を避けようとする。しかし,ロックが重視する徳は,そうした欲望を理性によって抑制することだった。

そこで,自然の傾向性に代わって,子どもの行動に影響を与える原理が必要とされる。ロックはこの原理を習慣の形成に求めた。ロックにとって習慣は,自然よりも強力な力であり,子どもの身体や意思だけでなく,知性にまで影響を及ぼすことができるものだった。

このような習慣は,注意や規則を口で伝えるのではなく,実際に行為を行うこと,そして行為を反復することで形成される。それらの善き習慣は,具体的には,善いことをしたら褒められ,悪いことをしたら冷淡に扱われるといった,まったく平凡な日々のルーティンによって形成されるほかない。『教育論』の大部分がこまごまとしたしつけのしかたに割かれるのは,このためである。

観念連合

行為の反復によって善き習慣が形成され,それが徳の涵養へと至る。ロックの説明は,経験的にはまったく当たり前のことに思われるだろう。しかし,行為の1つひとつは,個別的で1回限りのものだ。それを反復することで,なぜ一生続くような傾向性を生み出すことができるのだろうか。

この問題の手がかりを,「観念連合」というアイディアに求める

ことができる。観念連合とは，本来お互いに関係のない複数の観念が結びつき，別の観念をつくりだしてしまう心の働きをさしている。ロックは初めこのアイディアを，人間がなぜ誤った認識をもってしまうかを説明するために考え出した。しかし人間の心がもつこの自由な働きは，教育に利用することもできる。たとえば，ロックはABC が貼りつけられた多面体のサイコロを教育のための玩具として用いることを薦めている。このようなサイコロを繰り返し使うことで，アルファベットの学習をサイコロ遊びであると子どもを「だます」(『教育論』149節)ことができるというのである。

ここでロックが意図しているのは，アルファベットの学習とサイコロ遊びの快という，本来お互いにまったく関係のない——しかし教育者にとってはきわめて望ましい——観念連合をつくりだすことにほかならない。この場合，観念を自由に結びつけるという心の自由な働きは，誤った認識の原因としてではなく，むしろ教育の可能性を構成するポジティヴな条件として考えられている。そして同時に，この観念連合というアイディアは，習慣形成のメカニズムを説明する道具立てにもなっている。個別的な行為を反復することを通じて子どもの心を方向づける善き習慣を形成することが可能なのは，子どもの心の自由な働きを利用して望ましい観念連合を人為的につくりだすことができるからなのである。

習慣形成論の射程

『教育論』の大半は，非常に些細なしつけの方法に割かれている。そしてそれこそが，ロック教育論の革新的な要素だった。なぜなら，それは学習の基礎となる「習慣」を形成するものだからだ。

そして，教育のもっとも大事な基礎が習慣形成であるという考え方は，ジェントルマン教育を論じた『教育論』だけにとどまらない。第 3 節で触れた「労働学校案」でも，貧民の子どもを労働させたり，教会に定期的に行かせることで，勤勉さや宗教心を身につけさせる

ことができると主張されているからだ。その目的だけでなく方法に関しても,教育というテーマは階級の違いを超えた共通性をもっていた。

ともあれ,習慣形成に焦点を当て,そのメカニズムをも説明することによって,ロックは「観念連合」のような,子どもの内面に関する語彙をつくりだした。そして,この内面に関する語彙をつくりだすことによって,「学習」を「遊び」と「だまして教え込む」というような,より巧妙な教育的働きかけの可能性が開かれた。このことは,生得的な能力を引き出す,あるいは模倣によって学ばせるといった伝統的教育方法とは一線を画する,子どもの心を操作する可能性が現れたことを意味している。

5 その後の影響

啓蒙思想への影響　ロック教育論は,認識論と並んで大陸の啓蒙思想家へ影響を与えた。フランス啓蒙思想家であるエルヴェシウスやコンディヤックは,気質論や個別主義ではなく,「なんでも書き込める=教えられる」というロックの白紙説や,外界からの経験によって観念が形成される感覚主義の立場を急進的な形で摂取した。このようにして受容されたロック思想は,フランス啓蒙思想の土台をなすことになる。

他方,イギリス本国では,互いに本来関係のない観念同士が偶然に結びつくことがあるという観念連合説の影響を受け,18世紀を通じて「連合心理学」と呼ばれる学説が形成された。とりわけジェレミー・ベンサムは,観念連合に基づく習慣形成を重視する教育論を展開し,公教育の必要性を主張した19世紀の急進主義者たちの理論的基盤となった。

> 教育実践への影響

ロック教育思想は，18世紀の具体的な教育実践にも影響を与えた。18世紀中頃から，イギリスでは，玩具産業の登場と並んで子どもの本が商業化され，中間層の家庭に大量に流入した。ロック教育思想は，教育と遊びを結びつけようとするこれらの教育玩具や子どもの本に，思想的な根拠を与えることになった。次の文章は，18世紀半ば，教育玩具の広告文として書かれたものだ。

「子ども用に新しく作られた挿絵付き56枚組みカード，遊び方の説明付き。これだけで，あるいはほんのわずかの手助けのみで，子どもは学校に行く年齢になる前から，綴り，読み，書き，数を数えることができるようになり，また普通のものならばどんな数の足し算でもできるようになります。そしてまた，それを娯楽や気晴らしというやり方でできるようになるのです。……この方法はかの学識豊かなロック氏のプランに基づいております。」（1744年3月21日付 *The Penny London Morning Advertiser* に掲載されたニューベリー〔Newbery〕書店の広告）

ロック思想は，台頭しつつある中間層の教育要求に応え，子ども向けの本や玩具を教育的に役に立つものとして権威づけするためにも用いられた。

> 貧民教育への影響

最後に貧民教育への影響について触れておこう。第3節で述べたように，ロックは労働学校の設置を法律で義務づけるよう提案したが，その提案は国王と議会のどちらからも却下され，具体化されることはなかった。しかし，安上がりの救貧対策としての貧民教育という実践は，18世紀を通じて，国家ではなく，民間の慈善団体によって試みられていく。とくに産業革命が進展する18世紀末には，福音主義の隆盛やフランス革命への反動を背景として，勤労学校（school of industry）と呼ばれる貧民教育機関が数多く設置された。そしてこれら

の民衆学校は，19世紀前半に登場する公教育の母胎となった。貧民の子どもを教育することと，貧民の子どもを働かせることを関連づけ，それが公共の利益につながるのだ，とする発想は，この時代を通じて残り続けた。このような発想が最終的に転換するのは，児童労働が全面的に禁止され，義務教育制度が普及する19世紀後半を待たなければならない。

ロック教育思想の歴史的意味と限界

歴史的な条件から切り離してそれ自体を見てみれば，ロックの中には，近代教育思想の原型と見なすことができるような要素がたしかにある。しかし歴史的事実としてのロック教育思想は，伝統から近代への過渡期である17世紀という時代に深く埋め込まれたものだった。そしてその議論が歴史的な限界をもっていることも明らかだ。当時のイギリスが採用した重商主義政策の中で，ロックは教育を，私的領域と公的領域を横断するような「統治」の技術として考えた。しかし，教育がもつ公共性を，学習の権利と教育機会の保障として把握する今日の私たちの視点からすれば，国家の統治技術としての教育というロックの思想は，かなり異質なものであるといわざるをえないだろう。

もっとも，ロックの中に近代教育思想としての普遍的な価値を見出そうとする行為もまた，ロック本人が行った思想の営みとまったく同じ意味で，時代との格闘だ，といえるだろう。ロックは何世紀にもわたって現在に至るまで，多くの（教育）思想家たちに影響を与えてきた。彼らは，それぞれの時代に，それぞれ異なった問題に取り組むために，ロックを読み，解釈し，利用した。ロックをロックたらしめているのは，ロック思想そのものではなく，そうした無数の人々の，大部分は人目を引かないほど慎ましい営みである。ロック教育思想の偉大さは，その内容以上に，そうした人々が，教育について考えるための知的な手がかりを提供し続けてきたというこ

とにあるのかもしれない。

──────岩下　誠◆

B 〈近代〉への教育的対応

第7講 ルソー

　現在のような国家による公教育制度が本格的に議論されるようになったのは，18世紀末のフランス革命からである。ルソーの『エミール』が出版されたのはその勃発に先立つこと約20年のことであった。来るべき新しい国家の姿はいまだ見えず，しかし，旧体制（アンシャンレジーム）の終焉は確実に予感されていたこの時代に，ルソーは一方で国家のあるべき形を模索し（『社会契約論』），他方で，新しい時代を生きることになる人間の姿を追求した。彼は，ルネサンスのヒューマニストたちが理想として掲げた「人間」を継承しつつも，それを人間の根源的な「自然」にまでいっそう徹底的に突き詰めることによって，近代的個人という新しい人間像を創造した。

1 近代教育史におけるルソー

〈人間〉の教育と教育思想の始まり

　今私たちは，教育とは人間を形成する営みだ，という言い方をごく当然のこととして受け止めている。しかし実は〈人間形成〉としての教育という考え方は，それほど当たり前のことではない。現代の歴史家であるフィリップ・アリエスは，ヨーロッパ教育史上で，〈人間〉の教育という発想が登場したのは，ルネサンスの時期であった，と述べている（アリエス 1983）。もちろんそれ以前にも教育という営みは，およそ人間社会が存在する限り行われていた。しかし，たとえばルネサンスに先立つ中世の社会においては，それ

123

ぞれの身分ごとにふさわしい具体的な教育が行われていた。騎士や農民や職人には，それぞれの固有の教育があった。アリエスは，中世からルネサンスにかけての〈学校〉の変化を詳しく追っているが，それは，学校教育というものが，今日私たちが考えるような，人間一般を形成するといったものではまったくなかった時代から，いかにして今日の学校へ変化してきたかを示すためだった。中世の学校は，人間形成の場などではなく，当時にあってはもっとも重要な職業の1つであった，キリスト教の聖職者を養成するための職業学校のようなものであった。ここにやってくるのは，聖職者になるための必須知識（教会用語であったラテン語）を習得する，という具体的な目的をもった者だけだったし，学校のほうもその目的にあったことしか自分の仕事とは思っていなかった。ルネサンスは，中世文化に対するさまざまな分野からの批判とともに始まったが，その1つが，こうした視野の狭い，実用的な教育のあり方に対する批判であった。ルネサンス研究の大家ガレンは，いかなる実用性にも縛られない，普遍的で豊かな人間形成の教育こそ，ルネサンスが後世に残したもっとも美しい遺産だと述べている（ガレン 1974）。具体的な職業訓練的な教育から，〈人間形成〉としての教育へ。この変化は，もう1つの変化を伴う。つまりここではじめて人は「教育とは何か」ということを，あらためて考え出すのである。具体的な技術や知識を伝授するだけなら，その順序や方法については考えても，そもそも教育とは何をすることか，などと考える必要はない。教育が〈人間形成〉一般という，とらえどころのないものを目的とするようになってはじめて，人は，〈教育〉という事象についてあらためて考えざるをえなくなるのだ。第13講で取り上げられているデュルケームはルネサンスを，教育についての反省的な思考，すなわち教育思想がはじめて登場した時代である，と述べている（デュルケーム 1981）。この意味で，近代教育思想はルネサンスとともに始ま

り，人間形成や教育思想という言葉を当然のように使っている現代の私たちは，ルネサンスの遠い子孫だといえよう。

ルソーにとっての近代

本講で取り上げるルソーは，その著書『エミール』(1762) の中で繰り返し，この〈人間〉（フランス語では homme）の教育を強調している。私の手を離れるとき，私の生徒であるエミールは，貴族でも，聖職者でもなく，ただひたすら〈人間〉であるだろう，私がエミールに与えたいと思っているただ1つの職業は〈人間〉であるという職業だ，といった表現は全編で繰り返されている。その意味でルソーの教育思想は，もっとも〈近代的な〉教育思想であるといっていい。そこを見る限り，ルソーはルネサンス教育思想のもっとも忠実な後継者であるように見える。しかし実は，後に見るように，ルソーほどルネサンス文化をあからさまに批判した思想家も珍しいのである。だとすれば，ルネサンスが提起した〈人間形成〉における〈人間〉と，ルソーが『エミール』で展開した〈人間の教育〉における〈人間〉はおそらく重なりながらもずれているに違いない。しかもそのずれは，かなり根本的なものであると思われるのである。本講では，このずれの意味について，以下のように考察してみよう。第2節では，彼の初期の思想におけるルネサンス批判を通して，第3節では，その批判から引き出された新たな〈人間〉概念の内実を通して，そして第4節では，その〈人間〉形成のメカニズムを通して。こうした考察を通して，ルソーの教育思想が，いかにルネサンス以降の近代とつながりながら，しかも新たな別の近代への道を開くに至ったのか，そこには今日につながるどのような問題提起がなされているのか，ということを考えてみることにしたい。

Column⑬ ルソー (1712-78)

ジュネーブの時計職人の子として生まれ、16歳で祖国を捨て放浪の旅に出る。後にパリに出て、多くの知識人たちとの交流をもつ。その中には、フランス啓蒙思想の記念碑ともいうべき『百科全書』を構想しつつあったディドロも含まれていた。やがてディジョン・アカデミーの懸賞論文『学問芸術論』で著作家としてのデビューを果たし、一躍時代の寵児となる。著作家としてのルソーの生涯は、さまざまな論争や個人的なトラブルの続く波乱に満ちたものであり、晩年には、一種の被害妄想的な状況に陥ったこともある。こうした中で、周囲に誤解されてきた自己の真の姿を人々と神の前に示そうとして書かれた晩年の作品『告白』(1770) や未完の作品となった『孤独な散歩者の夢想』(1782) は、自己を語る近代文学のスタイルを切り開いたものとなった。パリを30キロほど離れた美しい自然に恵まれたエルムノンヴィルの地で66歳の生涯を終える。彼の死後10年余りしてフランス革命が勃発し、彼の思想は旧制度を批判し革命を準備したものとして称えられ、1794年、革命政府の手によってその遺体はパンテオンに移された。彼の作品は『社会契約論』(1762)、『政治経済論』(1758)、それぞれ統治者からの依頼によって書かれた『コルシカ憲法草案』(1765年執筆)、『ポーランド統治論』(1770-1771年執筆)、などの政治論、『エミール』のような教育論、上記の自伝的作品、当時ベストセラーとなった恋愛小説『新エロイーズ』(1761) などの文学作品、さらには、『音楽辞典』(1767) や植物学に関する諸著作まで多岐にわたり、死後に公刊されたものも多い。本論中で挙げた「市民の教育」については、政治論に関する諸作品の中でそれぞれの文脈の中で論じられており、また、『エミール』で展開された「人間の教育」については、小説『新エロイーズ』の中でヒロインのジュリが自分の子どもたちの教育について語る言葉を通して反復されている。

2 ルネサンス的人間への批判

『学問芸術論』

1749年,ルソー37歳のとき,フランスの都市ディジョンのアカデミー(学問や芸術に携わる人々やその保護者たちからなる団体で,当時各地にあった)は,「学問芸術の進歩は人々の道徳性の醇化に貢献したか」と問いかける懸賞論文を募集した。ルソーの思想家としての出発はこれに応募し賞を獲得した『学問芸術論』という作品とともに始まった。当時のフランスは,ルネサンス以来の学問芸術の精華を集めた,ヨーロッパの文化的中心地であり,各地のアカデミーはその象徴でもあったから,当然答えは「ウイ」が期待されたところを,ルソーは「ノン」と答えて賞を得たのである。まずはこの「ノン」の内容を,『学問芸術論』およびそれに関連して書かれたいくつかの小論からごく大雑把に要約すると,次のようになる。学問芸術は社会の不平等の産物である。つまり,不平等から富と閑暇を独占する階級が生まれ,富からは奢侈,そして奢侈と不可分の関係にある芸術が生まれ,閑暇からは学問が生まれた。学問,芸術,奢侈は一緒に生まれ,一緒に発達してきたのである。そしてさらにこれらのものから,礼節が生まれた。礼節というのは,人々の間の洗練された社交的な振る舞い方のことである。この結果がもたらしたものは,ルソーにいわせれば,人間の道徳性の進歩ではなく堕落であった。なぜ進歩ではなく堕落なのか。以下,学問,奢侈と芸術,礼節に関する彼の議論を紹介しよう。

学問の進歩がもたらしたもの

学問が閑暇から生まれる,という考え方は,必ずしもルソーの独創とはいえない。学校schoolの語源がギリシャ語のスコレー

第7講 ルソー

(schole：閑暇)に由来しているように，古代から学問は，必要な労働を奴隷に任せて，あり余る時間を所有していた有閑層のものであった。学問はこうした社会的な背景と，人間性に内在するある性向が結びついて発生する。ルソーによればそれは，「人間のもつ自然の好奇心」であり，知りたいという欲望である。実際彼自身も一部参加した当代の『百科全書』(1751-80)は，膨大な項目を擁する一大百科事典であり，それは「好奇心と自己愛とに刺戟され，また過去・現在・未来を一度に抱擁することを求める生まれつきの渇望があるために」(『百科全書』序論)つくられたものであった。しかしルソーによれば，「学問がいかに美しく高貴なものであろうとも，それは人間向きにはつくられていない。人間は学問の偉大な進歩をもたらすには，あまりに限界のある精神しかもっておらず，学問を悪用しないでいるには，あまりに多くの情念をもちすぎている」(訳書四-56，原書Ⅲ-36，以下同)。学問が美徳ではなく悪徳を生み出すのは，この2つの要因によるのである。限界のある精神からは無数の誤謬が，そして，傲慢や虚栄や悪意などの情念からは，われこそ真理を所有していると主張する者同士の争いと迫害が生まれる。ルソーがこのようにいうとき，そこには，ルネサンスの文芸復興に引き続いた激しい宗教論争と内戦が意味されていることは明らかである。そして彼自身の時代がこうした危機と無縁であるとは，彼には思われなかったのである。

奢侈と芸術

『百科全書』の「奢侈」の項目では，奢侈は「すべての人間のなかにあり，またあるはずの，より良くなりたいという欲求」に由来する，と述べられている。好奇心と共に，この「よりよくなりたいという欲求」はルネサンス以来の進歩の動因であった。衣・食・住のすべての生活を豊かに彩るさまざまな意匠が凝らされ，そのために世界中から珍しいもの，高価なものが富者のもとに集められる。さらにそれはより輝

かしいもの，より洗練された美しいものを求める芸術と結びつく。その結果は，まさにルソーが眼にしていた，都市の壮麗な景観であった。「われわれの庭園は彫像で飾られ，われわれの回廊は絵画で飾られている」（四-36，Ⅲ-25）。こうした技巧を凝らした美は，人間の精神を高めるよりも，柔弱にし，素朴さや勇気，誠実さを失わせるというのがルソーの評価であった。アテナイもローマも奢侈と芸術が繁栄するとともに，衰弱と崩壊に向かったのだ。

礼節

実は『学問芸術論』で最初に槍玉にあげられているのは，学問や芸術よりも，それらが人間性にもたらした変節である礼節 politesse のほうであった。礼節のことを彼は，「人びとの交際をあれほど滑らかにそして気さくなものにしてくれる，物柔らかな性格や都会的なふるまい，一言で言えば，何の徳も持たないのに，あらゆる徳の外観を与えてくれるもの」（四-16，Ⅲ-7）と呼ぶ。こうした礼節はルネサンス期の宮廷生活を舞台にして練り上げられたもので，カスティリオーネの『宮廷人』にその典型が見られるものであった。礼節の発達は，人々が自らの情念をコントロールすることによって，社会をより安全で快適なものとしてきた文明化の過程とも言い換えることができる。しかし礼節が発達するにつれて，人々の間には率直さが失われる。人々は互いに不透明なベールを通して見るように，相手の内心を探り合い，疑惑，不信，冷淡，遠慮，憎悪といった情念が次々と生まれてくる。いつも自分の本心を隠しているうちに，本心自体がわからなくなる，ということもあろう。ルソーが当時の華やかな社交界で眼にした人々は，まさにそうした人たちであった。彼が，礼節を学問芸術そのもの以上に危険なものと考えているのは，それがこのように人間のあり方そのものを変えてしまうからである。「何者かであるためには，そして自分自身であり，常に一個の存在であるためには，言うことと行うことを一致させなければならない」

(六-21, IV-250)と,彼は『エミール』の冒頭の部分で言っている。彼にとって〈人間〉とはまずこうした,一貫性をもった一個の存在(今日風にいえばアイデンティティをもった人間といおうか)を意味したのであり,礼節が生み出したものは自己分裂した〈何者でもない存在〉,つまり無 rien であった。

> ルネサンス的人間の克服:過剰から抑制へ

『学問芸術論』は当然ながら大きな反響と批判を引き起こした。その1つに向けられた答えの中で,ルソーは次のようにいっている。「あなたは言われます。人間にとって自然の好奇心が知りたいという渇望を搔き立てるのです,と。しかし,だからこそ,人間のすべての自然の性向と同様,この好奇心をも抑制するように努めなければならないのです」(四-62, III-41)。ルネサンスが解放した,沸き立つような自然の欲求は,再び「抑制」されなければならない。こうしてルソーは,自然の解放から抑制へ,という転換をはっきりと宣言することによって,ルネサンス以来の近代から新しい別の近代へと向かうことになる。しかしこの「抑制」はいうまでもなく,中世への復帰ではなく,新しい「人間」の原理を提起することによってなされなければならない。次の節ではこの「人間」の原理がどのようなものであったかを見てみよう。

3 近代人の構成

> もう1つのルネサンス:マキャベッリズム

ルネサンス文化が称揚した人間は,〈知りたいという欲求〉や〈よりよくなりたい〉という,人間に自然な欲求を自由に羽ばたかせ,天上界から人間性の内部にまで飽くなき探求の旅を続ける。『学問芸術論』の冒頭でルソーはこうした人間の光景は「たしかに

偉大で高貴なものだ」と述べている。しかしこうした自然の解放はそのまま人間の幸福や道徳性の向上に予定調和的につながるわけではない。ルネサンスが解放した自然とは別のもう1つの自然が、この美しい光景を、戦争や、富者の奢侈と貧者の飢えという悲惨な光景に変えてしまったとルソーは考えていた。実はこのもう1つの自然について、ルネサンス期にすでに指摘していた思想家がいる。マキャベッリは『君主論』(1532) の中で次のように述べている。「多くの人は、かつて見られたことも現実にあると知られたこともない共和国や公国を想像してきたのである。というのも、私たちが現に生きている生き方は、私たちがどう生きなければならないかということからはるかに隔たっているので、なされなければならないことのために現になされていることを放棄する者は、己の身の安泰よりもむしろその破滅を招くことになろう」(1966：56)。この、「現に生きている生き方」とは何か。それは何としてでも生き残ることを最優先とする生き方である。ルネサンス期は、古代の共和国とそこで繁栄した学問や芸術の中に美しい人間の理想を求めた時代であったが、同時にそれは古代の理想とは裏腹の激しい権力闘争と血なまぐさい出来事の連続した時代であった。マキャベッリはこうした側面を代表する思想家である。今日の教育論でもしばしばいわれる〈生きる力〉というものを、まずは美しい理想論から切り離し、それ自体として冷厳に見つめたものが、生き残るためにはあらゆる権謀術数が許されるというマキャベッリズムと後に呼ばれた思想である。

ホッブズの自然からルソーの自然へ

こうした思想を続く17世紀に体系化し、18世紀のルソーへと手渡すことになったのがイギリスの思想家ホッブズの書いた『リヴァイアサン』(1651) であった。ホッブズは生き残りたいという欲求＝自己保存の欲求を人間存在のもっとも基底的な原理と見なした。彼によれば、自己保存の欲求は目前にある対象によって今満

たされて終わるということはなく，将来の幸福へも向けられる。このことを可能とする能力をホッブズは予見能力と呼ぶ。将来の幸福へと向けられる欲求は，それが満たされるかどうかという不安を生み出す。この不安を解消するために，他の人間よりもいっそう優越した力をもちたいという欲求がさらに生まれる。これを虚栄心 vanity と呼ぶ。こうして人間たちは，互いに相手より優越しようとして互いに争いあうことになる。これがホッブズのいう〈万人の万人に対する戦争状態〉である（ホッブズ 1966：116-123）。

ルソーはこうしたホッブズの透徹したリアリズムを「かつて存在しえた最も偉大な天才」（Ⅲ-611）と呼んで，生半可な理想主義よりも高く評価している。しかし自己保存の欲求が必然的に戦争状態を引き起こし，したがってこの戦争状態を抑えるためには，強力な絶対君主が必要だ，というホッブズの結論に対してはあくまでも抵抗するのである。自己保存を自然の第1の原理として採用しつつ，しかも戦争状態を回避すること。それがルソーの課題となる。『学問芸術論』に続く『人間不平等起源論』（1755）では，まず第1部で，人間の自然な自己保存欲求とはどのようなものかが，そして第2部では，それが社会の中でどのように変質してきたかが論じられた。ルソーがとった戦略は，自然の自己保存欲求を，今ここでの満足で終わるものと考え，ホッブズがいうような予見能力と虚栄心はあくまでも現在あるような社会がつくりだした産物である，と見なすことであった。そうなると自然の自己保存欲求はすべての動物がもつ本能的な欲求とほとんど変わらないものとなり，〈人間〉の原理とはいいがたいものになる。人間は森に住む熊と同じか，と仲間の哲学者たちから揶揄されもしたのである。しかしルソーは，この自然的欲求が変質する潜在的可能性（これを彼は perfectibité 完成能力と呼ぶ）をもつことこそ，人間に固有の特質であるという。そしてその変質がもっぱら社会によってもたらされたとすれば，人間自身が社

会のあり方を工夫することによって、その変質の方向を戦争状態とは別の方向に導くこともできるのではないか。これがルソーがホッブズを継承し乗り越えようとしたやり方であった。自然の自己保存欲求の変質について、ルソーは2つの方向で考えた。1つはそれを〈人間〉化させる方向であり、もう1つは〈市民〉化させる方向である。

4　人間の教育

人間と市民

『エミール』の冒頭部分に、人間と市民の区別に関する有名な文章がある。人間を形成することと市民を形成することは、彼によれば「必然的に相対立する二つの目的」(六-22, Ⅳ-250) である。したがってこの2つの教育を同時に行うことはできない。実はルソーの教育論の最大の特徴はここにあるといっていいのである。市民 citoyen という言葉は、一定の政治的共同体のメンバーを意味する言葉として、フランス革命の頃まで一般に用いられた。封建制や君主制のもとでの臣民 sujet というのは、文字どおり上位の者に〈従う者〉という意味であるのに対して、市民のほうは互いに対等な関係を意味している。このモデルは古代ギリシャの都市国家ポリスや初期の共和制時代のローマに求められてきた。それは被征服民からなる奴隷の労働に支えられた小規模な共同体（たとえばギリシャ語でアゴラと呼ばれる広場に集うことができるくらいの）の、相互に平等な政治参加権をもつ成員をさしている。古代の学問芸術の復興をめざしたルネサンスの〈人間〉には、実はこうした古代的な市民の理想が二重写しになっており、ルソー自身こうした古代共和国と市民への夢を共有していた。しかしルソーがルネサンス的伝統と手を切るのは、〈人間〉と

〈市民〉はけっして安易に重ね合わせられるようなものではないこと，現代において古代の市民の夢は永遠に失われた夢であること，それゆえわれわれは古代人とはまったく別の原理を新たに探求しなければならないことを宣言することによってである。彼によれば〈人間〉とは整数のように分割不可能な個人であり，〈市民〉とは政治共同体という分母の上に成り立つ分子である。すなわち，〈市民〉の価値はつねに分母である政治共同体によって決まるのである。わが子の戦死を悲しむよりも祖国の勝利を喜ぶスパルタの母。これが市民の母である，とルソーはいう。こうした共同体は遠い昔たしかに存在したし，プラトンの『国家』という作品はそのもっとも理想化された姿を伝えている。『国家』には市民を形成する公共的な教育についての見事な叙述が含まれている。しかし，とルソーはいうのである。「公共教育はもはや存在しないし，これからも存在し得ないだろう。なぜなら，祖国がないところでは市民はありえないからだ。祖国と市民という二つの言葉は，近代の言語から抹消されなければならない」(六-22, Ⅳ-250)。これは，ルネサンス人も，そしてそれを継承したルソーと同時代の哲学者たちにもできなかった断念である。というより彼らは，人間であり，かつ政治社会の一員であることをこれほど厳密に区別する必要を感じなかったのだろう。それは，彼らが既存の政治社会（ルネサンスにおいてはメディチ家に代表されるような力ある一族が支配する都市国家，18世紀フランスにおいては，貴族と富裕な平民＝ブルジョワによって支えられた君主国家）を前提としていたためである。彼らにとって，人間としての欲求を満足させつつ，かつ政治社会のよきメンバーであることは，それほど難しいことではなかった。しかしそうした人間のあり方こそ，ルソーによれば，真の人間でもなければ市民でもない，中途半端で自己欺瞞的な堕落した存在だったのである。私たちは，ルソーの〈人間〉という概念が，こうしたルネサンス以来の伝統との意識的な切断によ

ってはじめて成立した独特なものであったことを忘れてはならない。『エミール』で彼がやったことはこうした断念の後に残った〈人間〉の教育の可能性を追求することであった。他方、〈市民〉化のほうの試みは、『エミール』とは別系列の作品でなされた。それらの作品はいずれも政治論、あるいは統治論である。市民の教育は政治の一環として位置づけられ、けっしてそれ自体で論じられることはない。すなわち、まず祖国の名に値する政治国家を形成すること、それが市民について語ることの最低の前提条件とされているのである。本論では彼の政治思想について紹介する余裕はないが、少なくともそれは、スパルタやローマをモデルにした古代的なものではなかった。それは、すべての個人が平等な存在として相互に結びあう〈社会契約〉というまったく新しい原理によって、人々の自然な自己保存欲求を社会的共同的な自己保存欲求へと変質させる試みであった。

『エミール』という作品

ルソーの〈人間〉という概念が上で述べたようなものだとすれば、その教育を論じた『エミール』というのは、それまでの教育論とも、あるいはその後に展開された多くの教育論ともかなり趣の異なる奇妙な教育論であることは容易に想像がつくだろう。彼はこれを、エミールという1人の男の子と、彼を生まれたときから結婚するまで導き続ける1人の教師とを主人公とする一種のフィクションとして書く、という手法をとった。全体は5篇に分かれており、そのそれぞれは現代風にいえば、乳児期、幼児期、少年期、思春期、青年後期にあたる。ルソーの分類でいえば、前半の3つの篇が〈子ども〉の教育を、後半の2つが〈人間〉の教育を扱っている。ちなみに今まで本論で用いてきた人間 (homme) という言葉はそのまま大人、それも男性の大人をさす。〈人間〉は〈市民〉と区別されると同時に、〈子ども〉とも区別された言葉であることを確認しておこう。『エミール』はしばしば〈子ども〉とはどのような存在かをはじめて体系的に語った

作品として評価されてきたが、ルソーにとって〈子ども〉はあくまでも〈人間〉に包摂されるべき概念であったことはしばしば忘れられている。そのためか、最初の3篇だけが引用されて、後半の2篇については言及されることは少ない。本論では、『エミール』を子ども論や子どもの扱い方を扱ったものとしてだけでなく、〈人間〉を再構成する試みとして読み直してみよう。

自然人と子ども：欲求と力の均衡

社会によって変質される前の自然な状態における人間とは、「自己保存に必要な欲望と、それを満たすに十分な能力だけ」（六-81, IV-304）をもった、すなわち欲求と力（ルソーは欲望〔désir〕と欲求〔besoin〕、能力〔faculté〕と力〔force〕をほとんど区別せずに使っている）の間の均衡がとれた、したがって、自分だけで事足りる、それゆえ、他人を求めることも他人と争うことも必要としない自由で独立した存在である。そしてそれは同時に、強い存在である。「力が欲求を越えるものは、昆虫でも虫けらでも強い。欲求が力を越えるものは、象でもライオンでも、征服者でも英雄でも、神であっても弱い存在なのだ。自分の本来の性向を見誤って反逆する天使は、自分の本来の性に従って平和に生きる幸福な人間よりも弱い。人間はあるがままのありように満足しているとき、きわめて強く、人類以上の高みに上ろうと欲するとき、きわめて弱い」（六-82, II-305）。彼が『学問芸術論』で批判し『人間不平等起源論』で描き出した文明の進歩は、まさに人類以上の高みに上ろうとして、人間が限りなく弱くなってきた歴史でもあった。すでに見たように、欲求と力の自然な均衡は人間性そのものに内在する潜在的能力によってやがて破られる。

子ども時代は、この潜在的能力が発現する前の自然人同様、飢えと渇き、そして自由な身体運動という純粋に肉体的な欲求しかもたない。しかし他方子どもは文明化されてしまった社会の中で生きる

ことを運命づけられている自然人である。しかも，欲求と力の均衡ということでいえば，子どもはそのわずかな肉体的欲求を満たす力さえもたない弱い存在である。このような子どもを，自然人同様の，強く自由で幸福な存在にすることこそ，子ども時代の教育の目的であるとルソーは考えた。その方策として挙げられているものは3点に要約することができる。第1は，余分な欲求をつくりださないようにする，ということである。子どもが飢えから泣く。それは自然な欲求の現れである。子どもが自分のほうに注意を向けようとして泣く。それは支配の欲求という，自然とは無縁の余分な欲求の現れであり，それはただ周りの大人によってつくりだされたものである。『エミール』前半の叙述の多くは，この2つの欲求の区別について費やされているといってもいい。第2は，子どもの力を強くすることである。この力は，子ども時代においてはもっぱら感覚能力を含む身体的な力である。したがって『エミール』の第2篇までの教育はほとんどが，身体の鍛錬と感覚訓練に向けられる。しかしそれでもなお子どもは依然として弱い存在である。子どもは大人に全面的に依存しなければ1日たりとも生きていけない。ここから，第3のそしてもっとも困難な教育の工夫が要求されることになる。子どもに欠けている力は，当然のことながら，大人が補ってやらなければならないが，それは子どもの「自然人」らしさが損なわれないようなやり方でなされなければならない。そのやり方とは，子どもの目から見てこの「補い」が，いっさいの社会関係（大人-子ども，教師-生徒，親-子ども，召使い-子どもなど）とは無関係の，物理的な力によってなされているようにすることである。つまり，周りの大人は子どもに対して，「権威」ではなく「力」の代替とならなければならない。子どもに本当に必要なものは，大人によって無条件に与えられ，そこには，いっさいの恩恵も感謝も入り込まないようにすること。同じように，子どものわがまま（余分な欲求）に対しては，

いっさいの禁止や命令や，あるいは言葉による説得なしに，物理的な力によって対処すること。余計なものを欲しがったときは，ただ，「ありません」とだけ答えること。わがままから部屋のガラスを割ったときは，黙ってその部屋に入れておき，吹き込む冷たい風によって自分の非力を知らしめ，その後に，黙ってガラスを入れてやること。かくして，「子どもの語彙集においては，力，必要性，無力，拘束といった言葉が大きな位置を占めるべきである」（六-94，Ⅱ-316）。このように，欲求と力の体系のうちにとどめおかれた子どもこそ，真に自由で幸福な子どもでありうるのだ。このような子ども観は，20世紀の哲学者ドゥルーズとガタリが著した『アンチ・オイディプス』(1972)というフロイト批判の書物に展開されている子ども観と共通するものである。彼らは，生まれたときから父・母・子という三角形の性的人間関係の中に組み込まれたフロイト的子どもを，物理的な生命体としての自由な子どもへと解放し，そうした子どものことを「欲望する機械」と名づけた。ルソーが人間の原点としての子どもに託したのは，まさに，こうした存在がもつ「自由」と「幸福」であった。

少年期：力の余剰と好奇心の発達

『人間不平等起源論』では欲求と力の均衡の破綻は，自然人を取り巻く環境の激変などの外的な要因によってもたらされた，とされている。たとえば厳しい気候が続き，今まで難なく得られていた食料が得られなくなる——つまり今までの力では欲求が満たされなくなる——と，必要に迫られて労働するという新しい能力が人間のうちに目覚める。他方『エミール』では，均衡はむしろ力の発達によって破られる。慎重に育てられた子どもは依然として限られた欲求しかもたないが，鍛えられてきた身体的な力と感覚能力は増大し，やがて子どもの欲求を越えるときがくる。12, 3歳頃の少年期がそれにあたる。そしてこの力の余剰から，今とここを越えた先の

未来まで見越す予見能力と，好奇心という新しい欲求が発現するのである。ホッブズが戦争状態を生むとみなした予見能力と，かの危険な好奇心とをどのように〈抑制〉し方向づけていくのか。それは『エミール』の第3篇に詳しい。ここで用いられる原理は，〈有用性の原理〉である。つまり，子どもの好奇心は「私たちの生活の快適さ bien être に実際に貢献できる知識」(六-215, Ⅳ-428) という狭い範囲に留め置かれなければならない。子どもにとって何の役に立つのかわからない知識は慎重に退けられるとともに，むやみに知りたがる子どもの好奇心は「それは何の役に立つのか」という切り札によって抑えられる。第3篇で展開される学習論は，新たな段階における欲求と力の均衡の獲得へと向けられたものであった。

> 思春期：性的存在と想像力

12, 3歳が，力が欲求を（相対的に）上回る，それゆえ子どもが相対的に強くなる時期だとすれば，思春期は逆に欲求が力を越えて子どもを翻弄する時期であり，したがって人間がもっとも弱い存在となる時期である。この時期を扱った『エミール』第4篇は，一般にはあまり読まれていない部分であるが，実はルソー自身はこの時期こそが，「本当の教育が始まる時期だ」とまでいっているのだ。エミールはここで「子ども」から真に「人間」になるのである。これまでの子どもは，身体的な存在 (être phisique) でしかなかった。今や彼は道徳的精神的存在 (être moral) となる。「人間が同伴者 compagne を欲求するようになると，彼はもはや孤立した存在ではなくなる。彼の心はもはや一人ではいられなくなる」(六-288, Ⅱ-493)。この同伴者への最初の欲求は，性的欲求という思春期に不可避的に生まれる生理的欲求と結びついている。しかし，自然人もまた性欲をもっているが，それが直接に彼を道徳的精神的存在にすることはなかった。したがって，動物とは区別される人間に固有の性欲の形こそ，人間を〈人間〉たらしめるものとされているのであ

る。この人間固有の性的欲求とともに、「自分の種とのあらゆる関係、彼の魂のあらゆる愛情が生まれてくる」(六-288, Ⅱ-493)。『人間不平等起源論』では、自然人がこの独特の性欲をしだいに獲得していく過程が丁寧に叙述されているが、『エミール』ではそれが周到な教育的配慮によって形成される過程が説明される。「一方の性が他の性にひかれる。それは自然の運動である。選択、えり好み、個人的な愛着は知識と偏見と習慣の産物である。私たちが愛の能力を持つには、時間と知識が必要だ」(六-288, Ⅱ-493)。自然の性的欲求とは異なるこうした選択的な愛から、他人より愛されたいという比較が生まれる。つまり、絶対的な自足した自己愛が相対的な自己愛 (amour propre) へと変質する。日本語では自尊心と訳されてきたこの相対的な自己愛はホッブズの虚栄心 (vanity) に相当し、競争、嫉妬、対立を、すなわち戦争状態を引き起こしてきた本質的な契機である。しかしルソーは同時にそこに、人間が個体としての存在から、類としての存在へと引き上げられる契機をも見ていた。物理的個体的存在から類としての人類 (humanité) へ。この道程はきわめて困難で多くの「時間と知識」を必要とする。「物理的存在としての自己しか感じられない限りは、事物との関係で自分のことを学ばなければならない。……精神的な存在として自分を感じ始めたら、人間との関係で自分のことを学ばなければならない」(六-288, Ⅱ-493)。愛する能力、これが思春期以後の教育において獲得されるべき「力」であり、そして、そのためには、他の人間たちと自分との関係についての「知識」が、多くの「時間」をかけて学ばれなければならないのである。そのためにルソーがいかに工夫を凝らしているかについては、ここで詳しく述べる余裕はない。ただ2点だけ指摘しておこう、第1はここではじめて本当の意味での「書物」の効用が説かれていること。子ども時代の教育から(ただ1冊『ロビンソン・クルーソー』が許された以外は)いっさいの書物が追放

されていたことは，よく知られている。思春期こそ読書の時間（年齢）である。しかしそれはルネサンスのヒューマニストが古代の書物に求めたような，理想的な人間像や美しい文体のモデルのためではない。青年期に近づいた少年は，人間の弱さや愚かしさと，すべての人間が避けることのできない不幸を，観客席から舞台を眺めるように見るために，書物に向かうのだ。第2は，想像力という，ルソーがもっとも危険視してきた人間の余分な能力が，ここでもっとも大きな力として積極的に導入されていること。想像力こそ，人間を自分自身の外へと連れ出す疎外の力である。しかし人は愛することを学ぶためには，自分の外に出なければならない。いかにして自分の外に出てそしてまた戻ってくるのか，ここにこそ社会に生きることを運命づけられた人間の幸不幸のすべてがかかっているのであり，本当の教育の技術が試されるのである。『エミール』第5篇はエミールとソフィという女性の出会いと恋愛，結婚，そして2人の間の子どもの誕生が描かれる。さらに草稿のままに残された続篇では，エミールとソフィの仲の破綻が描かれていた。この続篇は2人が再び「真に出会う」ところまで書かれるはずだったらしいが，結局それは中断されたままで終わった。

5 近代における〈人間〉のゆくえ

　ルソーの死後まもなく革命が勃発する。人々は革命の高揚の中で互いに市民と呼び合い，広場には古代風のモニュメントが建てられ，祭典では古代の衣装をまとった人々の行列が続いた。再び古代が復興したかのように。しかしこの革命の進展を通して形成されたものは，フランス国民というまったく新しい存在であり，それを権利上の（実態としてそうなるにはさらに多くの紆余曲折があった）主人公とす

る国民国家であった。古代風の衣装をまとった市民の夢から国民へ。この大きな激動のときに人々を鼓舞したのは、ルソーの『社会契約論』であった。続く世紀は国民国家と公教育の時代となる。国民国家がルソーの社会契約国家とは無縁のものであったように、そこで展開された教育もまたルソーの〈人間〉の教育とは無縁のものであった。これはルソーに限らず、〈教育思想〉というものがもつ宿命かもしれない。しかし、にもかかわらず、あるいは、だからこそそれは社会と教育の変動の時代を迎えるごとに、人々が繰り返し立ち返る場所となる。20世紀初頭、公教育に行き詰まりを感じ出したとき、人々が手にしたのが『エミール』という著作であったことはそのことをよく示している。

————————————森田 伸子◆

B 〈近代〉への教育的対応

第8講　古典的人間形成論

シラーからニーチェまで

本講で扱うのは，18世紀末から19世紀にかけてのドイツで展開された，多少風変わりな教育思想の系譜である。どこが風変わりかといえば，教育思想でありながら，「いかに教育するか」がそこでは中心問題にならない。「いかに教育するか」ではなく，「人はいかに形成されるのか」「どのようにして大人になっていくのか」を中心問題として考えるのが，本講で扱う「人間形成論」の特徴である。

1 人間形成論の時代背景

時代的限界と古典性

人間形成論のこうした問題設定は，当時のドイツ特有の歴史的条件に深く規定されている（これについてはすぐ後で述べる）。また，その主張は，19世紀半ば以降，マルクスやニーチェによって徹底的に批判される（これも後述）。このような人間形成論の時代的限界を考えれば，その主張に現在から見て納得できない部分があるのは当然である。ところが，「人はどのようにして大人になっていくのか」という問い——これは，大人になることが難しくなったといわれる現在の私たちにとって，かつてないほどに切実な問いである——に自分なりの答えを出そうとしたとき，私たちは，人間形成論がつくりだした考え方に知らず知らずのうちに手がかりを求めることになる。この二重の意味で，つまり，過去のものであり限界をもつが，にもかかわらず

座標軸になる考え方でもある，という意味で，本講が扱う人間形成論は「古典的」である（過去のものでありながら規範性をもつのが「古典」であろう）。

まず，当時のドイツの歴史的条件を簡単に解説しておこう。ドイツ人は「遅れてきた国民」（プレスナー 1991）だといわれる。この「遅れ」を，ドイツの知識人たちが痛切に意識し始めたのが，本講が扱う 18 世紀末から 19 世紀にかけての時代である。

1-1 フランス革命の衝撃

> 国民国家への流れ

大きな要因として，フランス革命という世界史的事件の衝撃がある。歴史において何が進んでいて何が遅れかは，簡単にいえることではない。しかし，この時代のヨーロッパは明らかに国民国家の形成という方向に向かっていた。文化的なまとまり（たとえば言葉が通じること）としての国民と，統治機構としての国家が重なり合うのが国民国家である。フランスでは，すでに 17 世紀以来，「絶対主義」と呼ばれるような強大な君主権のもとで，国民と国家の統合を実現しつつあった。もっとも，絶対主義の考え方でいけば，国家は君主の持ち物であり国民はそこで働く使用人も同然である。国民と国家の結びつきは君主を介した間接的なものにすぎない。

> 国民の形成

ところがフランス革命は，その君主を排除し，国民こそが国家をつくるのだと宣言した。文字どおりの国民国家の出現である。人間一般の権利が宣言され（『人権宣言』），人権を保障し実現するための仕組みとして国家がとらえ直される。そうした国家をともに構成する人間のまとまりが国民なのである。したがって国民は積極的に国家を支える必要がある。進んで国家を支える主体的な国民の育成が求められ，教育がその大役を任ぜられる。人権の保障と，そのために必要な国民の形成

をめざして，公教育の制度が国民国家の枠内で整備されていく。公教育を通して，国民の文化的なまとまり（たとえば「国語」）が国民国家によって事後的につくりだされていくのである（これが国家単位のナショナリズムを生み，後の歴史に災厄をもたらすことにもなる）。

遅れてきた国民 このように，もともと先進的であった隣国フランスが未来に向けてさらに躍動を始めたとき，ドイツはまだ「神聖ローマ帝国」という中世の名残を残す曖昧なまとまりのもとにあった。神聖でも，ローマ的でも，帝国でさえもない，と揶揄されたこの「帝国」の領内には，フランス革命が勃発した1789年，それと同じ数の，つまり1789の領邦が存在していたという（マン 1973：7）。「日本」という一応のまとまりはあっても各地に殿様がいて領国を治めていた同時代の日本を思い浮かべればよいだろう。ドイツもそれと似た状態にあった。

1-2 〈別の道〉の模索

フランス革命への疑念 自分たちが置かれている状況の「遅れ」を，フランス革命はドイツの知識人たちにあらためて突きつけた。隣国で起こった革命を，彼らの多くは，自分たちが進むべき方向を示してくれる道しるべとして，当初感激をもって受けとめる。しかし，革命が急進化し，ジャコバン派による独裁と恐怖政治の様子が明らかになるにつれて，疑念が頭をもたげてくる。国民国家を「革命」という手段で実現することへの疑念，さらには，フランス革命が推し進めている「近代」というもの自体に対する疑念，である。この疑念は，フランス革命が示したのとは別の道が自分たちにはある，という考え方へと導かれた。

ドイツ文化の復興 こうした考え方が出てきた背景には当時のドイツの文化的な盛り上がりがある。三十年戦争（1618-48）で各地が戦場となって荒らされた後，ドイツは文

第8講 古典的人間形成論　145

化的にも沈滞し，領邦君主の宮廷では当然のようにフランス語が話されていた。「大王」と呼ばれるプロイセン王フリードリヒ二世（在位1740-86）は，ヴォルテールを相談役にするなどフランス文化を崇拝し，ドイツ語は馬丁の言葉だと馬鹿にしていた。その姿は国民国家的なナショナリストとはずいぶん違う。しかし大王治下のケーニヒスベルクではカントがドイツ語で哲学体系を構築し（『純粋理性批判』の第1版は1781年），ワイマールではゲーテとシラーがドイツ文学の古典を生み，ライプツィヒでは大バッハが作曲を続けていた。フルートの名手でもあったフリードリヒ大王がバッハを宮廷に招き，この出会いからバッハ晩年の傑作「音楽の捧げもの」が生まれた話は有名である。

まず人間形成から　このようなドイツ文化の盛り上がりを背景に，国民としての文化的なまとまりの意識が強くなってくる。フランスがあらゆる面で模範だった時代よりも，多少自分たちの文化に自信がつき対抗意識も出てきたこの時代のほうが，かえって彼我の落差は痛切に意識されたように思われる。国民としてのまとまりを支える文化的な基盤は十分にある，しかしそれに対応する統一的な国家機構が欠けている——ドイツの苦境はこのように意識された。上に触れた別の道とは，この苦境を脱するために，国家機構という外面からではなく，文化によって育てられる内面から始めるという道である。フランス革命のように国家・社会を変革することで国民をつくるのではなく，まず自立した個人を育てることが先決ではないか。そうすることで，国家・社会も，恐怖政治のような暴力的強制に陥る危険なしに改善できるのではないか。——本講で扱う人間形成論は，この道筋の出発点たる個人の形成を，理論化しようとするものであった。

Column⑭ 人間形成（Bildung）

ドイツ語のBildung（ビルドゥング）は「人間形成」「教養」「陶冶」あるいはたんに「教育」など，多様な日本語があてられる多義的な言葉である。これは，この言葉が人間を形成する過程（「人間形成」「教育」）とその帰結（「教養」）を同時にさすところからきている。ちなみに，本講の表題となっている「人間形成論」にあたるドイツ語はBildungstheorie（ビルドゥングステオリー）である。また，本文中に出てくる「教養小説」にあたるドイツ語はBildungsroman（ビルドゥングスロマーン）であり，これは，若者がさまざまな苦難を経験しつつ人間として成長し成熟していく過程を描く近代小説の一ジャンルをさす。その原型をつくったのがゲーテの小説『ヴィルヘルム・マイスターの修業時代』（1796），その典型はロマン・ロランの『ジャン・クリストフ』（1903-12）といわれる。『精神現象学』を「哲学的な教養小説」と呼んだイポリット（フランスの高名なヘーゲル研究家）は，『精神現象学』の中にそうした教養小説と同様のプロットを認めたわけである（本文**4**参照）。

Bildungという言葉は，もともと，自分自身を神の像（Bild（ビルト））に形づくる（bilden（ビルデン）），という中世以来の宗教的・神秘主義的なニュアンスをもっていた。18世紀後半以後，この言葉は教育の文脈で使われるようになったが，たんに社会に役立つ人間をつくるというだけではない，あるべき人間の形成という意味合いをもち続けた。19世紀になると，〈別の道〉の探求という傾向とも重なって，Bildungはドイツ文化の理念を示すものとして，一種の偶像にまでもち上げられる。このように偶像化した「人間形成」や「教養」の理念は形骸化していった（本文**5**参照）が，しかし，教育を有用性や効率性に解消する傾向に異を唱えようとする人は，今日でもBildungという言葉を引き合いに出すことが多い。この言葉は今なお人間形成にまつわる理念的意味合いをもち続けているといえる。

第8講　古典的人間形成論

2 シラー

●芸術による人間形成

『人間の美的教育について』

このような別の道の模索を明瞭に意識した人間形成論として、シラーの「人間の美的教育について」(1795) を挙げることができる。連続書簡の形をとったこの哲学的論文は、その後の芸術教育論に大きな影響を与えた。芸術に触れて感動を味わったとき、たんに感覚的に心地よいというのではなく、何か人間として高められた感じをもつだろう。それはなぜなのか。シラーの論文はこの問いに1つの答えを与え、美や芸術が、たんに人を楽しませるだけでなく人間形成の土台になると主張した。以下、シラーの主張を追跡してみよう。

近代人の自己分裂

この論文で、シラーはまず、古代ギリシャ人に対する近代人の至らなさを強調している。近代人は、知性の面ではギリシャ人に勝っているが、人格の統一性・一体性という点では到底かなわない。「一個のアテネ人と人間性をかけて一騎打ちをしようと名乗り出る一個の近代人がどこにおりましょう」(シラー 1977：103)。こうなったのは、知性の発達が分業を要求し、特定の領域にだけ通じた専門人ばかりが増えたからだ。このような人間同士の分裂は人間内部にも傷を残す。専門人はどこか無理をして自分を限定している。この無理が、理性の命令する道徳(〜すべし)と感性の求める欲望(〜したい)との分裂となって表れる。知性の発達にもかかわらず、というより知性の発達ゆえに、近代人は統一的な人格をつくれないでいるのである。

どうすればよいのだろうか。シラーがとるのは、国家・社会から始めるのではなく人間形成から始めるというあの〈別の道〉である。

というのも，国家は「人間性の改善の基礎となることはできず，逆にこうした改善によってはじめて基礎づけられなければならない」(111) のだから。しかし，すぐにわかるようにここには論理的な循環がある。シラーもそのことを十分意識していた。「政治上の改善はすべて性格の高尚化から出発すべきです——しかし野蛮な国家機構のもとでどうして性格が高尚になることができましょうか」(117)。

シラー

> 芸術への希望

この循環を断ち切る切り札として出されるのが芸術である。芸術は，国家の要請にも個人の欲求にも解消されない独自の法則をもつ，とシラーは考える。国家と個人の間にある芸術という中間領域から出発することで，あの循環を断ち切ろうとするわけである。こうした中間領域をなすというのは，たぶん文化一般に共通する特質である。しかし，シラーの見るところ，芸術には他の文化領域（たとえば学問）にはない利点がある。

第1に，芸術は，理性と感性を橋渡しすることができる。上にも触れたように，私たちは芸術に触れて感覚的な満足を得るが，その充足感は食欲や性欲を満たしたときの満足とは明らかに違う。たとえばある音楽を聴いて感動したとき，その感動は，感覚そのものというより，感覚の対象がつくりだす形式（メロディーという形式，リズムという形式）に起因している。私たちはそこで，形式に関する感覚的満足を得ているのである。具体的な対象から感覚的な満足を得ようとする「感性衝動」と，具体的な対象に左右されることのない不変不動の法則や形式を求めようとする理性——シラーの用語で

第8講 古典的人間形成論 149

は「形式衝動」——が，そこでは無理なく同居している。形式衝動は，理性の命令を実現するために，ふつうは無理やりにでも感性衝動を抑えつけねばならない。ところが芸術に接しているときは事情が異なる。美的な状態において，人は感性衝動を満足させるが，その注意は形式に向かっている。言い換えれば，理性の命令を無理なく受け入れられる態勢になっている。芸術に触れて人として高められた感じをもつのはこのためなのである。

「遊び衝動」　第2に，芸術は，たんに理性と感性のバランス状態なのではなく，誰もがもっている衝動に支えられている。それが「遊び衝動」である。芸術は，特別な人の特別な嗜みのようなものではなく，「遊び」という，誰もが子どもの頃に夢中で従事した活動に根をおろしている。実際，遊びには，どこか芸術の創造や享受に似たところがある。人は楽しいから遊ぶのであり，遊びは感性を満足させてくれる。しかしその遊びの中で，おのずとルールが，つまり形式がつくられる。ルールは遊びの中で自在に変えられていく。そこに見られる形式は，外から当てがわれた硬直したものではなく，「生きた形態」である。この生きた形態は，成就した美のしるしともなる（優れた演奏が示す，機械的なメトロノームとは違う生きたリズムを想起してほしい）。

このように芸術のルーツに遊びを見るということは，芸術を人間の生活にとって副次的な，無ければ無いで済む程度の何かに格下げするということではない。人間の本質を労働に見るような人間観からすれば，遊びなどせいぜい余暇にすぎないだろうが，シラーは発想を逆転させる。むしろ遊びこそが人間の生活の人間らしさをつくる，というのである。以下はたぶん「人間の美的教育について」の中でももっとも知られた1節である。「結局一言で申し述べれば，人間は言葉の完全な意味で人間であるときにのみ遊ぶのであり，遊ぶときにのみ全き人間なのです」（153, 強調原文）。

> 芸術の教育化に抗して

以上のように、シラーは、遊びや芸術といった、これまで教育とは縁遠いと思われていた領域に人間を形成する中心的な働きを見出した。理性的で勤勉な人間の育成をもっぱらめざしてきた近代の教育思想の中に、「遊び」という異質な要素が持ち込まれた意味は大きい。注意してほしいのだが、シラーは教育向けに遊びや芸術をアレンジすべきだと主張しているのではない。そのような主張ならこれまでにもあった（プラトン、ロック、など）。シラーが主張しているのはそういうことではない。芸術は、教育的な作用を及ぼそうなどと思わずまさに美を追求することによって、遊びは、それを教育に利用しようなどという邪念の介入なしに純粋に遊びとして楽しまれることによって、本来の人間形成的な機能を発揮する、というのがシラーの主張なのである。だからここで問題となるのは「いかに教育するか」ではない。問われているのは、芸術や遊びによって「人はいかに形成されるのか」なのである。逆に、こうした人間形成論的な問題設定が、芸術や遊びについての以上のような理解を可能にしたともいえるだろう。

3 フンボルト
●自我と世界の相互作用

> 古典的人間形成論の体現者

このように、シラーの美的人間形成論は、さまざまな面で古典的人間形成論の特質をよく表している。しかし、ふつう古典的人間形成論の代表者としてまず挙げられるのは、シラーではなくヴィルヘルム・フォン・フンボルトである。彼はプロイセンの開明的な貴族の家に生まれ、貴族の生業ともいうべき国務に携わったが、その傍らで古代ギリシャ・ローマの文芸に深く親しみ、ゲーテやシラ

第8講　古典的人間形成論　151

ーと生涯続く友情を結ぶなど、文人としても活躍した。彼の国務活動は一貫してプロイセンを近代国家に脱皮させることに向けられており、その有能さゆえに首相候補と目されたこともある。しかし開明ぶりが疎まれて早くに引退を余儀なくされ、任地の多様な言語に触発されてすでに外交官時代に着手していた言語研究に専念する。彼の言語研究はヨーロッパの言語思想の重要な

フンボルト

転換点——普遍言語の探究から言語の多様性の擁護へ——をしるすものとなった。ほとんどアテネ人と一騎打ちできそうな多面性、そして一貫性である。フンボルトは、古典的人間形成論の理念をまさに体現していた。

プロイセン教育改革

しかしそれだけではない。フンボルトはプロイセンの教育改革に内務省教育局長として関わり、人間形成の理念を教育の現場へと橋渡ししようと試みた。プロイセン改革は、先に触れたフランス革命の衝撃の現実政治版といえる。精強を誇ったプロイセンの貴族軍団は、1806年、ナポレオン率いる国民軍（まさに国家を支える国民の姿である）の前に敗走する。プロイセン政府は国政改革の必要を痛感し、その重点の1つを教育改革に置く。フンボルトが教育局長の任にあったのは1809年2月からの1年半余りであったが、ベルリン大学の創設という大きな成果を挙げた。大学を教師と学生が共同で研究に従事する場ととらえ、研究・教育の自由を保障したこの新大学は、その後のドイツの学問的優位を支えるとともに近代大学のモデルとなった。フンボルトは、大学（高等教育）を頂点として、ギムナジウム（中等教育）、小学校（初等教育）と連なる統一的な学校制度を構想していた。ギ

ムナジウム卒業を大学入学の資格要件とし、古典語の十分な教育をギムナジウムの認可要件とする。大学で医学を学ぼうと法律を学ぼうと、その基盤には共通教養として古代文芸の理解がある、という状態をめざしたのである。また、初等教育には、人間のもつさまざまな力の調和的発展をめざすペスタロッチの教育法（第9講参照）が導入される。

人間形成のための学校　フンボルトの教育制度構想を支えていたのは、学校は個々人を、特定の職務のためにではなく、人間として形成する一般教育の場でなければならない、という考え方である。当時の社会はまだ身分制を色濃く残していた。農民の子は農民に、貴族の子は貴族になるのが当然であった。とすれば、農民の子は農作業に向けて、貴族の子は国務に向けて、最初から教育するのが理に適っているのではないか――このような伝統的な教育観に、フンボルトの構想は真っ向から対立する。人間形成論のあの〈別の道〉――（身分制的な）国家・社会を変えるためにまず（身分にとらわれない）人間の形成を――が、具体的な教育制度のレベルで模索されていたといえるだろう。職務別の学校制度に対するフンボルトの批判は彼の人間形成論に裏打ちされている。彼によれば、「人間の真の目的は、［……］その様々な力を一つの全体へと、最高度にかつ最も調和のとれた形で形成する(ビルドゥング)ことである」（フンボルト 1989：23）。当然、人を一面的な分業に固定する教育は否定されることになる。

疎外と自己還帰　しかし、フンボルトがめざすような全体的・調和的な人間形成(ビルドゥング)は、いかにして可能になるのか。これに対するフンボルトの答えは、一言でいえば「相互作用」である。「われわれの自我を世界と結びつけて、最も普遍的で最も活発で最も自由な相互作用へと至らしめること」(49)。ただし、この相互作用が人間形成的な意味をもつためには2つの条件

がある。第1に、相互作用が「疎外（疎隔）」(Entfremdung)——フンボルト自身がこの言葉を使っている（フンボルト 1989：50）——を引き起こすこと、言い換えれば、人を自己の外へ、世界の側へと引きずり出し世界に没頭させること。そして第2に、そのような自己を失った状態からの自己自身への帰還を、相互作用が同時に可能にすること。このようにいうと何か神秘的に響くかもしれないが、けっして難しい話ではない。人生の苦難を乗り越えてきた人が、苦労知らずの気楽な人生を送ってきた人よりも人間的な深みと成熟を示す、ということは大いにありそうなことである。いったんは苦難に打ちひしがれる（自己を失う）ことによって、かえってそれを克服（自己に還帰）したときに人間として一回り大きくなった、ということであろう。疎外が意味をもつのは、固定した自我がそれによって流動化され、変容に向けて準備されるからだ。もちろん、我に帰ることなく、苦難にうちひしがれただけで終わってしまう人も少なくないに違いない。

　フンボルトにとっての教育の第1の課題は、疎外から自己還帰へ、という運動を可能にするような「世界」を、見出し提供することにある。そのような世界として彼が念頭に置いていたのは言語の世界である。言語は個々人から独立した客観的な世界をつくるが、個々人の思考や感情を織りなすのも言語である。したがって、たとえば文学作品に没頭して我を忘れることは、思考や感情を洗練し豊かにすることにつながるだろう。言語の世界への自己疎外は確実に自己還帰を保障してくれる。なかでも古代ギリシャ・ローマの文芸は、フンボルトの見るところ人間性をもっとも豊かに表現した世界である。古典語の世界は若者が我を忘れて取り組むのにまさに最適なのである。

| 古典語教育の逆説 | このような古代崇拝（それはシラーにも見られた）は、古代ギリシャに自分たちの文化 |

の模範を見る新人文主義の風潮を抜きにしては考えられない。フンボルトは新人文主義の中心人物でもあった。ともあれ，彼がギムナジウム改革において古典語教育に重きを置いた理由は，古典語がもつ人間形成的意味についての上に述べたような確信にあった。フンボルトは，たとえ職人でも古典語を学ぶことが役に立つと本気で考えていたらしい。しかし実際には，ギムナジウムの古典語教育は，長期間の非実用的勉学を支えるだけの資力をもたない庶民の子弟を，中・高等教育の門前ではじき飛ばす強力なバリアーの役割を果たした。他方，その門をくぐり，大卒の資格を得て社会的地位を築いた人にとって，古典語の知識は自らの 教養(ビルドゥング) を誇示するためのたんなる飾りになっていった。後にニーチェが批判の的にしたのは，フンボルトの意図とは裏腹のこうした人間形成論の帰結であった。

4 『精神現象学』の人間形成論
● 「経験」の弁証法

「哲学的教養小説」　以上のように，フンボルトは自我と世界との相互作用という人間形成論の基本図式を打ち出すとともに，人間形成論の理念を自ら体現し，また古典語を中心とした中等教育のカリキュラムへとそれを具体化していった。フンボルトが古典的人間形成論の代表者とされるのも当然である。しかし，彼の描いた図式は，たしかにわかりやすくはあるが，不明瞭な部分を多く残している。「相互作用」とは何なのだろうか。そしてそれが人間を形成するとはどういうことなのか。——こうした問いに答えを与えている，少なくともそう読むこともできるのが，ヘーゲルの『精神現象学』(1807) である。

　ヘーゲルは，カントに始まるドイツ観念論哲学の頂点に位置づけられる哲学者である。彼の影響のもとで，マルクス主義をはじめ，

20世紀に大きな影響をもつさまざまな哲学思想も生まれてくる。このヘーゲルの経歴を眺めてみると、フンボルトの名と深く結びついた教育制度がその舞台となっていることがわかる。『精神現象学』を公刊した後、彼はニュルンベルクのギムナジウムの校長となり、フンボルトの人間形成理念を体現したような訓示を生徒に対して行っている（ヘーゲル 1988）。彼はその後、

ヘーゲル

フンボルトが創設したベルリン大学の哲学教授となり（1818年）、ドイツの哲学界に君臨したのであった。

ヘーゲルが自らの哲学体系の出発点と位置づけた『精神現象学』は、人間形成論の枠内に収まる作品ではない。しかし、「哲学的な教養小説」（イポリット 1972：14）などと評されることもあるように、それは、無垢な意識がさまざまな試練を経て成長していく過程の記述でもある。フンボルトが大づかみに「相互作用」と名づけた過程の微に入り細をうがった描写を私たちはそこに見出すことができる。

絶望の道程

相互作用を人間形成へと結びつけるメカニズムが、『精神現象学』の「はじめに」の部分でさっそく名ざされている。それが「経験」である。ふつう、たとえば「経験をつむ」といえば、これまで知らなかったことを見知って賢くなっていく、というほどの意味であろう。しかし、ヘーゲルのいう経験はこれとは違っている。それはむしろ「絶望の道程」である。意識は通常、「世界を知っている」と信じている。目の前の地面が盤石であることを「知って」いなければ、私は一歩も外を歩けないだろう。ところがその確信が崩れるときがやってくる。世界がわからなくなり、自分への無邪気な信頼も崩れる。まさに絶

望である。そして、この絶望の淵から帰還したとき、世界はかつての世界ではないし（「これが世界だったのか！」）、意識もまた一新されている。これが経験である。重要なのは、経験においては意識と世界が連動して変化していくということだ。フンボルトのいう「相互作用」を、ヘーゲルは、経験における意識と世界の連動としてとらえ直したといえるだろう。この運動をヘーゲルは「弁証法的」と呼ぶ。「意識が知のもとでも対象のもとでもおこなうこの弁証法的運動こそが、そこから新しい真なる対象が意識に生じてくるかぎりで、まさしく『経験』と呼ばれるものである」（ヘーゲル 1998：61）。

このような経験の運動は1回限りのものではない。いったんはつかんだと思った「真なる対象」にも、やがて疑惑が生まれ絶望がやってくる。しかしこれは堂々めぐりではない。経験を経ることで意識は内容を豊かにし、意識に現れる世界もよりニュアンスに富んだ複雑なものになっていく。「相互作用」のループが螺旋的上昇へと展開されているわけである。『精神現象学』は、もっとも単純な「感覚的確信」の段階から出発し、さまざまな宿駅を経めぐりながら、意識が完璧に世界を知り尽くす「絶対知」の段階に至るまでを、怒濤のごとく描き切る。ここではその最初の部分、感覚的確信から知覚への移行の部分を例にとって、「弁証法的運動」を解説してみよう。

感覚的確信から知覚へ

感覚的確信とは、たとえばあなたが朝の食卓についたとき、「今は朝だ」と思い「ここは食卓だ」と思う、そうした意識の状態である。これは真理としか思えない。しかし、あなたが隣室に移れば「ここ」はもはや食卓ではなくリビングである。数時間たてば、「今」は朝ではなく昼である。あまりに無体な言いがかりと思われるかもしれないが、今は朝でしかない、ここは食卓でしかない、と思い定めている感覚的確信の段階の意識にとって、「今」が昼に変わり、「ここ」がリビング

に変わるという事態は説明不能なのである。こうして意識は、ついさっきまで手中にしていると思っていた真理を失い途方に暮れる。

このような絶望状態からの脱出口は、ここ＝食卓、今＝朝、と直結させるのではなく、「ここ」や「今」を、眼前にある何かをさし示す一般的な名辞と見なすことだ。つまり「ここ」や「今」にはさまざまな可能性があり、他の人は私とは違った受けとめ方をするかもしれないが、ともかく私は今を朝として、ここを食卓として受け取っている、と考えるのである。世界に対してこのような形で対面する意識は、もはや感覚的確信の段階の意識ではない。意識は対象を「～として」とらえているのであり、これはふつう「知覚」と呼ばれる事態である。こうして意識は感覚的確信の段階から知覚の段階へと移行する。この移行によって世界の側もまた変化している。対象は、「～でしかない」何かとしてではなく、「～でもある」何かとして、つまり多様な性質をもちつつそれを1つに束ねた何かとして現れるからである。

限定否定

こうした意識の経験において重要なことは、知覚の段階に移行したとき感覚的確信は否定されるが、全否定されるわけではない、ということだ。私が食卓についたときに「ここは食卓だ」と思ったのはけっして間違いではない。それがすべてだと考えた点に間違いがあった。知覚の段階に移ると、「食卓」は「ここ」のさまざまな可能性の1つに限定される。つまり、感覚的確信は、全面的な真理としては否定されるが、部分的な真理としては知覚の一可能性として保存されている。これがヘーゲルのいう「限定つきの否定」（ヘーゲル 1998：57）である。限定否定によって、下位の段階で妥当していた真理は次々と限定されて上位の真理の一部に組み込まれていく。これは、意識が次々と下位の段階の意識を自らの中に統合して高度化・複雑化していくということである（図8-1。ここでは説明できないが、「知覚」の次にくる

図 8-1　限定つきの否定

感覚的確信　→　知覚　─────→　悟性

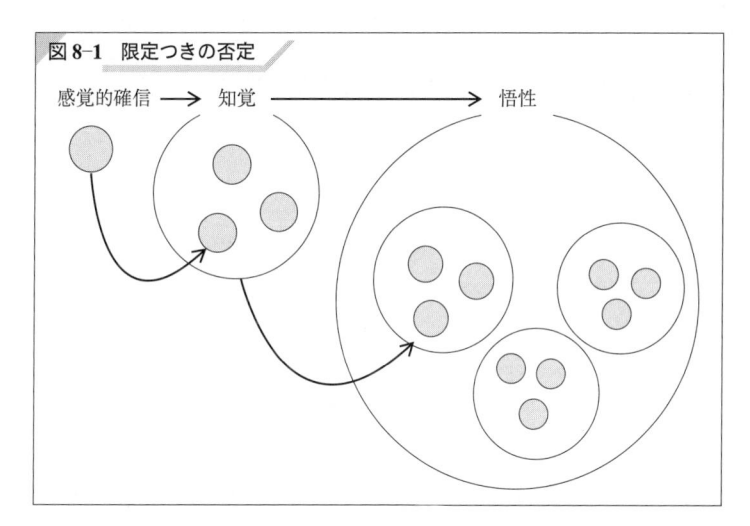

段階は「悟性」である)。

「発達」の構図　ヘーゲルがここで描き出した「弁証法的運動」のメカニズムは，私たちが人間形成を「発達」の過程として理解する場合の1つの母型になっている。図8-1を見てもらうとわかりやすいだろう。ここでの変化は，単純なものがより複雑で複合的なものへと分化していく過程である。ただしこの分化は，ガン細胞の増殖のようなものではなく，分化した各部分がより高次の審級によって統合されていく過程でもある。これは，この過程がたんなる量的・平面的な増加ではなく，質的・段階的な飛躍を含むことをも意味している。20世紀に入ると，ピアジェを始祖とする発達心理学が子どもの発達段階を実証的に研究していく。ピアジェらが実証的に解明していったのは，質的な飛躍を含んだ分化と統合の過程であった。意識の経験に関するヘーゲルの図式は，実証的な研究が具体化していく「発達」の構図を，あらかじめ下描きしていたといえる。

5 古典的人間形成論に対する批判

　私たちは，シラー，フンボルト，ヘーゲルという3人に即して，古典的人間形成論をさまざまな側面から見てきた。それは〈別の道〉の探求というドイツ独特の歴史的文脈を土壌にしている。しかしその考え方は，感性と理性の融和，自我と世界の相互作用，「発達」の構図など，今日でも，「人はどのようにして大人になっていくのか」について考えようとするとき，私たちが思わず依拠してしまう要素を多く含んでいる。それだけになおさら，古典的人間形成論の考え方そのものに対して批判があることを知っておくことは重要であろう。本講の最後に，そうした批判をマルクスとニーチェに即して見ておくことにしたい。

5-1　マルクスの場合

疎外された労働
　マルクスの議論は，彼のヘーゲル批判を通して間接的に古典的人間形成論とつながっている。とくに「経済学・哲学草稿」(1844) での「疎外された労働」の主張は，古典的人間形成論の核心を突くものである。古典的人間形成論の大前提の1つは，疎外が自己還帰の運動に結びつく，ということであった。本講では触れることができなかったが，ヘーゲルは『精神現象学』の中で，労働がそうした相互作用の構造をもっており人間形成的な機能を果たすことを指摘している。労働の成果の中に，人は自らの力を確認することができるからである。「一見他律的にしか見えない労働のなかでこそ，意識は，自分の力で自分を再発見するという主体的な力を発揮する」(ヘーゲル　1998：137f.)。ところが，マルクスの見るところ，現実の労働は，ヘーゲルが頭の

中で思い描いたこのような自己還帰を，まさに不可能にするメカニズムをもっている。「労働者が骨身を削って働けば働くほど，彼が自分に対立して創造する疎遠な対象的世界がますます強大となり，彼自身が，つまり彼の内的世界がいよいよ貧しくなり，彼に帰属するものがますます少なくなる」（マルクス 1964：87f.）。

マルクス

> まず社会変革から

労働者は，モノを生産すればするほど，物質的にも精神的にも貧しくなっていく。そこに疎外はあるが自己還帰はない。あの相互作用のループが断ち切られてしまっているのだ。しかもこれは，労働者の心構えの問題なのではなく，資本主義という生産様式の問題である。資本主義のもとでは，労働の成果がそれを産み出した労働者のものにならず，その大部分が，資本を投下した，しかし労働はしない資本家のものになってしまう。労働者は，労働の成果の中に自分の力を確認しようにも，その成果はすでに資本家によってかすめとられてしまっている。これでは自己還帰は不可能である。したがって必要なことは，私有財産制を廃止し，労働の成果が正しく労働者に帰属する仕組みを作ることなのである。——ここでは，相互作用という古典的人間形成論の大前提とともに，国家・社会を変える前にまず人間形成を，というあの〈別の道〉の想定そのものが，根本的に批判されている。

5-2 ニーチェの場合

> 内面と外面の分裂

古典的人間形成論に対するニーチェの批判も，相互作用のループが断ち切られている

第8講　古典的人間形成論

点に向けられる。ただし彼はその批判を，マルクスとは違ってまさに人間形成論のレベルで展開する。古典的人間形成論に対する彼の批判は，『反時代的考察』の第2篇「生に対する歴史の功罪」(1874) にまとまった形で見ることができる。そこでニーチェがまず取り上げるのは，人間形成論が生み出した内面と外面，内容と形式の分裂である。古典語をはじめとする過去との取り組みは，実際には歴史的知識の詰め込みに終わってしまった。その帰結が，「外部に対応しない内部と内部に対応しない外部との対立」(ニーチェ 1980：144) である。人々はこの状態を，内面性こそ真の「教養(ビルドゥング)」だなどといって正当化している。しかし，「内面とはここではたんに，外に向かってはたらきかけない知識と生とはならない教説とを積み上げたがらくた以外の何物でもない」(153)。

芸術による救済

こうした事態に対して，ニーチェが当初与えた処方箋は，芸術による救済である。最初の著作『悲劇の誕生』(1872) で，ニーチェは，古代ギリシャ文化がその明澄さの裏にいかに深刻な苦悩をはらんでいたかを示そうとした。生き延びるために人間が犯さざるをえない悪行の数々——しかしギリシャ人はそれを悔い改めるのではなく肯定しようとしたのであり，そのために芸術が必要となった。「芸術だけが，生存の恐怖あるいは不条理についてのあの嘔吐の思いを，生きることを可能ならしめる表象に変えることができる」(ニーチェ 1966：78f.)。ニーチェは，芸術という外面において生 (Leben〔英語の life〕) を肯定しようとするギリシャ文化の姿を，内面性に閉じ込もる人間形成論の現実に対置したのである。

芸術に足場を求めるこうした戦略は，先に見たシラーの芸術教育論を思い出させるだろう。しかし，芸術の位置づけが大きく変化していることに注意せねばならない。シラーにおいて芸術は感性と理性を橋渡しするのであり，芸術は理性の秩序の枠内に収まる。とこ

ろが，ニーチェにおいて，芸術は理性とは別の原理に従うものととらえられている。むしろ芸術のほうが理性より上位にあるというべきかもしれない。「・美・的・現・象・と・し・て・だ・け，・生・存・と・世・界・は・永・遠・に・是・認・さ・れ・て・い・る」（ニーチェ 1966：63）のだから。芸術を突破口として，理性の枠に収まりきらない生のさまざまな側面が解き放たれようとしているのである。

ニーチェ

青年への期待

「歴史の功罪」では，生の肯定・解放というモチーフは青年への期待となって現れる。内面と外面の分裂という現状を打破する可能性を，ニーチェは青年に見ようとする。「なぜなら青年はまだ自然の本能を持っているからで，これは教育の人工と暴力によってはじめて破壊されるのだ」(204)。だから今必要なのは，「一つの迷信を，あの教育・操作が不・可・欠であるという信仰を，打破すること」(204, 強調原文) なのである。

青少年の生の肯定と教育批判ゆえに，ニーチェはその後にくる新教育の思想的源泉の1つに数えられる。しかし，こうして解き放たれた生の諸側面をどのように教育の現実に組み込んでいくかは，新教育の課題として残されることになる（第10講，第14講参照）。

———————————今井 康雄◆

C　学校教育を支える思想

第9講　ペスタロッチとフレーベル

　18世紀末から19世紀にかけて，ヨーロッパの学校教育は転換期を迎えていた。とりわけ改革の対象とされたのは，庶民層の子どもたちが通う初等段階の教育である。これまで民間か教会に委ねられていた初等学校に国家が介入するようになる。すべての子どもが通う国民学校，学校教育の基礎段階としての普通初等教育の整備が，国家的課題とされる。

　初等教育は根本から変革される必要があった。たんに有能な「国民」を形成するためだけではない。「人間教育」による人類の向上の夢が学校改革に託された。

　同時代においてその夢を実現させるものとして教育に関わる人々の関心を集めたのが，ペスタロッチの「メトーデ」である。

　ベル・ランカスター法を始めとして，教授法改革の提案は当時，数多かったが，メトーデにおいて特徴的だったのは，それが「自然の歩み」に沿った教授法を原理としていたことである。

　この「合自然的」教授法というアイディアは当時，多くの教育学者たちを魅了した。その中のもっとも著名な1人が「幼稚園」の命名者であるフレーベルである。彼はそのアイディアを，独自の人間教育の理念に基づく幼稚園教育学へと発展させた。本講はペスタロッチのメトーデとフレーベルの幼稚園教育学を取り上げ，その成立，背後にある人間教育の理念と方法，そしてその影響について述べる。

1 ペスタロッチのメトーデとその影響

> メトーデの成立と影響
> の社会的コンテクスト

メトーデの成立はそれ自体,スイス史上最初の中央集権国家であるヘルヴェチア共和国の成立(1798年)と深く結びついていた(ヘルヴェチアの名称は中世以前からこの地域に居住していたヘルヴェチア族に由来)。それ以前において現在のスイスにあたる地域に存在していたのは,13の独立邦からなる緩い政治的同盟である「スイス盟約者団」である。

ヘルヴェチア革命前,旧体制下の盟約者団諸邦は,都市 – 農村の政治的不平等と,それに起因する臣従農民の不満に基づく政治的不安定に苦しめられていた。フランス革命を契機に農民の不満は暴動へと発展し,農民側を支援する変革者の側と旧体制の支持者とが対立していた。この混乱を制したのが,ナポレオンの後ろ盾をえた,変革支持派だった。

ヘルヴェチア新政府は安定した政治的基盤を確立することができず,わずか5年で瓦解するが,その間に同政府は,国民学校教育制度の創設という野心的な課題に着手した。中心的課題とされたのが,国民学校の教員養成機関の設立と教育内容の刷新,そしてそのための教科書づくりである。

その後者の課題,つまり国民教育の教育内容の刷新と教科書の作成を志願して請け負ったのがペスタロッチである。その努力がメトーデ構想に結実する。

メトーデ以前においてペスタロッチはもっぱら,スイスの農民の生活を描いた民衆小説『リーンハルトとゲルトルート』(1781-87,以下『小説』と略記)の作者としてその名を知られていた。『小説』

Column⑮ ペスタロッチ (1746-1827)

1746年，スイス盟約者団の有力な都市邦であるチューリヒに生まれる。一族は，市長を出したこともある有力な家系だが，医者だった父親が早く亡くなり，経済的には必ずしも恵まれない家庭環境に育つ。牧師を志願して，当時のチューリヒ唯一の高等教育機関カロリウム・コレギウムに進学するが，愛国者運動に絡んだ事件に連座して退学，牧師の道を断念する。その後，都市と農村の政治的不平等，プロト工業化の進展のもたらす農村住民の階層分化など，農村住民の生活実態を知り，貧民の救済を生涯の課題と定め，重農主義の影響下，改革農法の実験と普及を試みるも経営的に行き詰まる。著作活動に転じて，『隠者の夕暮』(1780) や『リーンハルトとゲルトルート』(1781-87) などを著す。『隠者の夕暮』は，敬虔派の影響を強く示す作品で，母子父子間の言葉を媒介としない直接的必要と満足の相互の応酬にこそ人の成長の「自然の道」があるとする。晩年の『白鳥の歌』(1826) で提案された陶冶する教育的「生活」の原像はこのような関係に求められよう。なお彼が本格的な教育を経験するのは53歳のとき，シュタンツ孤児院においてである。最大70名の子どもたちを，昼夜を問わず1人で世話し面倒をみたときの経験を記した『シュタンツ便り』(1799) は，今日でも「教育愛」の記念碑とされている。1800年に彼のメトーデ (本文参照) の評判を伝え聞いて集まってきた弟子たちとともにブルクドルフ学園を開校。学園はその後ミュンヘンブッフゼー，イヴェルドンへと移転し，ヨーロッパ各地へのメトーデ伝播のメッカとして，多くの訪問・滞在者を集めたが，やがて弟子間の争いによって衰退し，1825年には閉鎖に追い込まれる。新しい貧民教育施設の開設を模索するがはたせないまま1827年永眠。

を通して彼が貧民の救済，民衆の教育に関心をもっていることもまた知られていた。だが学校教育の方法に関しては，ペスタロッチは何ら特記すべき実績があったわけではない。

当時教育改革を唱える人々の間には，政治改革を本来の関心としその一環として民衆教育の改革を主張する人々と，既存の学校教育制度を前提に，その枠内での教育方法改革を主張する人々の2系列があって，その両者の議論は交流のないまま，別個に展開されていた。そしてペスタロッチはといえば，その前者に属していた。

では，ヘルヴェチア政府は新しい教育課程の創出にあたってなぜ，ペスタロッチに委託したのか。

ペスタロッチと新政府の担い手はともに，18世紀後半のスイスの啓蒙主義的な愛国者の思想圏に属していた。教育改革を担った大臣シュタップファーは，たんなる教授法の改革ではなく，初等教育改革による人類の向上を模索しており，それをペスタロッチに託したのである。

他方，ペスタロッチの側から見るとき，なぜメトーデ，なぜ学校教育だったのか。

メトーデを準備した教育思想：自己形成の援助としての教育

メトーデ以前のペスタロッチの関心の中心にあったのは，個人の教育ではなくむしろ，政治改革，それも統治者による上からの改革であり，政治改革による環境改善が人間形成に及ぼす影響だった。『小説』でペスタロッチが描いているのも，架空の村を舞台に領主を中心とする村の改革者集団が，荒廃した村の社会的諸関係を大きな家族へ変革しようとするさまざまな試みだった。

このような彼の考え方に転換が訪れるのは，フランス革命，とくにジャコバン独裁の引き起こしたテロの実態に直面して以降のことである。彼は，統治者の善意に依拠して形成された共同体というそれまでの彼の改革構想の非現実性を自覚する。ペスタロッチが本格

的に，個人の発達と教育の可能性を主題として追求するようになるのは，それ以降のことである。

すでに『小説』の人物像の造作をとおして，堕落し荒廃した人間の再生可能性についての実験的思考を繰り返していたペスタロッチは，『探究』(1797)ではじめてこの問題について肯定的な解答を口にする。人にはペスタロッチが「夢の力」と呼ぶ力が備わっていて，それによって人は我欲的で衝動的な自己に対して反省的に関わり，自己を乗り越えていくことができるという。つまり人は自己克服し，自己形成することができる存在であるとされるのである。

この前提に基づいてはじめて，人々を「自ら助けるように導く」メトーデについて，つまり自己形成の援助としての教育について構想することができるようになる。

だが，その「導き」は間接的でしかありえない。メトーデは「道徳的自己」を習慣形成によって形づくることはできないし，また道徳的判断の内実に関与することもできない。メトーデに可能なのは，理性的に思考し自ら判断するための基礎を形成することである。メトーデの目的は，「真理と叡知の第1の基礎」をつくることに置かれる。

合自然的教授としてのメトーデ

(1)自然と技術　ヘルヴェチア政府の援助を得てペスタロッチは，シュタンツの孤児院で，ブルクドルフの小学校で，さらにその後は1800年に設立された彼の学園で実際に教師として子どもたちを教え，子どもたちの反応を確かめつつ，メトーデの輪郭を模索する。その成果を公表したのが，『ゲルトルートはいかにその子を教えるか』(1801，以下『ゲルトルート』と略記。なおタイトルにいう「ゲルトルート」は小説『リーンハルトとゲルトルート』の女主人公に由来)である。

メトーデ構想の，最初の本格的な公開である。

メトーデの原語は、ドイツ語で方法を意味する die Methode である。不定冠詞ではなく定冠詞がつけられていることに注意してほしい。この名称は、メトーデが当時数多く提出されていた凡百の教授法改革の1つではなく、唯一、根拠づけられた、永遠の方法であるということを意味していた。

そしてメトーデが、唯一、永遠の方法であるのは、それが「自然の歩み」に沿った教授法であるからである。

精神と知性の「自然の歩み」は理解力を通して、「曖昧な直観」を「明晰な概念」へと導く。つまり自然の歩みは、混沌とした直観が私たちの感覚にもたらす印象を概念化し、さらにその概念を一歩一歩順序立てて「明晰なもの」へと展開していく。

だが、これを自然に委ねて放置すれば、さまざまな紆余曲折を経ることが必然である。「最短の道」で自然の歩みを進行させるには、教育という人為の術による補佐が不可欠である。人類は、子どもの誕生のその瞬間から教育を自然の手から奪い取って、文化という「よりよい力」に委ねなければならない。

(2)「直観」と「隙間ない系列化」　このとき、この人為の術としてのメトーデの成功の鍵となるのは、とりわけ次の2点である。

第1に、直観が子どもに印象を刻印する、認識のそもそもの出発点における母子関係の重要性。子どもの直観が、母子の自然で配慮的な関係性の中において育まれるときにのみ、その後に引き続く教授法の諸段階の確かな基礎となるとされる。

第2に、あらゆる学習の必然的な初歩点を確定すること、そして教育課程を、学習の初出発点から「明晰な概念」への「隙間のない」連続的な段階の系列化を構築すること。その際、その教育課程は、どんな無学な教師でもそれさえあれば教えられる、単純で効果的なものでなければならない。

その学習の初歩点をペスタロッチは、通常の教科区分とは異なる

次の3領域に,つまり「数・形・語」に見出した。彼はそれを直観教授の基本要素という意味で,「直観の ABC」と名づけている。

最初の教授者は母親である。そして母親によるこの段階の教授をペスタロッチは直観教授というのだが,その段階では,数・形・語は合科的に教えられる。そしてそれに続く学校教育では,数・形・語がそれぞれ,教育内容を構成する基本的な部門とされ,これら3つの認識部門ごとに,曖昧な直観から明晰な概念へと導くための教育過程が一歩一歩,隙間なく積み上げられていく。

『ゲルトルート』において実際に,最終的な段階に至る系列が見通されているのは,「語」の教授だけであるが,それに沿っていえば,子どもは諸階階を順次に学習することによって,言語によって物事を認識し表現する力を身につける(文法教授)と同時に,言語によって表された世界についての概念(地理や歴史,博物学,自然誌)をも学ぶ。つまり子どもは,言語という文化の力を借りて,認識し表現する力を身につけるとともに,世界についての基本的な知識をも獲得する。

こうしてメトーデによって教育された子どもは,ちょうど開いた本を読むように「全自然」を誤りなく読むことができるだろうと,ペスタロッチはいう。放任された子どもが「誤謬から誤謬へ」とさまようのとは対照的に,彼らは日々「真理から真理へと向上」する。いや,個々の子どもが真理へと導かれるだけではない。真理のもたらす効果は波及的に社会全体へと及び,ついにはヨーロッパの,現在および未来の市民的道徳的不正をもくい止めることができると,ペスタロッチは楽観的に宣言する。

(3) メトーデの変容　　だが『ゲルトルート』に述べられているのはいってみればメトーデの構想である。構想は,それを実現する一連の教科書が整備されてはじめて完成する。だが実際には予定した教科書の刊行は頓挫する。さらにそれだけではなく彼は,メトー

デの構想そのものに修正を加える。名称も，メトーデから「基礎陶冶」へ，「基礎陶冶の精神」へと変更し，内容的にも道徳的宗教的教育の重要性がしだいに強調されるようになる。

さらに最晩年に書かれた『白鳥の歌』(1826)では，「生活が陶冶する」という，これまでに述べられたことのない新しい原則が提示される。ここで陶冶する「生活」，つまり生活の教育的機能として考えられているのは，『小説』の女主人公ゲルトルートの理想の「居間」であり，愛と感謝の相互応酬によって特徴づけられる理念としての「生活」である。内的直観と母子関係との関連については，『ゲルトルート』でも述べられていたことではあるが，ここに至ってその重要性がいっそう強調される。

繰り返しになるが，メトーデは人々が「自らを助けるように導く」ための援助として構想された。メトーデという人為の術は，人が自らを助けようとするその根底にある直観の力なしには考えられず，そしてさらに翻ってその内面の力自体は，愛と感謝によって特徴づけられる関係性の中でのみ覚醒され育まれる。これがペスタロッチの最後にたどり着いた結論だったのである。

メトーデの影響

もともとメトーデはヘルヴェチア政府の依頼に基づいて開発されたものだったが，その政府は，1803年に崩壊する。かわって政府レベルでメトーデに関心を寄せたのは，プロイセンだった。

初等教育の整備を進めていたプロイセン政府の教育関係者にとってメトーデの魅力は，ペスタロッチの学園で実践されていた，教具や掛け図を用いた実物教授法と，出発点から完成に至るまで隙間なく連続する教育課程の系列にあった。この系列は，実際に成果の到達と教育課程の有効性を保障するものと受けとめられたのだった。プロイセン政府は幹部候補教員をペスタロッチの学園に派遣し，メトーデの導入をはかる。

だが，具体的な教授法としてのメトーデに対する関心は，長くは続かない。初等教育レベルでの教育内容が増大し，各教科の分科が進展するにつれて，あらゆる教科に適用できることを標榜するメトーデはしだいに時代遅れになっていく。だが，それによってメトーデの命運がつきたわけではない。1820年代頃を境に，教授法としてのメトーデそのものではなくむしろメトーデの精神が，「合自然性」「直観」「自己活動」などのメトーデの諸原理という形で，教職を基礎づける理論として注目されるようになり，それらはさらにその後，同時代の教育に対する批判の規準として，新教育運動（第10講）など，ドイツ語圏の教育改革運動の理論的実践的源泉の1つになっていく。

　他方で，実物教授を特徴とする効率的な教授法という意味でのペスタロッチの影響は，ヨーロッパを越えて北アメリカ諸国やわが国にも及んだ。明治期の近代的学校教育制度の成立期，それまでわが国に知られていなかった一斉教授という授業形式の実践を可能にしたのは，アメリカ経由で伝えられたペスタロッチ主義教授法だった。

　教育思想史的に見て重要なのは，自己教育の援助としての教育，合自然的教授というメトーデのアイディアが，ヘルバルト，フレーベルら，ドイツ語圏の教育思想形成に与えた影響である。教授の初歩点から出発して発達の最終段階に至る，子どもの自然の歩みに即した教育課程の構築というメトーデのアイディアは，フレーベルを魅惑した。ヘルバルトが，時系列に沿った完成という課題を教師自身に委ねて，自身は教師のための援助学としての教育学へと向かった（第10講）のとは対照的に，フレーベルは，教育段階の時系列的な順序に沿った構築というメトーデ由来の課題に取り組み，その取り組みがやがて彼を，乳幼児期の人間教育の構築へと導く（以下第2節）。

2 フレーベルの幼稚園教育学とその影響

ペスタロッチとフレーベル

フレーベルはペスタロッチの学園を，1805年，1808年と2度にわたって訪問している。とくに2度目の訪問のときには，当時家庭教師として教えていた貴族の子弟2人ともども，2年間にわたって滞在し，彼自身も教師として働いた。メトーデに基づく学校の設立を提案した建白書を，彼の祖国シュヴァルツブルク＝ルードルシュタット公国の公妃に向けて送ってもいる。

だが，フレーベルはメトーデを手放しで礼賛していたわけではない。すでに述べたように，「自然の歩み」に沿った教育課程の構築という構想は，フレーベルを魅惑した。だがその一方で，ペスタロッチの学園で見たメトーデの実際には失望していた。教材に有機的な関連が見られないこと，学習が機械的な教え込みになっていること，端的にいって，子どもの発達にメトーデが従うのではなく，メトーデが子どもの発達を規定していることなどに対してである。

教育の方法は教育の目的から導き出されなければならず，さらにその目的自体は，人間の使命と本質の実現についての理論によって普遍妥当なものとして根拠づけられなければならない。これこそがメトーデに欠けているものであると，フレーベルは考えた。彼がその主著である『人間の教育』(1826)において取り組んだのが，まさにその課題だった。

人間教育の課題と方法

(1) 人間の使命と教育の課題　その課題に対するフレーベルの解答は『人間の教育』の冒頭に端的に示されている。以下に，そこに述べられていることを要約してみよう。

Column⑯ フレーベル (1782-1852)

　1782年、南ドイツの小邦、シュヴァルツブルク＝ルードルシュタット公国に生まれる。父親は牧師。正統派ルター主義の父親とは折り合いが悪く、一時は大学進学の希望も拒否されて、農場秘書等を転々とした後、イエナ大学に学ぶも中退。フランクフルトのペスタロッチ主義模範学校、ペスタロッチの学園の教師をへて、ゲッティンゲンなどで再び勉学生活を送る。あらゆる現象の背後に統一への傾向を見るという、後の「人間教育」構想の基礎となる世界観の着想を得たのは、この勉学時代であり、彼はこの着想を、完全性の象徴である球体になぞらえて「球体法則」と命名する。1813年、プロイセンの対ナポレオン解放戦争に義勇兵として参加。ドイツという国家の存在しなかった当時において、内なる「ドイツ的なもの」を教育によって形成することの必要性を痛感して1816年、「一般ドイツ学園」、通称カイルハウ学園を開校する。「ドイツ的なもの」とはこのとき、政治的概念というよりもむしろ「人間的なもの」と同義のものとしてとらえられている。球体法則を理論的基礎に、カイルハウ学園での実践の省察を踏まえて書かれたのが主著『人間の教育』(1826)である。1831年以降、経営に行き詰まったカイルハウを後にスイスで新しい展開を模索するが、『1836年は生命の革新を要求する』(1835)では一転、革新は家庭に期待されると宣言。学校にかわって幼児期と家庭が、人間教育構想の中心に躍り出る。1837年帰国し、バート・ブランケンブルクに移住。ただちに恩物の作成にとりかかる。1844年には、乳児期の人間教育のための指導書『母の歌と愛撫の歌』を刊行。晩年は、恩物と幼稚園の普及に献身するが、1851年、彼の甥の政治的活動を理由にプロイセンは幼稚園禁止令を出す。その解除(1860年)を知ることなく、1852年に永眠。

万物の中には一つの永遠の法則が安らぎ，作用し，支配している。この法則は，自然と文化と人間とからなる世界の万物を支配してきたし，また今も支配している。このことは，純粋な心情によって端的にそれを信仰する人か，もしくは外的なものの背後に内的なものを読み取ることのできる曇りなく明徴な精神の眼には，明白な事実である。この永遠の法則の根底には，統一体が，神が存在する。したがって万物は神から生じ，神によって，神的なものによって規定されている。

　ここに示されていることの根底にあるのは，フレーベルが青年時代以来，彼自身の内面を洞察しそれと対話することによって得られた彼の世界観である。すなわち，この世の諸現象はすべて，神の自己流出の結果として生み出されたものであり，神へと回帰し神の創造的活動を模倣しようとする傾向として，自己の力を表現しようとする力をその内奥に秘めているというのがそれである。

　したがって人間も含めてこの世のあらゆる諸事物には，自己の内なる神的な本質を表現し顕現することが，使命として課せられている。だが人間は万物の中で唯一，思考し自由に判断することのできる存在である。万物は知らず知らずのうち神的なものを外に表す。ただ人間のみは，自己の内なる本質たる神的な本質を・自・覚・し，その実現にむけて・自・由・な・決・断・に・基・づ・い・て・努・力・しなければならない。ここに人間固有の使命があるのであり，またここに人間の教育が不可欠となるゆえんもある。人間教育とは人がその使命を実現し，神のように生きるようになることに向けて，人を刺激し援助することである。翻ってそのような自覚は，外の世界の諸事物に作用している神的なものの存在に気づき，それをいわば自己の鏡とすることによってもたらされる。

　人間教育の課題とはしたがって，子どもを，外界に働いている神的なものの認識へと導くことであり，そしてそれをとおして内なる

神的なものの実現へと導くことである。

(2)発達段階と教育　　この課題を『人間の教育』においてフレーベルは，認識の教育と表現の教育の2つの道をとおして実現しようとした。

表現の教育とはフレーベルが，子どもたちの活動衝動や形成衝動の現れを注意深く見守り，それを保護し指導することの重要性を強調していることをさしている。幼児期の遊戯指導や少年期の労作教育を考えてもらえばいい。他方認識の教育とは，外界の諸事物の内的関連に気づかせることを目的とする教育をさしており，これは少年期の学校の授業をとおして行われる（児童期という表現をとらず少年期の名称を用いたのはフレーベル自身の用法に従った）。

発達段階に即していい直してみよう。乳児期は，人間教育以前，身体と精神の保護と保育の段階である。本格的な人間教育は，自発的に自己の内面を表現することができるようになる幼児期に表現の教育として始まる。遊びがその主たる対象である。

続く少年期には子どもたちは，幼児期の遊びにおいてそうであったように，たんに活動衝動の発揮それ自体を目的として活動するだけではなく，特定の目的に向けた作業活動に熱心に取り組むようになる。だがそれ以上に注目されるのはこの時期の少年たちが，深い認識への渇望にも似た思いを抱くようになることである。こうして少年期においては，授業をとおしての認識の教育が人間教育の中心課題に位置づけられなければならない。

授業をとおして少年たちは，個々の事物・事象を研究し，その多様性を知る。だがそれ以上に重要なのは，その現象的な多様性の背後にある統一的な連関に気づき，永遠の法則性と関連においてそれらの事象を認識することへと，指導されることである。

フレーベルは少年期初期，現在でいう小学校の低学年の授業の諸教科，つまり宗教，自然，言葉，音楽，芸術などの諸教科に即して，

そのような教育の実際の授業例を提示している。

『人間の教育』の記述は，少年期前期で終わっている。結論部においてフレーベルは，こうした発達的教育方法に基づいて教育された少年たちは，神のように創造的に生きるための基礎的な能力を身につけているだろうと述べる。その能力を確かなものにするのが，少年期初期以後の教育の課題であり，そのための続巻に自分は生涯を捧げるつもりである，と。

だが続巻が書かれることはなかった。代わってフレーベルは，これまで本格的な人間教育の開始以前であると考えていた幼児期とその遊びに，考察を集中させる。遊びが，子どもの心情と精神に及ぼす魔術的ともいえる効果に着目し，遊び活動において子どもを真理へと導く手だてを模索する。その方途として，知識教材の教授に代わる新しい媒体として考案されたのが，恩物である。

恩物教育学

(1) 恩物とは何か　恩物，ドイツ語のガーベ（die Gabe 贈り物の意）は，神からの子どもへの贈り物を意味している。恩物は神の永遠の法則，神的真理を象徴するものとして考案されたのである。

恩物には平面恩物や点状のものなどいくつか種類があるが，もっともよく知られていて，またフレーベル自身も詳細な理論を残しているのは，以下の6種類からなる立体の恩物群である。

第一恩物は紐のついた6色のボール。第二恩物は，球と円柱と立方体からなる。さらに第三恩物は，立方体を8つの部分立方体に分割したもので，いわば立方体の中の諸立方体からなっている。第四恩物は全体として合成すると第三恩物と同じ立方体になるのだが，それを，長さ4，幅2，厚さ1の割合の8つの板状に分割したもの。第五，第六恩物は，第三，第四恩物と同じ立方体をさらに細かく分割したものである。

どれも幼児がその手にしっかりとつかむことのできる程度の大き

さの，ごく小さいものである。当初フレーベルは，これらを使って自由に遊ばせさえすれば，子どもは自然に神的な真理へと導かれると考えていたらしい。だがその後考えを改める。指導のための詳細な遊戯理論を執筆する一方，遊戯指導員の養成施設をつくる。その養成施設の実習場兼模範施設として考えられたのが，「幼稚園」(ドイツ語で Kindergarten 子どもの庭の意)だった。つまり子どもたちは自由に，つまり勝手に恩物で遊ぶのではない。子どもの遊びは「正しく」保護されなければならない。それは，父母や教員らによる注意深い指導のもとで展開されなければならない。

(2)恩物の教授学　第一恩物の遊び方の一例を見てみよう。ボールは子どもに最初に与えられる遊具である。ボールには紐がつけられている。母親はその紐の先をもってボールを振り子のように揺らしてみせる。ボールが近づけば幼児はそれをつかみ，離れていくときにはそれを再び手放さなければならない。接近し，離れ，再び接近する。この動きは，行為し関わる世界とは別の，認識される世界という地平を幼児に開くだろう。さらにそれだけではなく，「合一－分離－再合一」という生命体験を経験させる機縁になる。

もう1つ，もっとも体系的な遊び理論を残している第三恩物の遊び指導の例を見てみよう。これについては生活の形式，数の形式，美の形式という3つの形式の遊び方を示唆しているのだが，中でもフレーベルが力を入れているのが，美の形式である。8個の分割立方体のうちの4つを正方形型にして中心に集める。残りの4つを，中心の正方形型の角の所に置いてみよう。さらにシンメトリーを維持したまま，少しずつ回りの4つの分割立方体をずらしていく。そこに繰り広げられる図形のダンスは，それを操作する子どもに，閉じられた塊から開花へ，そして再び塊へという法則性を予感させる(写真参照)。

恩物を使って遊ぶことによって，身体的，精神的，社会的能力が

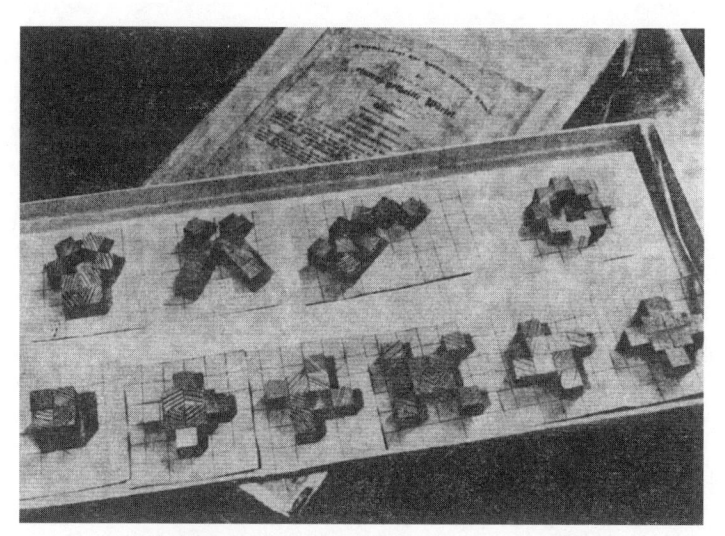

第三恩物の使用の手引き（1844年）。ハインラント 1991 より。

発達する。このように説明すれば今日の私たちにはわかりやすい。フレーベル自身もまた，遊戯理論の中でそのようにも説明している。

　だが，フレーベルにとって教育の課題とはあくまで，神のように創造的に生きるという，本来の人間の使命に向けた準備にある。『人間の教育』では，この課題を，認識の教育と表現の教育との，2つの道筋で追求したとすれば，後期の遊戯理論は，恩物を用いた遊びによってこの2つの教育を同時に実現しようとする。恩物はこのとき，たんに神的法則の認識を媒介するだけではなく，神的なものを自己活動的に表現するための媒体にもなる。子どもは恩物を操作し，それで遊ぶことによって，現実の経験的生活には完全に解消されえない，もう1つの象徴的な世界を予感的に感じ取るのである。

　だが，このように遊び方を詳細に規定することは，幼児の自由な創造的活動を疎外することになるのではないかという批判が，しば

しば寄せられてきたし、今日なお寄せられている。これについては、フレーベルが再三再四、遊戯理論は教本ではなく案内書であることを強調していることを思い起こしておく必要がある。遊戯理論が提示するのは、いわば「全体の見取り図」なのであって、遊戯指導員には、その見取り図を念頭に遊びの経過を注意深く見守り、子ども共々、日々新たに成長していくことが求められる。とはいえそこには、フレーベルの生きた哲学の息吹を失い形式的な処方箋に堕する危険性もはらまれていたことは否めない。

幼稚園運動とその影響

フレーベルの晩年は、恩物とその指導法の普及をかねた幼稚園運動の推進に捧げられた。だが、プロイセン政府によって幼稚園禁止令が出されたこと(1851年)もあって、彼の生前には幼稚園運動が大きな広がりを見せることはなかった。

本格的に幼稚園が普及するのは、彼の死後、フレーベル主義者と呼ばれる女性たちの献身によってである。中心的な役割を担ったのは、マーレンホルツ＝ビューローとシュラーダー＝ブライマンの2人である。マーレンホルツ＝ビューローがフレーベルの象徴哲学に忠実な恩物遊戯の普及をめざしたのに対して、シュラーダー＝ブライマンは、フレーベルの遊び理論とペスタロッチの「居間」の精神を組み合わせて独自の幼稚園教育理論を展開し、1874年、養成施設を兼ねた協会、「ペスタロッチ・フレーベル・ハウス」をベルリンに設立した。

フレーベル主義者の活動は、ドイツ国内に留まらない。宗派系の協会が大方の就学前施設を支配していたドイツでは、幼稚園は、教育熱心な教養階層に受け入れられたのに留まったのに対して、ドイツよりもむしろとりわけアメリカにおいて幼稚園は、都市化の進展とそれのもたらす青少年問題の社会的コンテクストを背景に、広く普及し発展した。世界で最初の公立幼稚園が生まれたのも、アメリ

カにおいてである。

　だが，普及と発展の過程でフレーベルの幼稚園教育学は，厳しい批判にもさらされた。デューイをはじめとするアメリカの進歩主義教育者たちは，フレーベルの難解な象徴哲学を不合理とするとともに，もっぱら室内で行われる動きの少ない恩物遊戯を批判して，自発的で自由な遊びを基本とする新しいタイプの保育実践を推進した。

　幼稚園運動の世界的広まりを示す端的な例の1つは，遠い日本において最初の就学前官立施設（東京女子師範学校附属幼稚園）が1876年，フレーベル主義幼稚園をモデルに成立したことに見ることができるだろう。大正期以降わが国でも，アメリカの進歩主義者の影響のもと，恩物保育はしだいに実践されなくなるが，自由な遊びの尊重と児童中心主義は，今日なおフレーベルの名前と結びつけられて日本の幼児教育界に伝えられている。

3　おわりに

● どう評価するか

　教育思想史的に見たときのペスタロッチの達成は，自己形成の援助としての教育という，今日に続く教育の基本的な概念を確立したことに求めることができる。

　原罪説が支配し人間の完成可能性の可否が神に委ねられているかぎり，自力での自己克服という考え方は不可能である。ロックの観念連合説を契機に，人の精神は形成することができるという考え方が導入され，さらに『エミール』において，エミールと家庭教師ルソーとの二人三脚による自己形成の物語が紡がれたという助走をへて，ペスタロッチにおいて人間の自己形成という概念が確立され，あわせて，教育は自己形成への援助としてとらえられるようになる。そしてこの考え方はすでに見てきたとおり，フレーベルにも受け継

がれていった。

　カリキュラムをもっぱら1つの理論的基礎に基づいて構成するという，彼らに共通して見られる試みは，公教育の標準的なカリキュラム形成の政策原理としては，時代遅れだろう。

　だが，指導と学習を通じて達成できることは，自由に思考し判断する人間形成の基礎であって，実際の人の生き方そのものには教育は関与しえないという，彼等の教育思想の根底にある洞察は，今日なお教育論の現状に対する批判的契機を失っていない。

　最後になったが，彼らの教育思想が日本の教育界に及ぼした影響は特筆に値する。明治期以来，最初は具体的な方法として，さらにその後はその「精神」が影響を及ぼすようになるというプロセスは，ペスタロッチ受容に関しても，フレーベル受容に関しても，おおよそ妥当する。戦後の一時期には彼らの思想は，教育方法における自己活動の重視と国家主義的教育への批判的傾向とにおいて評価され，民主的教育の思想を代表する例と受けとめられた。

　今日のわが国教育界において，ペスタロッチ，フレーベルの教育思想の影響は，曲がり角を迎えつつある。このことはまた，戦後教育そのものが曲がり角を迎えていることと無縁ではあるまい。今日に通用する言葉によってペスタロッチ，フレーベルの思想を語り直すことが必要だろう。

―――――――鳥光美緒子◆

C 学校教育を支える思想

第10講 ヘルバルトから新教育へ

　学校の量的拡大と普及に対応して，19世紀から，学校および授業（教授活動）に関する思想が徐々に発展していった。学校という教育に特化した場所において，教師という教育に特化した専門家が，いかにふるまい，またいかに教育活動について省察を行うか。そもそも学校とはどのような場所であるか。本講では，そうした問いの系譜を，19世紀から20世紀前半のドイツを事例として，3つの軸を立てて俯瞰してみよう。3つの軸とは，時系列順に，ヘルバルト，ヘルバルト派，新教育である。

学校的世界の拡充

　学校は，一言でいえば，とてもありふれた場所だ。山や海や川などの自然環境と同じように，というのは言いすぎにしても，学校もまた当然のように私たちの身近な環境の中にある。そして，誰もが学齢期になれば，ごく当たり前のように，学校に通い始める。誰もが学校という場所で教育を受け，そして，誰もがそこから巣立って社会へと飛び立っていく。私たちは，ふつう，そう思っている。

　けれども，学校という場所は，歴史的に見れば，実はありふれた場所であったわけではない。それは，歴史の中でつくりだされた教育活動に特化したカラクリをもった営造物である。試しに，教壇のそばに教師が立ち，子どもたちがそれに対置して座るという一般的な空間形態ができあがる歴史を追ってみるといい。そうすれば，学校の基本特徴が長い年月を経て形成されてきたことが，わかるだろう。計画されたスケジュールに沿って各教科の内容を学習していく

ことや，同じ年齢段階の子どもが一括りにされて授業を受けることにしても，私たちはごく当然のように感じているが，スケジュールの形式（時間割や年間計画など）や集団の形態（学年制や学級制など）なども，もちろんはじめから整っていたわけではない。それらもまた，長い歴史過程の末に生じたものである。

　そのような学校の基本特徴ができあがり，そして普及していったのは，19世紀から20世紀にかけてのことである。欧米では，19世紀に国民国家の維持・発展を支える営みとしての教育，およびそのための場所としての学校の重要性が高まった。とりわけ19世紀後半から20世紀前半にかけて，義務教育の普及，義務教育年限の延長，学校教育制度の一本化などの動向によって，公的で国家的な学校制度がしだいに整備されていった。そして，国や地域によって時間差はあるものの，20世紀をとおして，学校は，より広く世界に行き渡り，より多くの人々にとって「ありふれた場所」になっていった。

　「ありふれた場所」としての学校の謎を解き明かすために重要と考えられる思想を，ここでは，学校教育の思想と呼んでおこう。学校教育の思想は，学校が量的に拡大していった19世紀後半から20世紀前半にかけて，大きな発展をみせた。そのような学校教育の思想をさかのぼってみると，19世紀前半のドイツにおいてそのための本格的な土台を築いたと考えられる人物に辿りつくことができる。ヨハン・フリードリヒ・ヘルバルトである。学校教育の思想を俯瞰するために，まず，彼の思想に接近してみよう。

1　ヘルバルトの教育思想

教職という名人芸　　教育することは難しい。とりわけ，1人の子どもではなく，学校という場所において

複数の子どもたちを相手に授業で何かを教えようとする場合には，その難しさは倍増する。想像してみてほしい。いわゆる新米教師としてはじめて教壇に立ったあなたの目の前には，小学校1年生のかわいい子どもたちが席についている。けれども，彼らの何人かは，学校で何かを学ぶためにじっと席に座っているべきことを，まだ了解していない。子どもたちが教師の発言に耳を傾けなければ教師にとって困った事態が生じる，ということに関心をまったくもたない子どもたちが，ざわざわと騒ぎ続けている。声を張り上げてその子たちをとがめているうちに，授業はほぼ中断状態になる。やがて，ほかの子どもたちも退屈になって，ざわめき始める。何とか教室の秩序を保つことができたとして，今度は，知識や技能をどのように伝達していくかという問題に，四苦八苦するかもしれない。さて，あなたはどうするか。

　子どもが代われば，教育者は往々にして別様の対応を迫られる。同じ子どもにしても，今日の状態と明日の状態が同一であるとは限らない。教師は，刻一刻と変化していく事態の複雑さに対処することを迫られることになる。休むことなく変化していく子どもたちが置かれた状況に応じて，教師は，臨機応変に的確で素早い判断を行わなければならない。そのような判断を，ヘルバルトは，「教育的タクト」と呼び，「教育技術にとって最高の宝」（ヘルバルト　1960：69）と位置づけている。

　臨機応変の素早い直観的な判断をすることができるようになるには，教師としての経験が重要な意味をもつ。熟練の教師たちは，しばしば状況に応じて機転の利いた言葉を発することによって，悪くなりかけた授業の雰囲気をもとに戻すことができる。また，彼らは，子どもたちが学習で壁に突き当たっている状況を打開することができる。彼らは，授業において何が原因で何が結果として生じたかを見通す術を，多様な経験をとおして，身につけている。ヘルバルト

も，実践の中で「教育的タクト」と名づけられた臨機応変の素早い判断は養成される，と述べている。

だが，教師は，経験を十分に積んでから教壇に立つわけではない。ひとたび教師として採用されれば，新米教師も明日から子どもたちを前にして授業を行うのである。経験によって磨かれた臨機応変の素早い判断に期待できないまま，彼は日々の教育活動に取り組むことになる。しかも，実践の中に身を置いてさえいれば，誰もが数年後に名人芸にも似た「教育的タクト」を自然と身につけることができるというわけでは，どうやらないらしい。では，どうしたらよいか。

〈教職の科学〉としての教育学

ヘルバルトは，「教育的タクト」を習得することを科学によって準備することが可能であると考えた。この場合の科学とは，教育実践を基礎づけ，その見通しをあらかじめ与えるような知識体系のことをさしている。そのような知識体系は，また，最初は暗中模索状態で授業に臨まなければならない新米教師にとっての支えとなるはずのものでもあった。

教育の領域は，複雑に入り組んだ場所，したがって，謎ばかりで戸惑うことの多い場所のようなものである。ヘルバルトは，そのように考えていた。だからこそ，「教育者にとってどこが大切であるべきか，ということが地図のように……目の前におかれなければならない」(ヘルバルト 1960：18f.) と，彼はいう。土地勘のない場所にはじめて足を踏み入れる者でも，地図を片手に動き回ることができるように，教職者もまた，教育上の重要なポイントを示した知識の体系を携えていれば，よりよき教育を施すことができる。ヘルバルトがめざしたのは，まずはそのような教職者用の地図を作成することであった。言い換えれば，ヘルバルトの中心的な課題は，教育者が実践の中で省察と行為を行うことができるようになるための原

Column⑰ ヘルバルト (1776-1841)

ドイツのオルデンブルクにおいて，参事官の家庭に生まれる。ドイツの哲学者，教育学者。1794年にイエナ大学に入学，哲学を学ぶ。1799年，ブルクドルフにいたペスタロッチを訪問したことにより大きな影響を受け，『ペスタロッチの直観のABC』(1802)などを執筆した。1802年，ゲッティンゲン大学の私講師となり，後に員外教授となる。ゲッティンゲン時代に，『一般教育学』，『論理学綱要』(1806)，『一般実践哲学』(1808)などの重要な著作を公にしている。1809年から，ケーニヒスベルク大学において，有名な哲学者カントの後継者として，哲学や教育学を教える。また，在職中，同大学に教育学ゼミナールを開設している。1833年には，ゲッティンゲン大学の教授として招へいされ，この地で『教育学講義綱要』(1835)を公刊した。哲学（とくに当時の倫理学と心理学）に依拠して学問的な教育学の確実性を打ち立てようとしたヘルバルトの努力は，19世紀後半から，ヘルバルト派の人々によって，学校教育に関する有用な学問の土台を準備するものとして歓迎された。ドイツの「科学的教育学協会」(1868年創設)などは，ヘルバルト派の典型的な組織である。また，「科学的教育学協会」を模範として，ドイツ以外にも，類似した組織ができあがっていった。アメリカ合衆国の「教育の科学的研究のための全米ヘルバルト協会」(1895年創設)などは，そのうちもっともよく知られた組織であり，集団の名称に明確に「ヘルバルト」の名前を刻印している例である。日本においても，明治20年代，近代教育の確立という国家的要請とも適合して，ヘルバルト派の教育理論がとりわけ段階的な教授論を中心として受容された。

第10講 ヘルバルトから新教育へ

理を追求することに置かれていた。「教育学は，教育者にとって必要な科学である」(ヘルバルト 1960：19) という言葉は，そのことを端的に示している。

ヘルバルトが教育のために作成した地図，つまり，彼の教育論(『一般教育学』〔1806〕)には，大きく分けて3つの重要な領域が書き込まれている。「管理」「訓練」，そして「教授」である。以下，それぞれの基本特徴について見ていこう。

「管理」と「訓練」

教師がいくら子どもたちをよい方向に導こうとしても，彼が提示することに関心を向ける準備が子どもたちのほうにできていなければ，教育活動は成り立たない。「授業時間に平静と秩序を維持することや，教師を無視しているようなあらゆる兆候を除去すること」(ヘルバルト 1960：192) は，今もなお私たちを悩ませている教育のもっともわずらわしい部分，できれば避けたいがそれなしでは教育活動がうまくいかない教育の一部である。ヘルバルトは，そのような営みを「管理」と呼んで，その重要性を強調している。「管理」は，ときには賞罰などを用いて子どもたちの心情へ「直接的」に働きかける，と彼はいう。

一方，ヘルバルトのいう「訓練」は，賞罰なども駆使して，子どもたちの心情に「直接的」に働きかけるという点では，「管理」と性質がよく似ている。だが，「訓練」は，子どもたちを道徳性へと向かわせようとする教師の意志に基づいて行われるのであり，その点において，たんに教育状況を秩序づけるための営みである「管理」とは異なっている。「訓練」とは，つまり，善い方向に人間形成するという意図をもって子どもたちの心情に直接的に働きかけようとする教育者の「連続的な応対」(ヘルバルト 1960：188) である。「訓練」は，子どもたちが自己活動において「自分の正しい方向をたどることができる」(ヘルバルト 1960：193) ようになるまで，続

けられることになる。

> 「教授（授業）」が教育する

ヘルバルトの教育に関する地図に書き込まれたもう1つの領域は、「教授」である。彼が自らの教育学の中心に位置づけていたのが、この「教授」であった。「教授」とは、いうまでもなく、ある者がある者を教える営みである。「管理」と「訓練」が「直接的」に子どもたちに働きかける営みであったのに対応していえば、「教授」は、「間接的」に、つまり、教材を介して子どもたちに働きかける営みである。「教授」の原語である "Unterricht" は、授業とも訳される。

ヘルバルトは、人間が何者かを知り、また、何者かに感じ入り、そのようにして自己変容を遂げていくためには、経験することと交流（交際）することが重要であると考えた。私たちは、たしかに、空間を移動して、また時間を費やして、新しいものに出会い、新たな経験をする。だが、空間にしろ、時間にしろ、個人に無制限に与えられているわけではない。人生には限りがあるし、どこにでも移動できるわけではない。したがって、新しい経験や交流を思いどおりに積み上げることは、どのような人にとっても、難しいことなのだ。

そのような空間や時間の制限を超えて、新たな経験や交流（交際）を可能にする営みが、ヘルバルトにとっては、「教授」であった。教師は、「教授」活動によって、記述をとおして個人の空間を飛び越えた経験を生じさせ、また時間をさかのぼって過去の人物や物との交流を促すことができる。「教授」とは、彼にとっては、そのような「経験と交流（交際）の拡充」（ヘルバルト 1960：80）を可能にする活動にほかならなかった。

> 段階的な教授法の誕生

それでは、「教授」は具体的にどのように行われるべきだろうか。ヘルバルトは、学

ぶ者の心のうちでどのようなことが生じているかを認識したうえで（心理学はそのための学問であると見なされた），それに応じて「教授」の進行が段階づけられるべきであると考えた。彼は，ペスタロッチの考え方などを批判的に継承しつつ，人間が認識を得るために明瞭（対象を明瞭に見る），連合（心に生じた表象を結びつける），系統（結びつけられた表象を秩序づける），方法（秩序づけられた表象を新たに分節化し，応用する）の４段階を経ていると考えた。そして，人が何かを知るためのこうした道筋に合わせて，「教授」が４つの段階（指示，結合，教授，哲学）から構成されるべきことを，彼は唱えたのである。教育的行為を時間軸上に系統立てて，法則化しようというヘルバルトの試みは，次節に見るヘルバルト派によって受け継がれ，「教授」の形式的段階説（形式的段階論）として学校教育における実用化への道のりをたどっていった。

教育目的としての道徳性

「管理」を前提としつつ，「教授」と「訓練」とを両車輪にして駆動する子どもたちへの働きかけ。主著『一般教育学』に示されているのは，ヘルバルトが考えるそのような教育の全体像であり，見取り図であるといえるだろう。

ところで，教育というこの労力に満ちた子どもたちへの働きかけは，いったい何のために行われるのだろうか。ヘルバルトが教育の「必然的な目的」と見なしていたのは，道徳的な品性の強度を高めることであった。「訓練」は，そのために子どもたちの心に向かってなされるもっとも「直接的」な働きかけであったが，ヘルバルトにとっては，「教授」による知育もまた，道徳性を高めるという目的と無縁ではなかった。

道徳性という目的と認識を高めていくという目的は，今日では，分離したものとして扱われる場合が多い。ヘルバルトは，そうではなく，両者が密接に結びつくものと見なしており，したがって，認

識を高めていくことを司る「教授」活動の意義も道徳性との関連によって示されるべきものと考えていた。彼によれば,「教授」活動によって表象が生み出され,系統づけられ,それらが思想圏を拡大させる。思想圏を拡大させることによって無条件に道徳的な品性が高められるわけではないが,「思想の貯えが欠けているなら,動物的欲望に対して妨げになることのできるものは何もない」(ヘルバルト 1960：164) 状態となり,その結果として,真の品性が生じなくなってしまうと,彼は考えた。

ヘルバルトは,教師による働きかけの総体を示すために,その上位概念として「教育的教授」という言葉を用いている。この言葉の使用自体が,知識と技能の伝達のために作用するはずの「教授」活動と,道徳的な側面の成長をも含むような人間形成とを分離したものと見なす伝統に対する批判の表れであった。

2 ヘルバルト派による継承と発展

ヘルバルト派：ヘルバルトと関連する人々の緩やかな括り

ヘルバルトは,「教授」活動を中心とした教育の目的と方法に関する体系的な考察を残した。だが,学校教育という観点から見れば,それはまだ十分とはいえなかった。学校という具体的な教育の場面で応用できるようにするために,ヘルバルトの考察をさらに発展させるという課題,また,そのような応用が試みられる学校という場そのものの仕組みを理解するという課題が,まだ残されていたからである。この方向での考察が発展するためには,学校が社会に本格的に根づくようになる時代の到来を待たねばならなかった。

19世紀の後半から20世紀の初頭にかけて,義務教育が普及し,欧米を中心として,全員就学がいよいよ現実のものとなっていった。

世界を席巻するドイツのヘルバルト派を戯画化したイラスト。1911年，イエナ大学の教育学ゼミナール50周年を記念して，クリストフ・ナッターという人物によって描かれた。Metz 1992, S. 112.

また，中等教育段階が制度的に整備され始め，進学・進級率が増加した。こうした状況の中で，つまり，学校施設が増加し，教育の専門家として活動する教師の働きがますます重要性を増していく中で，学校教育はよりいっそう現実的な問題としてとらえられるようになった。学校をどのように組織するか。学校で教師はどのような活動を行うべきか。こうした学校をめぐる問題が，より実践的な問題として切実さを増していったのである。さらに，とりわけ19世紀末から20世紀初頭においては，教師の専門性および教員養成のあり方に関する国際的な関心が高まり，それに応える〈教職の科学〉の確立が求められるようになった。

〈教職の科学〉の担い手となったのは，19世紀後半からヘルバルトの理論を継承し，さらに発展させようと努力した教育学者たちである。彼らは，一般に，ヘルバルト派（ヘルバルト主義者）と呼ばれている。ヘルバルトの教育思想から何を継承するかは，論者の関心

によってさまざまであった。そのような意味において，ヘルバルト派は，何らかの形でヘルバルトとのつながりを有する人々の緩やかな括りであったといえる。

<段階教授法の実用化> ヘルバルト派の人々は，ヘルバルトの教授法に関する形式的段階の考え方に基づきつつ，学校教育における具体的な応用を見据えて教育方法のパターン化を推し進めた。ヘルバルト派の代名詞ともいうべき五段階教授法は，その最たる成果であった。ツィラーは，ヘルバルトが四段階で示した教授法をもとにして，分析，総合，連合，系統，方法からなる五段階教授法を発案した。また，ラインは，ツィラーの理論をさらに吟味して，予備，提示，比較，総括，応用からなる五段階教授法を開発した。当時，ドイツ国内外の教育実践の場において，この五段階教授法に基づいて授業を構成することが，広く試みられた。

医療の領域において，医師が医学的知識に基づいて薬を処方するのと同じように，教育の領域においても，教師がなかなか思いどおりにいかない教授活動を特定の教授法に基づいて改善することができれば，どれほど教師の苦労が軽減されることだろうか。どのような教科内容でも，一定の段階を踏みさえすれば，教授活動が可能になることを謳ったヘルバルト派の段階教授法は，そのような即効性のある処方箋的な教育の知識として歓迎された。

<〈教職の科学〉の体系化> 学校教育は，どこかスポーツに似ている。スポーツで大きな成果を上げるためには，対戦相手とのやりとりに卓越していることだけではなく，パフォーマンスが展開されるフィールドを熟知していることが必要となる。このことを学校における教育活動に引き写していえば，教師が児童・生徒とのやりとりにおいて成果を上げるためには，学校というフィールドの仕組み（教室空間，時間割，〈教師／児童・生徒〉関係，校則などの基本特徴）をよく知ることが不可欠である。さらには，学校

第10講　ヘルバルトから新教育へ

の外部から学校に大きな影響を与える教育政策のような領域にも，目を配らなければならない。

ヘルバルト派の人々は，ヘルバルトが準備した〈教職の科学〉としての教育学を基盤として，段階教授法によって児童・生徒に対する働きかけの基礎を考案しただけでなく，教師が活動する学校というフィールドを包括的に考察することを試みた。ラインは，そのような包括的な考察を展開した代表的人物の1人である。彼は，そのような考察を，「科学的教育学」の名のもとに展開し，教育目的，教育方法，教育組織，教育政策など，学校教育の諸相に目を配る体系的な理論を構築しようとした。ラインが編集した全11巻の『教育学百科事典』（第2版，1903年から1909年に公刊）は，学校教育をめぐるそのような体系的な知識体系の集大成である。そのような学校教育に関する体系的な理論を構築しようとする努力によって，ヘルバルト派の教育学は，20世紀初頭までは，ドイツにおいて大学の専門科学(ディシプリン)としての地位を保つことができた。

教員養成の改革思想と実践

さらに，ヘルバルト派は，教育の理論と実践をどのように媒介するかという，今もなお教育学者が頭を抱えている根本問題と向き合い，理論と実践を架橋しようとした。そのことが明白に見られるのは，教員養成の改革に関する彼らの試みである。ヘルバルト派は，ヘルバルトの教員養成に関する考察および実践に基づいて，訓練学校（教職志望の学生が実習を行う学校）を教育学ゼミナール（教員養成のための組織）と連動させて教員養成を行うという方式を採用した。まずはシュトイがそれを実現し，続いて，ツィラーがライプツィヒ大学教育学ゼミナールにおいて，またラインがイェナ大学教育学ゼミナールにおいて，この仕組みを確立していった。

学校教育に関する以上のような包括的な努力にもかかわらず，ヘルバルト派は，ドイツでは，遅くとも1920年代にはその勢力を失

っていった。そして，19・20世紀転換期からしだいに台頭してきた教育改革動向と密接に結びついた理論と実践にその座を明け渡すようになった。次節では，「新教育」と呼ばれるようになるこの動向の特徴について見ていこう。

3 「新教育」とその思想

3-1 「新教育」とは何か

>世紀転換期の教育批判

19世紀末から20世紀の初頭あたり，いわゆる世紀転換期は，ヘルバルト派がまだ勢力を保っていた時代であった。全員就学がほぼ実現し，学校制度がよりいっそうの拡充を見せていた時代であり，したがって，ヘルバルト派による学校教育に関わる体系的な考察に対する需要が大きな時代であった。

だが，その一方で，この時代は，学校教育の拡充によって図らずももたらされた弊害が本格的に懸念され始めた時期でもあった。学校の構造とそこで用いられる教育の方法が硬直化しているのではないか，そして，そのことが子どもたちを苦しめているのではないか，ということが反省されるようになった。その結果，学校のさまざまな構造や教育方法を変えていくための改革思想が発展し，具体的な教育実践が試みられた。

>変化の時代は改革の時代

教育改革の思想と実践が発展していった背景には，19・20世紀転換期におけるより大きな社会変容の影響もあった。この時代，人口は増大し，大都市の数と規模がしだいに大きくなっていった。新たなテクノロジーが発展し，工業化が進展した。交通手段および

交通網が発達した。こうした一連の変化は、都市型の生活環境と生活様式を生み出した。そのような変化は、一方において、日常生活に便利さをもたらすなど、人々に新たな希望を与えたが、他方において、都市と地方との人口格差を生み出し、「農村離脱」問題を深刻化させ、都市型生活における人間性の喪失などの新たな不安をも増大させた。政治や軍事の領域に目を向けてみると、帝国主義および植民地主義が台頭し、国際競争が高まっていた時代でもあった。

不安定で変化に満ちた当時の状況は、近代に対する危機意識の高揚をもたらした。こうした危機診断のもと、教育をとおして次世代を担う子どもたちに働きかけ、それによってよりよき未来を手中にすることが期待された。よりよき未来を手中にするためには、旧来の教育とは異なる〈新たな教育〉の実現が求められていた。

「新教育」の定義と範囲　　近代の危機意識を背景として1890年代頃から1920年代頃までの時期を中心に展開したとされる改革的な教育の実践と理論は、一般に、「新教育」と呼ばれている。19・20世紀のそのような改革動向は、通常、欧米圏のみならずアジア圏をも含む広く国際的に見られた動向として理解される。それぞれの社会的・文化的土壌をもとにしてこの改革動向が意味づけられてきたために、「新教育」だけでなく、さまざまな呼称がこの動向を表すために使用されてきた。アメリカ合衆国における「進歩主義教育」、ドイツにおける「改革教育」、また日本における「大正新教育（大正自由教育）」などは、その例である。

3-2 「新教育」の特徴：ヘルバルト派とはどこが異なるか

ドイツの「新教育」　　本講の前半では、主としてドイツに焦点を当ててヘルバルトからヘルバルト派までの流れを見てきたが、この流れの中に「新教育」を置いてみるとき、どのような特徴が浮き彫りになるだろうか。以下では、「新教育」

の当事者たちがヘルバルト派との対比において強調している点を中心に,「新教育」の特徴をまとめてみよう。①「子どもから」(子ども中心主義)の論理,②学校改革の多様化,③学校改革のネットワーク化,④教育学の科学化,⑤教育領域の拡張,の5点である。

「子どもから」思想(子ども中心主義)

ヘルバルト派との対比において浮き彫りとなる「新教育」の一般特徴として強調されるのは,「子ども中心主義」である。「子ども中心主義」を前面に押し出したことは,「新教育」やそれを支える理論の強みとなり,また,ヘルバルト派を相対的に劣位に立たせる要因になった。

ところで,「子ども中心主義」とは何だろうか。それは,大人の立場から考えられてきた教育を反省して,子どもの本性を尊重し,それに合うように教育を構想しようとする立場である。教育場面における主人公は,大人ではなく,子どもである。したがって,重要なことは,子どもが自ら考え,行動し,他者や社会との関わりを創り出していくことである。子どもの「自立性」「自発性」「自己活動」が重視されるべきであり,また,子どもたちを窮屈な知育偏重の教育から解放して,身体性や感性などをも含む人間の全体性に配慮した教育をめざすことが大切である。そのような方向での教育に関する考え方や立場が,一般に「子ども中心主義」と呼ばれている。

「子ども中心主義」の象徴的著作として歓迎されたのは,スウェーデンの社会思想家エレン・ケイの『子どもの世紀(児童の世紀)』(1900)である。ケイによれば,子どもは,未来へとつながる「繊細な糸」を有しており,現在と未来との媒体である。子ども存在は,それ自体がかけがえのない慈しみの対象であるだけではない。ケイは,子どもたちが「人間の自然(本性)」に沿った成長を実現しさえすれば,「人類の改良」が促進され,その結果として,社会をよりよき未来へと導いてくれると考えた。そのかぎりにおいて,子ど

も存在の「尊厳」と「崇高性」に敬意が払われるべきであるとされた。彼女が子どもの「自然」(本性)に対するあらゆる抑圧的な教育は回避されるべきであることを強調し、ルソーに賛同を示しているのは、そのためである。

ケイの『子どもの世紀』は、詩人リルケによって、「子どもから」思想の書物として礼賛された。「子どもから」は、ハンブルク学校改革同盟の教師たちに典型的に見られるように、「新教育」関係者が自らの教育実践を特徴づけるためのスローガンとなり、また、ケルシェンシュタイナーによる自己活動の論理などにも対応する方針であると見なされた。

学校改革の多様化

「子どもから」思想(子ども中心主義)は、19・20世紀転換期に突如として現れたわけではない。教育思想の歴史をさかのぼってみると、「新教育」の「子ども中心主義」は、ペスタロッチ以降の教育学において脈々と自己形成の援助としての教育(第9講)の系譜上に位置づけられる。先に触れたケイなどは、ルソーの消極教育(第7講)を「子ども中心主義」の貴重な思想的基盤と見なしていた。ただし、「新教育」の場合には、子どもの自己形成を援助する営みとしての教育という考え方が、教育思想の領域を超えて、広く具体的な学校教育の実践と結びつきながら発展していったのであり、その点においてそれ以前の教育思想の伝統とは一線を画していた。

「新教育」の時代には、子どもの自己形成を援助するための教育を実践レベルで試みる人々が多くいた。個別の改革事例には事欠かないが、いくつか代表的な学校や組織について触れておこう。ヘルマン・リーツを創設者とするドイツ田園教育舎系の学校(1898-)は、知育中心ではない包括的な人格教育を目的として自然豊かな環境の中に設立された寄宿制の学校で、「新教育」の象徴的な教育施設と見なされた。ルドルフ・シュタイナーもまた、「新教育」者に

分類される代表的人物の1人である。彼は、独自の世界観に基づいた人智学を確立し、それを基盤とした教育活動を行う自由ヴァルドルフ学校（1919-）を開校している。都市部では、たとえば、カルゼンやエストライヒらが中心となって「徹底的学校改革者同盟」が結成され、生活共同体学校の実践を広めようとした。

そのような実験的な試みをとおして、学校改革のための具体策は増加し、また、学校改革の理論も飛躍的に多様化していった。その領域は、学校の空間（自然環境や共同体の重視、学校建築の工夫など）や時間（合科教授などの教科横断的な授業編成、エポック授業、課外時間の活用など）から、集団形成（疑似家族としてのクラス、「仲間」組織の形成など）、教育の内容や方法（労作、芸術、身体、リズム、生活、体験による教育活動の導入など）に至るまで、多岐にわたる。

ちなみに、ヘルバルト派の試みにも、学校改革的な要素が入り交じってはいた。だが、ヘルバルト派は、形式的な段階教授法の促進などのほうがその特徴として強調されたあまり、「新教育」とは対極にあるものと見なされ、特定の型に授業を押し込め、教育活動を融通のきかないものにしたとして、非難を浴びることになった。そのような論調は、たとえば、ヘルマン・ノールが形式的段階論を「死んだ技術」と形容したことに、端的に示されている。

教育学の科学化

「新教育」時代の特徴として、教育実践における改革の模索が行われるのと並行して注目されるのは、「新教育」との関わりの中で科学（学問）システムにおける教育学の地位が徐々に確立されていったことである。

もっとも重要な動向は、子どもや教育に関する経験科学が登場してきたことであろう。経験科学的な教育学は、子どもや教育の本性とはどのようなものであるかを「実証的」に明らかにし、それに基づいて子どもへの働きかけを構想するという特徴を有していた。こうした試みは、「子どもから」思想に基づく教育運動の理論部門と

して位置づけられる。ドイツにおいては、たとえば、エルンスト・モイマンが、「実験心理学の父」とされるヴントに師事し、観察・実験・統計などの実証的な事実研究の手法を用いて、教育現象を解明しようとした。彼は、ヴィルヘルム・アウグスト・ライとともに雑誌『実験教育学』を創刊して、この方向での教育学を発展させようとした。

「新教育」が経験科学と結びついたことによって、ヘルバルト派の教育学は、科学としての厳密性という点において、劣勢に立たされることになった。ヘルバルト派の教育学は、大学における哲学との強力な結びつきをもつことができず、さりとて、厳密さを売り物にする経験科学的な心理学などとも結びついていかなかった。こうした批判の代表者は、モイマンで、新たな科学としての経験科学が台頭しつつある現状を強調しつつ、ヘルバルトの思想を基礎とする教育学が時代遅れのものであると主張した。

学校改革のネットワーク形成

ヘルバルト派にも国際的な組織が存在したが、1910年代半ばまでの勢力はしだいに退潮へと向かった。1920年代になると、それに取って代わるかのように、「新教育」に関する理論と実践の情報を交換するためのネットワークが本格的につくられていった。その中核をなしていたのは、教育の刷新を目標に掲げた新教育連盟である。同連盟は、1921年にベアトリス・エンソアが中心となって築いた組織であり、その前年に創刊された『新時代の教育』を主たるメディアとして情報発信を行った。同連盟の方針に賛同した「新教育」関係者たちの間に国際的な横のつながりができあがり、ほぼ隔年で国際会議が開催された。ドイツでは、エリザベート・ロッテンが、新教育連盟支部の雑誌『来るべき時代』を編集するなど、その中心的な役割を担っていた。

ちなみに、新教育連盟に先立って、1919年には、アメリカ合衆

国で進歩主義教育協会が設立されている。同協会は，問題関心と方針が類似していたこともあり，1932年には，新教育連盟のアメリカ支部となって1955年まで活動を続けた。新教育連盟そのものは，第二次世界大戦後には，ユネスコの創設にも貢献し，1966年に「世界新教育連盟」と改称の後，現在も活動を続けている。

| 教育領域の拡張 |

「新教育」の特徴としてさらに挙げておかなければならないのは，教育領域の広域性が視野にとらえられるようになったこと，したがって，教育学的な考察の対象が，子どもから青年や成人に至るまで，学校空間からその外部に至るまで，公的な教育活動の時間から余暇に至るまで，拡張されたことである。

こうした方向での思考を発展させた人物として，パウル・ナトルプを挙げることができる。彼は，新カント派の哲学に基づいて，人間が広く共同体の中で文化を習得していくべきことを強調し，考察対象を学校に限定しない「社会的教育学」の樹立を求めた。そこから翻って，ナトルプは，ヘルバルト派の教育学が「個人に関する教育学」であって「社会に関する教育学」ではない，と論難を浴びせた。そのような教育領域の拡張によってもたらされたのは，教育学における教師や学校の位置づけの相対化である。ヘルバルト派にあっては，教師と児童・生徒の関係や教育活動の主務機関としての学校が教育学の中心に置かれていたが，それらが教育学的対象の一部門に置き換えられるような動きを，ここに見て取ることができる。

3-3 「新教育」と現代

| 現代に生きる「新教育」 |

私たちの時代になって新たに提起されたかに見える学校改革の試みは，よく見れば「新教育」の時代にその原型が見出されることも少なくない。教科横断的な授業形態，自然環境によって子どもたちの発達を促す教育

プログラム，児童・生徒の「自治」を重視した学校・学級づくり，感性や身体性の発達をめざす教育実践などは，その一例である。このことは，ドイツに限らず，日本も含むかなり広範囲の地域にも当てはまるだろう（たとえば，日本の「総合的な学習の時間」は，教科横断的な授業形態として当時実施されていた「合科教授」にその原型を見ることができる）。「新教育」は，今もなお教育学の重要な研究対象として注目を集めているが，多くの場合，たんに過去を振り返ることだけではなく，「新教育」の理論と実践から教育の改善にとって今なお有効な要素を導き出すことが，「新教育」研究をとおしてめざされている。

「新教育」に対する批判 その一方で，「新教育」は，これまでさまざまな角度から批判されてきた。批判の焦点は，「新教育」の核心部分，つまり，「子どもから」思想（子ども中心主義）に基づいて子どもを人間形成の主人公と見なしたうえで援助するという考え方そのものに向けられてきた。そのような「新教育」の教育観とそれに基づく教育活動は，一見したところ非の打ち所がないように見えるが，そうではなかった。

「新教育」は，子どもを大切にするという柔らかなイメージとは裏腹に，実際には国際競争が激しい社会情勢を勝ち抜くことができる有益な人材育成の方法を促進したのではないか，つまり，子どもたちが属する国民国家の都合に沿うような教育を促進したのではないか。あるときは，そのようなことが指摘された。また，あるときは，「子どもから」思想に基づくといいながら，結局のところ，個人が全体の戦闘態勢の強化に奉仕することをめざした軍国主義やナチズムの教育体制に対して，「新教育」が批判的な力になりえなかった，ということが批判された。いずれの場合も，自発性や自己活動を行う子どもを人間形成の主人公として尊重しつつ，同時に，子どものコントロール（「子ども」の本性が大人によってあらかじめ定義さ

れ，それに合わせた人間形成のシナリオが作成される）を促してきたのではないか，という疑義が含まれている。

　20世紀後半に展開された教育学のいくらかは，「新教育」時代に蓄えられた教育批判の理論と実践に対する多様な批判として読み直すことができる（第15講参照）。ただし，そのような批判は，「新教育」を負の遺産として葬り去ることを目的として行われるわけではない。むしろ，それは，現代の教育について反省する機会を私たちに与えてくれる。「新教育」が現代における教育や教育改革の土台をなしているとすれば，「新教育」の影響のもとに私たちが当然であると見なしている思考法そのものによって，私たちの教育に対する見方や考え方が制約されたり歪められたりしていないかということが，「新教育」批判を通じて点検できるからだ。

──────────山名　淳◆

第3部
日本の教育思想

第11講 近世日本の教育思想と〈近代〉

ここで江戸時代の教育思想を取り上げる意味は、大きく2つあるだろう。1つは、原理と系譜を異にした欧米近代と出会って、日本は思想的にいかに対応し、その後の歴史をいかにつくったのか。つまり日本は西洋近代を速やかに受容したが、その際、いかに受容が可能であり、またどのような葛藤が経験されたのか、という問題である。その視点は、日本近代教育の抱え込んだ日本独自の特質を見出すだろう。たとえば、欧米型近代学校が浸透する一方で、非近代的に見える国体論が併存したことなどである。2つには、近代と異なる江戸期の教育や思想を見ることで、今に続く近代教育(思想)が、江戸期のもつ教育の豊かさや可能性を捨ててきたことがあぶり出され、とくに「学びの身体性」の視点から、近代教育(学)批判のまなざしを構成することになるだろう。

1 近世日本の教育思想

はじめに

日本は明治維新以後、欧米モデルの近代学校教育を急速に進展させた。それは、日本近代化の強力な推進力となった。日本の教育近代化は他に例を見ないほど速やかで、国民皆教育を半世紀のうちにほぼ実現した。これがなぜ可能であったのか、その問題を解くためにも、日本の前近代(江戸時代)の教育とその思想を考えてみる必要がある。

「近代」は国民国家の形成と不可分に関わっていたから、教育学や教育思想は学校教育構想と連動していた。その点、江戸時代は教

育が学校の枠から自由であった。その分，江戸時代の教育とその思想は，欧米系譜の近代とは異なる概念と方法に基づいていた。それにもかかわらず，教育の急速な近代化が可能となったことが，近代日本教育に独自の特質を与えた。

ここでは主に江戸時代の儒者・貝原益軒（かいばらえきけん）（1630-1714）を素材に，江戸時代の教育思想を探ってみたい。

> **なぜ貝原益軒か**

貝原益軒は，1700年をまたぐ元禄期前後に活動した福岡藩の儒者である。彼は，学問（儒学）の学習書や本草書（漢方医学に必須の薬草などに関する書）・啓蒙的教訓書の類を量産し，とくにその多くを出版した。益軒の出版書は「益軒本」ともいわれるが，益軒本は何度も版を重ねるロングセラーであった。江戸期に本好きが蓄えた「蔵書の家」の蔵書の中に，ほぼ例外なく一連の益軒本が見出される。それほどに益軒本は広く読まれていた。

日本史上，商業出版の出現は17世紀の京都であった。出版書の出現により，書物が庶民に身近な存在となり，情報が書物の形で流通するようになった。儒学は四書五経などの漢籍をテキストとする学であり，もともと庶民には近づきがたい世界だった。しかし益軒は，この儒学を平明な日常語に書き直して，庶民の規範として提示した。いわば「学問の教え」を出版メディアに載せて，識字大衆に届けたということになる。益軒本とは，こうした歴史的意義を担った著作群である。その意味で，益軒本は日本ではじめて「読書して学ぶ」大衆を生み出した。今の私たちにおなじみの，教養書を読む風景の始まりである。

益軒本の1つに『和俗童子訓』（1710）がある。1歳から20歳までの子どもの教育を記した教育書で，やはり版を重ねよく読まれた。本書が多くの読者を得た訳は，内容の独創性にあるのではない。当時誰もが首肯する考え方を，儒学の言葉と権威で意味づけしたから

であった。とすれば，私たちは『和俗童子訓』をテキストにして，江戸時代人の子育てや教育思想の基底を読み取ることができるだろう。益軒を取り上げる理由は，ここにある。

「予めする」教え

『和俗童子訓』には「随年教法」の記述があり，子どもの年齢に応じた教え方を論じている。そこに，子どもの発達段階に応じた教育法を読み取り，益軒に「本邦教育学の祖」の名を冠した教育学者は，明治以来少なくなかった。しかし彼の「随年教法」は，中国古代の『礼記』や朱熹の『小学』に基づくもので，とくに目新しいものではない。「教育学の祖」といった評価は，近代教育学の枠組みに合わせて，江戸思想の文脈を無視して，益軒の言説の断片を切り取ってみただけで，ほとんど意味のない解釈である。

貝原益軒

それより『和俗童子訓』の「予めする」の語に注目したい。幼児が「よく食しよく言う時」（離乳し言葉が始まる頃）より（悪に染まる前に）「予め」教えよ，という意である。この前提には，人の善悪は，生得的なものより生後の環境や教え方に因るとする人間観がある。また，子どもは白紙のごとき心の状態で生まれ，幼児期に周りを自ら「見習い聞き習い」することで心が形成されていく。周りを模倣することによって得られた「心」は，「天性にひとしい」。だから早い段階から「予め」善く教えよ，というのである。

では何を教えよというのか。実は何事かを「教え込む」のではない。益軒は「教えは抑えなり。人の悪を抑えて良きことを知らしむる也」，また「（学ぶの）『ま』は誠也，『なぶ』は習う也，まことをならう也」（『日本釈名』1699）という。つまり「学び」とは，子ども

が手習いの「手本」を真似るように，正しいモデルを子ども自らが真似る行為であり，「教え」とは，子どもの「学び」が適正範囲を逸脱した際，それを「抑える」ことで何が善きことかをわからせる，というのである。「教えない教え」といってもよいだろう。

ここからいかなる教育思想が読み取られるのか。それは「近代教育思想」などではなく，幼児自らの「見習い聞きならう」模倣する能力への注目であり，それが人間形成の決定的要因だとする思想である。知覚や体験の習熟によって身につけた一種の「身体知」への着目といってもよい。ここでは，幼児を取り巻く環境，なかでも親や保育者といった人間の環境こそが，人の善悪を左右するととらえられていることが重要である。

この教育思想は以下の点で示唆的である。第1に，実現すべき善は自らの側に内在するより自らの外部にある。第2に，善へ至る方法は，言葉による教えではなく，模倣と習熟という身体知の体得による。第3に，人の内部（心）は身体知獲得をとおして形成される。これは身心一元的思想であり，これをここでは「身体から心へ」向かう教育思想ととらえたい。第4に，ここには，一定の行動型を生活の中に習慣化させる「しつけ」の，人間形成原理をとらえた思想がある。第5に，教師は教える主体であるよりも，子どもが真似るモデルであるという教師観につながる。

学びの身体性：手習いと素読

益軒の「予めする」というキーワードから，「身体知」に向かう教育思想を読み取ってきたが，それは「学び」自体が身体的な活動に依拠することを意味している。これを「学びの身体性」ととらえておきたい。近世の学びは何らかの形で「学びの身体性」をそなえていた点が重要である。

たとえば手習塾（寺子屋）の「手習い」は，文字を正しく書く学習であるだけではなく，美しく書く能書の能力の修得が求められた。

師匠の書いた「手本」をそのまま模倣し、それを繰り返して「習熟」をめざす。ワザとして習熟する。この過程はまさに身体知の学びにほかならない。そのほか、儒学の素読（後述）や近世社会に広がっていた職人の徒弟教育、芸道の内弟子など、いずれにもワザの習熟、つまり「学びの身体性」が埋め込まれていた。次にみる儒学の学びも実は同様であった。

2 儒学に見る教育思想

儒学の学習：素読について

近世でたんに「学問」といえば儒学のことをさしていた。儒学は、中国古代漢籍の四書五経（経書）を読み、解釈する学問である。経書は聖人孔子の言葉と思想が記された聖なるテキストである。子ども期の経書の「素読」は、儒学に不可避の学習であった。

素読は、経書（『孝経』や四書など）を、意味も解せぬまま声に出して読み、まるごと記憶・暗誦する学習である。それを「テキストの身体化」ととらえておきたい。儒学の学びも、このようにやはり「身体性」に満ちた学びであった。素読によってまるごと身体に取り込んだ経書のフレーズは、自在に取り出し自らの表現に活用できる。聖人の言語を自らの言語として身につけ、その言語によって思考し表現する。それが儒者知識人の知のあり方であった。

近世までの日本の知的資源は中国渡来の漢籍であり、学問的文章は漢文で書くことになっていた。この意味で、漢文は「知的言語」にほかならず、漢文で「読み」「書き」「考える」能力が、近世知識人に不可欠の教養であった。とすれば、子ども期の素読は、知的言語を習得する学習法といってよい。ちなみにこうした日本の漢文は、ヨーロッパ中世におけるラテン語と、おそらく相同的位置にあった

と想定してよいだろう。

> 武士における儒学学習の意味

武士教育は江戸時代も後期に入った18世紀後半に本格化した。この時期は政治と社会の動揺期であったから、幕府も藩も政治改革のときを迎えた。この改革に武士教育が不可避に組み込まれ、藩校の設立が相次いだ。改革政治を担う武士官僚の養成が、藩校という学校教育に求められたからである。

藩校における武士教育は、例外なく儒学中心であった。200を越える近世藩校に、儒学を排した例はついに皆無であった。これは注目されてよい事実である。

儒学は、中国古代の漢文言語を習得し、経書を読む学である。だから、儒学の学習成果自体が、直接何かに役立つ実用性とは無縁であった。実用と対極をなす、限りなく迂遠な儒学が、差し迫った藩政の危機を担う武士教育の、いったい何の役に立つというのだろうか。この逆説をどう解すればよいのか。

たしかに素読で身につけた知識や言葉は、直接に何かに役立つわけではない。しかし修得した経書のフレーズが、実践体験の場に臨んで実感的に理解され、リアリティをもって蘇り、主体の判断力の根拠をもたらす。要するに何らかの判断を下す際、孔子の言やその解釈が大きな意味をおびてくる。儒学とは、この意味において「実践的な知」であった。

さらに儒学的思考は、何事も人の内面の次元で受けとめる。財政破綻といった経済の問題や黒船来航などの外交さえ、人々の内面（心）の次元において問題化する。かかる儒学的思考は、近代人には合理的視点を欠いた「空疎な精神主義」に見えるだろう。しかし現実に幕末変革を担った武士の大半は、聖人の言語を身につけた儒学的教養の中から登場してきた。儒学的思考様式は、強烈な責任意識を覚醒させ、高度な見識をそなえて諸課題に立ち向かう強靭な

「儒教的主体」を立ち上げてきたといってよい。

　問題は、こうした儒教的主体が、空疎な精神主義や主観的独善の陥穽をいかに回避できたのかという点にある。もともと儒学は、「天地自然」の全体的世界観を学問的根拠としていた。朱子学的理気論はその理論体系化にほかならない。「天地自然」の、生命（人も含めた万物）を生み出す「生生（せいせい）」の思想のもとにおいて、人のあり方も、自然秩序とひと貫きになって構成されていた。つまり儒教的実践主体は、「天地自然」という普遍的価値を根拠に立ち現れ、その意味において、主観的独善性を免れていたのである。

3　西洋近代の知との出会い

　　　　　　　　　　　　藩校などでの武士教育は、儒学、なかでも
寛政異学の禁と武士教育　　朱子学に基づくことが多かった。その流れ
　　　　　　　　　　　　は、1790年幕府の「寛政異学の禁」以後、加速していった。異学の禁とは、幕府の学問所（昌平黌（しょうへいこう））に対して、朱子学以外の教授を禁じた「達」のことである。異学の禁は、それ以後も一貫した幕府の教学政策であった。

　異学の禁は、直接には、たしかに武士官僚の育成をめざした学校教育振興策であった。昌平坂学問所が大きく拡充されて幕府直轄の学校となり、施設と制度の整備が格段に進んだ。幕臣に対する定期試験制度（学問吟味、素読吟味）も導入された。この朱子学正学体制は以後、幕府消滅の日まで揺らぐことはなかった。

　ただ異学の禁はもう一方で、朱子学を基軸にした民心教化構想をもち、朱子学的道徳による社会統合政策も強く志向していた。しかしいずれの意味においても、異学の禁を含む寛政期の政教創制（学問所設立と幕臣教育体制の整備）は、教育が政策として自覚され、教

育政策が正面から取り組まれた最初であった。この意味で松平定信による寛政期は、教育史の画期である（辻本 1990）。

西洋近代学術受容の思想的基盤

こうして蓄積された朱子学的教養が、実は西洋近代の学としての「洋学」受容の思想基盤となった。19世紀になると幕府は、蘭学・洋学摂取に積極的態度をとった。1811年に蕃書和解御用という蘭書翻訳局を設けて蘭学者を登用し、それが洋学所となるや（1855年）、蘭学以外の洋学教育も取り込んだ。1863年の開成所（東京大学の系譜的源流）に至って、幕臣子弟の入学を認め（のち陪臣にも拡大）、英語・ドイツ語・フランス語の教授や西洋近代の諸学の教育を推進していった。この間、幕府は民間から多数の洋学者を登用した。こうした政策の結果、幕末時点において、幕府が蓄積してきた洋学（近代西洋学）に関する知的資源（研究と教育の施設、人材、書物や情報など）は、全国いずれの藩もはるかに圧倒するほどに豊かであった。

幕府のこうした洋学摂取は、朱子学体制のもとでなされた。実は幕府洋学者たちの周囲には、古賀侗庵や古賀謹堂などの幕府学問所系朱子学者たちが存在していたのである。たとえば洋学所・蕃書調所の初代頭取は、幕府の昌平坂学問所教授であった朱子学者・古賀謹堂その人であった。謹堂は幕府に再三「洋学建白」を出すほど、洋学摂取に積極的な朱子学者であった（眞壁 2007）。洋学摂取の知的基盤が朱子学的教養にあったことを想定させる事実である。

では朱子学において、思想的には、洋学（西洋近代学術）受容がいかに可能だったのか。端的にいえば、天地自然を包摂した朱子学の世界観・価値観の枠組みのうちに、西洋近代の学が、一定の意味をもって位置づけられた。その場合、洋学には一種の技術学や実用学の意味が与えられた。

理論的には、朱子学は理気論によって構成されていた。あらゆる

生命は「理」を内在して生まれついており、それが、自然と人間の世界に存在する整然とした秩序の根拠として想定されていた。学問とは、世界に内在するこれらの「理」を探求し、世界を認識することである。朱子学の「格物窮理」とは、一事一物の個別の「理」の認識を1つひとつ重ねることで、世界全体の認識に至る方法であった。もとより朱子学における理は、客観世界の「物の理」（物理）と道徳世界の「心の理」（道理）が重なっていた。だから「窮理」によって、世界（自然と人間の世界）の全体は認識可能だとされていた。この点、朱子学は主知主義の立場である。こうした朱子学の思想文脈において、朱子学者には、西洋近代科学は、客観的に実在する「理」を探求する「格物窮理」の方法として、違和感なく理解されたのである。

佐久間象山：近代学術の摂取

上に見た儒学（朱子学）的「普遍主義」の立場から、西洋近代学術を積極的に摂取した幕末儒者の典型に、佐久間象山がいた。

佐久間象山（1811-64）は信州松代藩の真田幸貫に仕えた朱子学者であった。象山が海防と西洋学術に目を向けたきっかけは、藩主が海防掛老中に就任したことと、1842（天保13）年アヘン戦争で清国が敗北したことであった。とくに清国の敗北は、儒者象山には受け入れがたい衝撃的事実であった。儒学の「君子国」（清国）が、「邪教」（キリスト教）のイギリスになぜ負けたのか。この問題に象山はこだわった。そして彼我の差を軍事力、なかでも砲術の優劣に見出した。つまり西洋軍事力の先進性は、すぐれた実用的技術学とそれを生み出した「知力」や学問の先進性に拠るものであると気づいた。要するに、彼我の国力差を学術の差と認識した。国力の根源に学術をおいたのである。ここから象山自身、にわかに蘭語学習を開始し、洋学習得に向かった。蘭書から得た知識によってガラスやぶどう酒をつくり、養豚、薬用にんじん栽培等々の実験を試み、西洋学術の

優秀さに確信を深めていった。なかでも砲術研究とその実用化には熱意をもって取り組んだ。

こうして象山は、西洋学術の本質を「西洋実測の学」や「物理の学」ととらえ、その根本に「詳証術」(数学)の存在を見出した。どこまでも「理」の貫徹する数学こそ、「万学の基本」(学問の根本)と見たのである。要するに数学とそれに基づく西洋科学や技術学が、象山には、朱子学の窮理学そのものに見えたわけである。

佐久間象山

以上象山は、朱子学的な世界観によって、近代科学に西洋近代の本質を見出した。これを裏返していえば、象山には、西洋近代の政治や人間・社会への認識が欠けていた。そこでは、朱子学的世界観自体に転換は生じない。「孔孟の教え」の価値観のもと、西洋の自然科学や実用学の積極的学習が主張されるだけである。いわゆる「東洋道徳、西洋芸術」とは、彼の思想的な構えを表現したテーゼであった。ここでの「道徳」とは、今でいう道徳ではなく、世界観・価値観というのに近く、「芸」(技術)と並列するものではない。儒教的世界観の内部に、西洋科学・技術学が位置する場を用意しただけである。

佐久間象山の思想は、伝統的世界観を変容させることなく、その意味では「主体的に」、近代科学を理解したひとつのあり方であった。欧化主義の1つの先駆的形態と見てもよい。彼の欧化主義が攘夷派を刺戟するところとなり、1864年京都で暗殺された。

横井小楠：キリスト教への理解

象山が近代科学の理解者であったとすれば、熊本藩の儒者横井小楠 (1809–69) は、儒教的普遍主義によって西洋近代の政治体制

やキリスト教文化へ理解を示した。小楠は「尭舜三代の治」(中国古代聖人による理想政治)に政治の理想型を設定し、その理念実現の実践学を「経綸の実学」と称した。具体的には、聖人(君主)が「天工」(天地自然の生生のはたらき)に即した生産と積極交易によって、「民生日用の世話」(民の生活を豊かで平安に)をするイメージで描かれていた。儒学の伝統的な愛民思想と一見異なることはない。ただ小楠は、理想政治の根拠に超越的な「天」の権威を想定し、それが主宰者的な「天帝」観念と接合して、キリスト教を内在的に理解することにつながった。むしろキリスト教に接することで、儒教的「天」観念が超越的な「天帝」観念に変容していったともいえるだろう。

横井小楠

単純化していえば、西洋社会の巨大な産業や交易による民生の豊かさと、それを支える共和制という政治制度に、小楠は瞠目した。さらに西洋近代の豊かな民生と社会の平安を達成した民主共和制の基盤に、キリスト教という思想文化の存在を見出した。西洋近代の政治と思想の全体が、ほかならぬ「尭舜三代」の儒教的理想の実現型と見えたのである。西洋近代には(中国や日本以上に)「仁政」が実現していると小楠は認識した。ここには東アジアに固有の差別的な中華・夷狄の華夷観念(儒教的中華文明を基準に、中華文明圏外を非文明の「夷狄」視する差別意識)は、見られない。儒教的価値観によって西洋近代が読み替えられ、キリスト教や共和政体の積極的導入が主張された。

こうした外に向けた開明性が評価され、小楠は最高齢で新政府に招聘されたが(翌1869年攘夷派により暗殺)、彼の思想的系譜から

「五箇条のご誓文」が起草された。また熊本バンドなど，小楠の門弟グループから明治キリスト教の1つの系譜が生まれていった。小楠の思想は，在来の思想伝統に依拠しながら（その意味でやはり「主体的に」）西洋の社会制度と思想を理解し，日本近代を準備した思想の一典型であった。

明治啓蒙思想

明治初期に，洋学系知識人たちは明六社（めいろくしゃ）を組織し，近代化に向かう日本が直面する諸問題を論じあった。初代社長森有礼（ありのり）のほか，福沢諭吉，西周，加藤弘之，中村正直，西村茂樹，箕作麟祥（みつくりりんしょう）ら，旧幕臣でかつ明治政府に出仕した知識人たちが多かった。また多くは儒学的教養を基盤にしていた（ただし福沢は自覚的に在野の立場を堅持し，儒教に批判的スタンスを貫いた）。現に西村はかつて藩校教官を務めた朱子学者であり，中村正直（1832-91）にいたっては幕末の朱子学の中枢ともいえる幕府昌平坂学問所教授であった。中村は幕末に，イギリスに留学し，近代西洋の思想や学問を摂取した。イギリス繁栄の基礎にキリスト教信仰と自由の精神を認め，ジョン・スチュアート・ミルの『自由之理』（原著1859，翻訳1872）などを翻訳・紹介し，また自らキリスト教に入信した。中村は主にアカデミズムと教育関係職を歴任し，明治の教育と道徳思想に大きな影響を与えた。

福沢諭吉らは，儒学を排撃すべき封建守旧の思想ととらえたが，それも儒学が旧体制と制度的に一体化していたことの反映であった。儒学排撃が，近代啓蒙活動の戦略的言説として選択されたのである。もとより西洋近代の内在的理解が進むにつれ，儒学的世界観から離脱していくのも確かであった。しかしその場合，たとえば自由民権の理論的指導者の植木枝盛や中江兆民にしても，新たに出会った西洋民主主義を受容するにあたり，ひとたびは自前の儒学的教養に立ち戻ってその意味をとらえ直す思想過程が必要であった。その過程を経て，ようやく確信をもって西洋近代の価値を受容できた（宮城

2004)。異質な知や思想を内在的に理解するには，ひとたびは自ら血肉化してきた在来の教養や認識枠組みを透過することを必要としたのである。

以上，江戸儒学と明治啓蒙思想との思想的距離は，意外と近い。思想や学術面の近代化・西洋化の過程において，18世紀末以後の江戸儒学，なかでも朱子学の果たした役割は，大いに再認識されてよい。

4 教育勅語の思想系譜

これまで，西洋近代を受容する思想的基盤が朱子学（儒学）にあり，それが西洋近代の主体的受容を可能にしたことを論じてきた。いわば西洋近代を積極的に受容しようとする開明派や啓蒙思想に至る系譜である。しかしそれは，事実の一面にすぎない。朱子学（儒学）は，他方で，西洋近代を強く排斥もしくは対抗する論理もそなえていたことも忘れてはならない。実はそれが日本近代の教育思想に一定の独自性を付与したからである。要するに天皇制を基軸にした国体主義につながる思想系譜も，また江戸儒学に母胎があった。

国体主義は，教育勅語の形で，近代日本における国民道徳を基礎づける理念となり，教育の現場と思想に巨大な影響を与えた。近代日本の教育はなぜ国体主義を必要としたのか。この問題は，思想史的には，それを生み出した江戸儒学の側から見なければ，その本質はとらえられない。

攘夷の思想：佐藤一斎と大橋訥庵

幕府の昌平坂学問所教授には，先の古賀家三代（精里・侗庵・謹堂）らの正学派朱子学のほかに，佐藤一斎（1772-1859）がいた。一斎は林家塾長を務め，後に学問所教授に就き，武士への影響力は

強烈であった。一斎は、伝統的な耶蘇邪教観（キリスト教排撃）の立場から、西洋諸学排除の立場であった。西洋近代を、実用的技術学としての面よりも、それを生み出す社会や宗教（思想）のあり方の面で理解し、それに強く反撥した。儒学はもともと、「術の学」より人の内面主体のあり方（心法の学）を本質と見る立場であった。その意味では、一斎こそむしろ儒者に正統な立場であったといってよいかもしれない。

佐藤一斎の門下、大橋訥庵（1816-62）の思想は、一斎の思想方向をさらに徹底していったと見られる。訥庵は、耶蘇邪教観に立って西洋近代を全否定し、強烈な攘夷論を唱えた。現に公武合体に反対し、自ら尊皇攘夷の政治運動に暗躍した。

佐藤一斎は、水戸藩の「弘道館記」（藩校弘道館の教育理念提示文書、1838）の起草にも一部関わったように、次項に触れる後期水戸学にも関わりが深かった。一斎の思想は、客観的な理を探求する朱子学の「窮理」学より、自らの心のあり方に関心を集中させる内省的な「持敬」の方法に傾斜していた。つまり自らの心身鍛錬を通じて、「天地」の秩序に連なる主体的な自己の確立をめざす思想の側面を重視していた。一斎の学問は、「儒教的主体」形成に立脚点をおき、幕末の政治運動に立ち上がる志士（おもに下級武士層）たちに強い影響力をもった思想として展開されていた。

後期水戸学の国体論

幕末の近代西洋の外圧は、日本の民族的独立を脅かす未曾有の危機と認識された。とりわけアヘン戦争での儒教国・清国の敗北は、衝撃であった。それ以後、軍事力に優越する西洋列強に、わが国はいかに対抗可能であるのか、責任意識と志のある武士には、それが共通の切実な課題と認識された。幕府守護を自らの使命と自認する水戸藩は、とくにこの問題を自らの問題として引き受け、いわゆる後期水戸学を生み出した。後期水戸学は、尊王攘夷論を理論的に確立した。幕末のほと

んどの尊皇攘夷派の志士たちは、後期水戸学の理論によって思想的に点火され、藩を越えた政治運動に奔走したのである。横井小楠も吉田松陰も、ひとたびは後期水戸学の洗礼を経験していた。

後期水戸学は会沢正志斎（1782-1863）の『新論』（1825）によって理論的に確立された。『新論』の核心は「国体」思想にある。国体論は、西洋列強に対抗して構想された一種の国家論であった。会沢は、西洋脅威の本質を、むきだしの軍事力より、人心を収攬（略奪）してしまう宗教（耶蘇教）に見出し、それに対抗するために民心を統合しうる基軸として「国体」の確立を主張した。「国民」統合をめざす「国家神学」の構想といってもよい。

会沢によれば、わが「国体」は普遍的な（儒教的な意味での）「道」の顕現であり、この国体は、「天祖」（皇祖神・天照大神、一種の太陽神）が神器（鏡・剣・玉の三神器）を「天孫」（ニニギノミコト）に伝えて「建国」の理念を託したことによって、確定した。ここで「道」とは、儒教的な天地自然の「道」のことで、それは五倫五常の人倫（とくに「忠孝道徳」規範）に具体化される。つまり日本は普遍的な「人倫の道」に基づいて建国された。その建国の理念は、「天祖」の「血胤」（天祖天照大神に血統が連続した歴代天皇）が「神器」を擁することによって体現されている。ここで「天祖」との血統の連続が絶対条件となるのは、血統を同じくする者は同一の「気」を稟けており、気を同じくする者は、同一生命である、という儒教的な（一種の存在論的）生命観に基づいているからである。

「天祖の血胤」（歴代天皇）が神器を保持して祭祀を行う。そのことによって、天皇は天祖と一体化（神格化）する。なぜなら天皇祭祀により「天祖」天照大神の霊が、神器（鏡）に降りてきて、天皇に合体するからである。天皇は天祖と一体化することで神格化され、天皇存在が、天祖が建てた国家を体現する。かくて天皇（＝建国神天祖＝国家）は絶対化され、臣民の忠誠対象となる。逆にいえば、

天皇は，政治的主体ではありえず，皇祖神（天照大神）を祭祀の対象とした国家の司祭者の役割を担うことになる。このように天皇存在を基軸にして，「民心」（臣民・国民）を国家に吸引する一種の国家的宗教が構想されていた。

　要するに日本の建国は「天祖」の意思に基づいてなされ，血統で連続する歴代天皇が国家を体現している。その意味で天皇は，国体的価値の体現者である。臣民は天皇（＝国家）に対する（忠孝）道徳の責任を無限に負っている。そしてわが国体は，臣民の忠孝道徳の実践によって維持されてきた。つまり万世一系の天皇統治という「歴史的事実」が，臣民（国民）の国体的道徳実践の結果であるとする論理構成をとる。こうした論理によって，国体論は，臣民に絶えざる忠孝道徳を要求してくることになった。

　以上概略した国体論は，思想的には，日本古代の建国を記した記紀神話を儒教的概念によって解釈することで可能となった。その意味で，儒学の日本的解釈の徹底であるといってもよい。一見，荒唐無稽な国体論も，思想論理的にはきわめて緻密に構成されており，当時の志ある武士層の心をとらえて離さない強い力があった。

　会沢の国体論は，要するに，圧倒的軍事力で迫ってきた西洋近代列強に対抗するために，最大限のエネルギーを民族的・国家的規模で結集させようとする国家構想であった。生産力と軍事力において劣る日本が，幕藩体制を越えて，対外的に国家的主体性を発揮する構想であったといってもよい。危機に臨んで自覚された自国認識であった。その過程で，「日本」という国家が強く自覚され，国家を構成する「臣民」の「正しいあり方」が追求され，それが結果として，近代的な国民国家的構想の近似形を生み出したといえよう。

　「日本」という（近代に向かう）国家が自覚されるとき，その拠り所として，古代天皇国家の創作になる「記紀神話」が呼び戻されたとしても，異とするにあたらない。「記紀神話」に依拠するかぎり，

Column⑱　教育勅語

　教育勅語は1890（明治23）年10月30日に明治天皇から文部大臣に下付され、翌日官報に公示された。公式名称は「教育ニ関スル勅語」である。国民の徳育に関しては、明治10年代に政府部内で論議されていたが、新たな立憲制下での国家的統一に徳育問題は不可欠の課題と認識された。1890年2月の地方官会議の建議を受け、首相山県有朋は文相に芳川顕正を起用して起草に着手。内閣法制局長官井上毅は、文部省依頼による中村正直案を斥け、自ら草案を起草。この井上案に天皇側近の元田永孚が修正を加えて成文化した。政治上の詔勅と区別するために国務大臣の副書を付さず「社会上の君主の著作公告」形式がとられた。

　勅語は全文315字。第1段で天皇の仁政とそれへの臣民の忠誠の「歴史」をふまえた日本独自の「国体」を説き、教育の淵源がここにあると宣言している。後期水戸学の定式化になる国体論がふまえられている。第2段で家族道徳や個人道徳から社会的国家的道徳に及ぶ諸徳目を挙げ、それらが全体として国家的発展に構造づけられ、第3段でその普遍的真理性が強調され、国民道徳としての確定を期す形で結ばれている。

　教育勅語は謄本が全国の学校に公布された。それは別に下賜された「ご真影」（「お写真」ともいわれ、天皇皇后両陛下の肖像写真、ただし実際には肖像画に基づく写真）とともに、防火構造の奉安殿に安置され、学校儀式に際しその厳粛な奉読や敬礼が法的に定められ、神聖化がはかられた。修身や国史の教材にも組み込まれた。内村鑑三事件が示すように、それは不敬を許さぬ天皇の絶対権威を具現するものとして機能し、学校教育だけではなく、天皇制国家体制に国民思想を基礎づける根拠となった。

　敗戦後、民主教育理念をうたう教育基本法の成立と占領軍の意向により、1948年6月、衆議院で排除、参議院で失効確認の決議が行われ、その歴史的役割は終わった。

いかに儒教的な解釈や粉飾がほどこされようとも、天皇が基軸に据えられるのは必然であった。

　日本近代史をとおして、日本が対外的危機を自覚しなかったこと

など，一度もない。いかに政治的社会的制度や産業構造が西洋モデルで近代化されようとも，国家的危機や外圧は，つねに自覚され続けてきた。後期水戸学が創出した国体論が，近代日本においても有効性を失うことなく持続した理由は，おもにここにあった。民心の国家的統合において，天皇を基軸においた国体論に代わりうる論理や思想は，ついに創出できなかったといってよい。近代天皇制は，日本の国民国家形成に欠かせないシステムだったと考えられる。

もとより学校教育は，国民国家における国民統合の最有力の方法であった。学校が国民教育の場になったとき，国民道徳の基礎に国体論が据えられる。教育勅語（教育に関する勅語）はこうした状況において「発明」された。その際，教育勅語は水戸藩の「弘道館記」から発想されたと思われる。「弘道館記」は，藩主徳川斉昭が示した藩校の教育理念であり，大きな石に刻まれて孔子廟や鹿島神社と並んで藩校弘道館内に建碑された（今も現存）。「弘道館記」は当時，館生に愛唱されていた。欧化主義的教育政策の進む中，国民道徳のあり方を問う徳育論議が明治政府の大きな課題のひとつであったが，その過程において，後期水戸学に定式化された国体論とその理念の表現形式が想起されたとしても，不思議ではない。

> おわりに

日本近代教育の特質は，欧米型近代学校の速やかな受容や普及と，国体論に基づく国家主義的教育理念にあった。それは，進んだ近代教育制度と前近代的教育理念の矛盾的併存といったようなことではない。日本の近代教育は，こうした特質をもって展開したのである。幕末に生まれた国体思想は，近代国民国家が不可避に内包した国家主義であり，近代的なナショナリズムのひとつの表現形態にほかならない。遅れて近代化に乗り出した国家の，主体性確保の思想ともいえる。

ここでは，江戸時代の思想系譜に即して，西洋近代との関係を思想史的にとらえてきた。なお近代以前の日本に見られた「学びの身

体性」のゆくえはどうなったのか。近代学校制度の整備によって、それはたしかに表面からは姿を消していった。しかし消失したわけではない。いわば一種の「文化的DNA」として、教師観や教科書観、学校礼法、さらには日本の学校の慣習や学校文化など、「隠れたカリキュラム」や授業方法や学習の方法、あるいは学校を取り巻くさまざまな文化や慣行などの領域に、潜んでいると思われる。これらを子細に見ることによって、日本の教育文化の特質を、さまざまに見出すことができるはずである。

　教育思想は、文字化された言説の中だけにあるのではなく、教育に関わる制度や文化的慣習などにも見出されるものであろう。

——————————辻本雅史◆

第12講 福沢諭吉

日本近代教育思想の一範型

　日本において近代教育は「西洋」からもたらされた。西洋の教育をモデルとし，それにならって新しい教育体制を創出することが急務であった。教育の思想は，この仕事を進めるための指針として機能した。ここで問題となるのが，そうした西洋モデルの内在化である。西洋近代教育システムをどのように内在化したのか，それが日本の教育にどう作用し，そこから何が生まれたか，また，西洋モデルと日本の現実との間に生ずる齟齬をどう自覚し，どう克服しようとしたか。これらは近代以後における日本の教育思想を読み解くための重要な切り口である。この西洋モデルの内在化とそれに伴う諸問題との思想的格闘を演じた典型的人物が福沢諭吉であることはいうまでもない。それゆえ，福沢の教育思想は，日本近代教育の構造と特質を吟味するためのもっとも示唆的な論点を，私たちに提供してくれるのである。

1 福沢諭吉の生涯とその時代

　本講では，「日本の近代教育思想」の1つの範型を福沢諭吉の教育思想に探ろうとする。ただし，思想史研究全般がそうであるように，福沢思想の吟味についても，それがどのような時代背景の中から生まれ，またその時代を福沢という人間がどのような課題を自覚しながら生きたのか，といった歴史的文脈をたえず視野に含めておく必要があることはいうまでもない。まず，福沢の生涯を簡単にたどることで，彼の思想形成の契機となったものが何であったのかを確認しておく。

福沢諭吉は1835年1月10日（天保5年12月12日），豊前中津藩士福沢百助の次男，第5子として大坂の同藩蔵屋敷に生まれる。わずか1歳（満年齢。以下も同じ）のときに父を喪い，少・青年期を郷里の中津で過ごす。就学はやや遅く，12, 3歳にしてはじめて漢学を学ぶが，彼の学才はただちに頭角を現す。だが，下級士族に属する福沢にはその学才を活かす機会が閉ざされていた。当時の身分社会では，武士の間でも家柄によって藩内での地位や序列が固定化されていた（これを門閥制度という）からである。若き福沢はこの門閥制度に束縛される生活の中で，鬱屈した思いを募らせていた。

　1853（嘉永6）年福沢18歳のとき，ペリーが浦賀に来航する。翌年福沢は蘭学を志して長崎に出，その後大坂緒方洪庵の門に学ぶ。兄の死によっていったん帰郷するが，藩に砲術修業を願い出ることで洪庵門下への復学を許される。ペリー来航が福沢の蘭学研究の道を開いたのである。

　1858（安政5）年23歳のとき，藩命により江戸築地鉄砲洲の藩邸内に蘭学塾（1868年に慶應義塾と命名。芝新銭座を経て，1871年三田に移転）を開く。幕府が無勅許のまま日米修好通商条約に調印（蘭，露，英，仏とも順次締結）したのも，いわゆる「安政の大獄」が始まったのもこの年のことである。翌年外国人居留地となった横浜で蘭学の非実用性に気づき英学への転向を決意した福沢は，その後1860（万延元）年，1862（文久2）年，1867（慶応3）年と3度の洋行の機会を得，西洋先進文明の様子を身をもって体験する。この間幕府の外国方翻訳局に召し出されて幕臣となり，外交文書の翻訳を手がける。

　福沢にとって，洋学への取り組みはこの国を文明世界へと導くための唯一の足がかりであり，開国は時勢の必然事であった。それゆえ，彼は幕府であれ薩長であれ攘夷勢力に対して批判的であった。1867年の大政奉還によって成立した新政府も彼の眼には攘夷政府

と映り、信頼を置くことはできなかった。福沢が創設した慶應義塾は、幕末維新の動乱期を通して講義を絶やすことがなかったが、それは洋学に基づく文明の担い手としての彼の自負心の表れといえる。福沢は新政府から出仕を促されたがこれを固辞し、また幕臣退身を願い出て平民となる。新政府・旧幕府双方に対する彼の落莫たる思いを、この行動に読み取ることができる。

だが、福沢の新政府に対する認識も1871（明治4）年の廃藩置県断行によって一変する。門閥制度打破のこの快挙に福沢は、「新政府のこの盛事（せいじ）を見たる上は死するも憾（うらみ）なしと絶叫したるものなり」（『福翁百余話』⑥419）と心を躍らせる。翌年刊行の『学問のすゝめ』初編（1876年の17編まで継続）を皮切りに、『文明論之概略』(1875)、『通俗民権論』『通俗国権論』(1878)、『民情一新』(1879) など、この時期の福沢は活発な著述活動を展開する。これらの著述は、文明開化を標榜する新政府の政策遂行を側面から支援する役割を果たした。文教政策についても、福沢は田中不二麻呂（ふじまろ）や九鬼隆一（くき）ら文部官僚からの相談にしばしば応じていた。そのため「文部卿は三田にあり」と揶揄されるほどであった。1872年の「学制布告書」は新しい学校教育制度の基本理念を述べたものとして知られるが、その学問観は『学問のすゝめ』初編のそれとほぼ同趣旨であった。

1881年、いわゆる「明治14年の政変」が起こり、福沢の身辺にも大きな変化が生じる。この政変により、参議大隈重信の罷免、北海道開拓使官有物払い下げの中止、1890年の国会開設などが決定されるが、大隈免官と共に、矢野文雄、犬養毅、尾崎行雄らの慶應義塾出身官僚が一斉に罷免される。福沢が大隈と通謀して政府の転覆を企てたとの風説が流れたのである。これより前、福沢は大隈、井上馨、伊藤博文から国論指導のための新聞紙発行の依頼を受けその準備に取りかかっていたが、この件も反故になった。これを契機に、福沢は政府から完全に距離を置き、言論をとおして世論を先導

する姿勢を貫くことになる。このとき福沢46歳であった。翌年に創刊された『時事新報』が，福沢の論説の発信拠点となったことは周知のとおりである。

　政変以後のわが国は，内政上は立憲国家体制の確立と経済・産業の振興，外交上は条約改正と対朝鮮政策など，多事多端な問題への対応に追われる。これらの諸問題に対する福沢の基本姿勢は，内政上の安定と外交上の国力整備であった。福沢はもとより国会開設論者であったが，民権論者と政府とが互いを敵視して激突することを戒め，「官民調和」を力説した。彼がしばしば急進的な民権論者を批判し，その一方で薩長政権を好意的に評価したのも，民権の進展が国政の停滞を引き起こすことを危惧する現実的な情勢認識に基づくことであった。

　他方，福沢の心をたえず支配した問題は，対外的な日本の独立であった。とくに2度目の洋行時に体験したアジア各地での西洋列強の圧制は，彼の脳裏に焼きつけられていた。それゆえ日本は西洋列強のアジア進出に対抗する中心勢力とならねばならず，清国や朝鮮の外交にも指導的役割を発揮すべきとの論陣を張った。福沢は朝鮮の開化派官僚金玉均・朴泳孝らを支援したが，彼らの改革への企ては清国軍の介入で挫折する（1884年「甲申政変」）。その翌年に著された「脱亜論」とは，世界の趨勢である独立・文明への道に逆行する清国・朝鮮に対する福沢の憤慨を言葉に表したものであった。こうして福沢は，朝鮮に対する清国の宗主権に危惧を抱き，清国に対する警戒を説き始める。福沢は日清戦争勝利の報に接して，「愉快とも難有いとも云いようがない。命あればこそコンな事を見聞するのだ」（『福翁自伝』⑦259）と感涙にむせぶのであるが，それは，彼にとってこの戦勝は文明開化の推進者によるその抵抗者に対する勝利を意味したからであった。

　福沢は最晩年に「一国全体の大勢は改進進歩の一方で（……）私

は自身の既往(きおう)を顧みれば遺憾なきのみか愉快な事ばかりである」(『福翁自伝』⑦259-60) と，自身の生涯を振り返っている。門閥制度下の鬱屈した前半生を過ごした彼にとって，一国全体の「改進進歩」の具合を見届けることのできた後半生は，大筋で満足できるものだったのであろう。1901（明治34）年2月3日，福沢は脳溢血症の再発により逝去する。66年の生涯であった。

2 福沢諭吉の思想的課題

　福沢の思想活動が本格化するのはその後半生にあたる維新以後のことであるが，彼はその課題を「掃除破壊」と「建置経営」との2方向からなるものと自覚していた（「掃除破壊と建置経営」⑳248）。この自覚は，上記のような「内憂外患」の時代を生きた福沢の，「国民一般を文明開化の門に入れて，この日本国を兵力の強い商売の繁昌する大国にして見たい」(『福翁自伝』⑦248) という念願と結び合わさっていた。つまり福沢はこの国の文明開化をめざして，それを妨げる旧弊を「掃除破壊」し，それを促進する文物を「建置経営」することに，思想家としての生涯を捧げたのである。したがって，福沢の教育思想を吟味するについても，彼が当時の日本社会の何を「破壊」し，当時の社会に何を「建置」しようとしたのか，という視点を設けておく必要があるだろう。

掃除破壊　福沢がこの国の文明化にとって最大の障碍と見なしたものは，国民全般の無気力であった。『学問のすゝめ』四編の中で力説したように，福沢は，一国の文明化とは政府の政治権力だけで推し進められうるものではなく，それを身を以て引き受けようとする気概が国民1人ひとりに共有されることが必須の要件と考えていた。

ところが、維新後もこの国の実情は、福沢にはまったく不本意なものであった。まず政府の側は、国事に関するあらゆる問題を一手に引き受け、学校の整備であれ産業の振興であれ民間人による自主的な活動を歓迎しなかった。一方民間の側も、志を抱いた若者は誰もが役人をめざし、資産を有する商人はその仕事に政府のお墨つきを得ることを求める、といった具合で、結果として民間事業と称してもその大半は政府の関与するものになっていた。社会生活上の諸用件をことごとく政府に依存し、政府の力を頼みとする国民の姿をさして、福沢は「日本には唯政府ありて未だ国民あらず」(『学問のすゝめ』③52)と慨嘆した。

　福沢によれば、国民全般をこのような無気力状態に陥れたものは、何よりも旧来の門閥制度であり、そしてその制度に思想上の基盤を与えたイデオロギーとしての儒教であった。門閥制度は身分の階層序列に基づいて、下流に据え置かれた民衆全般の意識を卑屈にした。儒教は、自然認識において非科学的な陰陽五行説(古代中国の易学に由来する学説)に立ち、社会認識において人倫の上下関係を所与のものとして固定化させることで、福沢のいう「惑溺」(既存の教義や価値観に対する盲目的服従)へと人々を誘った。門閥制度は廃藩置県とともに解体したが、それを支えた儒教的な思考様式は依然として人々の意識内部に勢力を留めていた。「今の開国の時節に、陳く腐れた漢説が後進少年生の脳中に蟠まっては、迚も西洋の文明は国に入ることが出来ない」(『福翁自伝』⑦168)との危惧を抱いた福沢の儒教批判は峻烈を極める。

　儒教は1880年前後より、教育の世界で再興がはかられるようになる。儒教の復活は文明開化の抑圧を意味すると考えた福沢は、当然のごとく、教育方針の儒教主義への転換を厳しく論難する。政府としては激化する民権運動への対抗措置として、儒教の仁義忠孝道徳を教育の場で喧伝したわけであるが、福沢にとって儒教主義の教

育とは,若者たちを封建社会の価値観に盲従させようとするだけのことであった。こうして儒教は,この国の文明化に対する最大の阻害要因として,福沢に意識される。彼の「掃除破壊」のテーマは,まさに儒教が人々の意識に醸成した屈従の習い性と無気力であった。福沢が朝鮮と清国のことをしばしば辛辣なまでに批判したのも,両国が依然として儒教主義の因襲に泥んでいると見なされたからにほかならない。

> 建置経営

一方,福沢が維新以後の社会に「建置経営」しようとしたものは,西洋文明のエッセンスたる「有形において数理学と,無形において独立心」(『福翁自伝』⑦167)とであった。両者は有形・無形において区別されるものの,ともに文明の要件をなすことにおいて不可分の関係に結ばれていた。

まず「数理学」についてである。これは文字どおりに「数学」や「物理学」と狭く解すべきではなく,むしろ,科学一般ないし科学的法則を探究する実験・実証の精神を意味した。福沢が幼少より迷信や空談を好まなかったことは『福翁自伝』(1899)にも見えるが,洋学を志してからは医学・物理学・化学・生理学などを学び,西洋自然科学の精妙さに感嘆した。「数理」に象徴される自然世界の法則性に魅せられた福沢は,やがてウェーランド(1796-1865)の経済書や倫理書,あるいはバックル(1821-62)の文明史書などとの出会いを通して,社会や歴史を規定する法則の探究にも関心を寄せた。自然認識であれ社会認識であれ,それらは一定の科学的根拠の探究に基づいて行われるべきであり,そうした科学的・実証的精神を養うことが文明への道と理解されたのである。

福沢は,維新後の日本に新しい学問を定着させようとして,イロハや算盤などから地理学,物理学,歴史学,経済学,倫理学などに至る諸学に従事する必要を訴え,これらを「実学」と総称した

(『学問のすゝめ』③30)。彼のいう「実学」とは，たんなる実用や実利に留まらず，進んで実験的・実証的精神に根ざした学問を視野に含み入れるものであった。

次に「独立心」である。「一身独立して一国独立する」(同上③43)とは，福沢思想全体の圧縮的表現ともいえるが，この独立心の涵養(「自主独立の教え」)こそ，福沢教育思想の基軸をなす主張であった。その具体的内容は『徳育如何』(1882)に詳しいが，輪郭だけをいえば，①自分自身の独立をはかる(自尊自重し自らの心身を高尚にする。したがって卑屈なことや不品行なことは行わない)，②自身の独立に基づいて，他者に独立を勧める(心身を高尚にした人間同士で社会的秩序を構築する)，③こうして独立した人間たちが互いに手を携え合いながら一国全体の独立をはかる，というような図式をとおして描かれる所論であった。

封建社会では，所与の規範や慣例が厳然と存在し，それに服従するという構図で人々の価値意識が規定されていたが，文明開化の時代では，個々人の独立と自尊自重を出発点に据え，互いの独立を認め合うことを通して社会関係の秩序を保つという構図に価値が求められるべきだというのである。また国家の独立についても，あらかじめ国家の側から一方的にその要件が定められ，人々に下されるのではなく，主体的・自律的に独立した人間によって国家が構成されることが，その最優先の課題と見なされている。

福沢の思想活動とは，まさにこの課題に立ち向かうべく展開されたものであった。しかも福沢はそのために，「人間の事業は独り政府の任にあらず，学者は学者にて私に事を行うべし，町人は町人にて私に事を為すべし」(『学問のすゝめ』③53)と，自ら民間にあって独立した私人の模範たらんと覚悟を決めたのである。もちろん福沢は，一国の独立に対する政府の役割を過小評価したのではない。政府だけがその仕事の担い手となって，国民の側に独立の気概が醸成

されないような事態を深く危惧したのである。それゆえ政府の力と民間の力とが相均衡して,すなわち車の両輪となって,一国の独立の推進力となることをめざしたのである。西周・加藤弘之・中村正直・箕作麟祥らの明六社同人に代表されるように,当時啓蒙思想家と評される人物は福沢以外にも存在したが,彼らと思想的態度を異にした福沢独自の道とは,その生涯をとおして「私立(独立した民間人)の実例」を示すことを貫いた点にあったといえる。

3 福沢教育思想の基本構造

上記のように,福沢の思想的課題が独立心の涵養を基調とするものであったことは,すでにその思想の内部に教育に関する所論が豊富に含まれていることを意味した。本節ではそのことを踏まえながら,福沢の教育思想の基本構造を吟味する。

教育の目的　まず,福沢はそもそもの教育の目的をどう理解していたのか。彼はもっとも端的には「教育の目的は人生を発達して極度に導くに在り」(「教育論」⑳205)と語っている。ここでいわれる「人生」とは「心身の働き」という意味合いを有しているが,こうして福沢は教育の目的を個人の発達の次元で理解するのである。だが,彼の視界にはさらに「天下泰平家内安全を以て人生教育の極度とする」(同上)と,個人の発達と社会全体の平安とが連続的関係において結ばれるとする認識が存在していた。

ただし,福沢の説く「平安」とは,江戸時代のように各人が分相応の境遇を甘受することに由来するものではなく,本来的に人々の心身の働きを高尚にすることによって獲得されうるものであった。それゆえ,封建社会から離陸しようとする当時の社会にあっては,

上記のように個々人の独立心を涵養することで、国家全体の独立と文明化を推し進めることこそ、教育目的の眼目とされるべきであった。個人の発達と社会全体の平安という教育目的の統合が、独立論を前提に組み立てられているのであった。

教育の意義・必要性

では、人々の独立心を涵養するために教育はなぜ必要なのか。福沢によれば、人間とはその本質において教育を必要とする存在であった。なぜなら、人間は生まれながらにして物事を知る存在ではなく、それゆえ人間として成長するためには誰もが必ず教育を受けないわけにはいかないからである。「教育とは人を教え育つると云う義にして、人の子は生まれながら物事を知る者に非ず」(「小学教育の事」④465)や「凡そ人の子たる者は誰れ彼れの差別なく、必ず教育の門に入らざるを得ず」(同上)とは、教育の意義と必要性に関する福沢の認識を凝縮した言葉である。教育を人間にとって必須の営為とするこの認識は、初期の著作『西洋事情』(初編は1866年。なお同書外編は1868年、二編は1870年)から最晩年の『福翁百話』(1897)に至るまで、福沢の著述を通して一貫するものであった。

福沢はまた、教育の必要性を一国の文明という観点からも説いている。福沢の思想活動がこの国の文明化を目的としたことは上述のとおりであるが、その前提となる文明の意味について、彼は「文明とは結局、人の智徳の進歩と云て可なり」(『文明論之概略』④41)と理解していた。それゆえ、一国全体の文明とは根本的には国民1人ひとりの智徳の進歩に支えられるものであるが、その個々人の智徳の進歩を左右するのがまさに教育だからである。教育の必要性が国家発展という関心から説かれることは少なくない。教育を国家経営の一環と理解した初代文部大臣森有礼の所説はその典型である。だが福沢のように、個々人の智徳の進歩を起点に据え、その延長線上に国家の文明のありようを認めようとする思考様式をもった人物は、

日本の近現代史の中で稀有であったといえる。

教育の組織・制度（国民皆学の理念）

上記のような教育の必要性に関する認識は，当然，人々に等しく学校教育の機会を提供すべきことを要請する。福沢が西洋文明の様子を日本に伝えた最初の本格的著述である『西洋事情』初編には，すでにそうした教育の仕組みが「西洋各国の都府は固より村落に至るまでも学校あらざる所なし」（①302）や「人生れて六七歳，男女皆学校に入る」（同上303）という具合に紹介されている。福沢は学校教育制度の整備・拡充を，文明社会への1つの道標と理解していたのである。

国民皆学に関する福沢の認識には，彼が前半生を過ごした封建門閥制度の克服が含意されてもいた。第1節で言及したように，江戸時代では「下級士族は何等の功績あるも何等の才力を抱くも決して上等の席に昇進するを許さず」（『旧藩情』⑦265）と，人々の身分や地位が家柄によって固定化されていた。教育の機会や内容も家柄によって分け隔てられていた。それゆえこの門閥制度を打破するには，人々に等しく学問の機会を提供し，個々人が生来の能力を最大限に発揮できるような教育上の仕組みを構築することが不可欠であった。福沢の有名な「天は人の上に人を造らず，人の下に人を造らずと云えり」（『学問のすゝめ』③29）という文言は，封建門閥社会のしきたりに対するアンチテーゼでもあったのである。

独立の精神と教育（教育の自律性）

国民皆学として行われる教育は，「有形において数理学と，無形において独立心」とをその内容の中核に据えるべきであった。その趣旨については前節にてすでに触れたとおりである。この，独立の精神を基調とする福沢の教育思想は，教育に関する自律性の問題を二重の意味において引き受けようとする。1つは学習者の，もう1つは教育の自律性である。

(1)「発育」の提唱　　上記のように福沢は，学校教育を文明社会のための必須の要件と理解していた。だがその一方で，彼は教育による学習者への過度の干渉を戒めている。人が智徳を身につけるには当然に教育が必要とされるが，福沢は，外側から一方的に教え込むことで学習者を完全な人間に育て上げようとすると，逆にその人の持ち前の能力を抑圧し自発的に何事かに取り組もうとする気質を萎縮させてしまうことになると警告する。つまり，教育が望まれる知識・技能・思想などの操作的な注入作業に陥るならば，学習者には受動的な態度が養われ，その結果独立心の稀薄な人間に育ってしまう，というのである。福沢にとって，学校教育の任務は「直接に事物を教えること」ではなく，「様々な問題に対処する能力を養うこと」に置かれるべきであった。「学校の本旨は所謂教育にあらずして能力の発育にあり」（「文明教育論」⑫220）とは，彼のこの認識を凝縮した言葉である。

　福沢はまた，「習慣の力は教授の力より強大」（「教育の事」④399）や，「人の能力には天賦遺伝の際限あり」（『福翁百話』⑥320）などと，しばしば教育の意義を相対化して，習慣や遺伝をより重視する主張を展開することがある。これらもまた，教育による学習者への過干渉に対する警告と見ることができる。

(2)政治と教育との分離　　「教育による学習者への過度の干渉」とともに，福沢が強い警戒の念を抱いたのは「政府による教育への過度の干渉」であった。上述したように，福沢は，一国の文明化の推進には政府の力と人民の力とのバランスが不可欠と考えていた。両者の力のバランスが損なわれると，片方の車輪の欠けた車のようにスムーズな進行が困難になる，というわけである。しかも両者が車の両輪たりうるのは，人民の側の主体的な文明への取り組みと，政府の側のその文明の保護という役割分担を前提としてのことであった。

教育についていえば，その実際上の運営は人民の力に委ねられ，政府の役割は学校の設立や教員の養成，あるいは教育経費の捻出など，教育上の諸条件整備に限定されるべきであった。ところがこの国の現実は，政府が条件整備から実際的運営に至る教育上のありとあらゆる仕事を一元的に管理するという事態が続いているように，福沢の眼には映っていた。政府の意図が「保護」や「恩恵」にあったにせよ，結果としてそれは，人民には「干渉」や「迷惑」にしかなっていない，というのである（『安寧策』⑫）。福沢の危惧は，政府による教育への介入が，かえって人民の側の主体的・自律的な教育への取り組みを衰弱化させてしまうことに向けられていた。「政事と教育と分離すべし」（⑨308）とは福沢教育思想の中できわめて重要な位置を占める所論なのである。

徳育論

　近代学校教育は西洋モデルの導入によって急速な進展を遂げたが，その一方で国民国家における国民統合のための原理を何に求めるかが問題として浮上していた。「徳育」が教育上の重要事項と認識されたのもこの点に由来する。この問題は1890（明治23）年の「教育勅語」によって一定の決着を見る。帝室の尊厳を重んじつつもこれを政談の対象とすることを否定する福沢は，「教育勅語」に対し明示的な言及を行っていない。

　だが，道徳の体系が天皇から臣民に下されるような勅語方式は，国家による「道徳の標準」づくりに終始批判的姿勢を貫いた福沢の思考様式になじむものではない。たとえば，福沢は，初代文相森有礼が中学校および師範学校用の倫理教科書を編纂して儒教道徳の排除を企てたことに対してさえ，冷ややかな反応を示していた。儒教主義の排除自体は大いに歓迎すべきことであったに違いないが，それ以上に福沢は，政府がその政治的判断に基づいて一定の道徳を若者たちに強制することが，若者たちの独立心を萎縮させてしまうこ

とを恐れたのである（「読倫理教科書」⑫）。あるいはまた，彼の最晩年（1900年）に，文部省内に修身教科書調査委員会が設置されたことに対しても，これは政府が権力をもって人々の道徳心を制御しようとするもので，到底容認できるものではないと声高に論じていた（「修身道徳の主義」⑯）。

　徳育に対する福沢の基本姿勢は，身近な家庭生活上の道徳（私徳）を修め，それを徐々に社会生活上の道徳（公徳）へと推し及ぼすという図式で理解されるものであった。その意味で，彼にとっては夫婦間の道徳こそが人倫の根本であった。『男女交際論』（1886），『日本男子論』（1888）や『女大学評論』（1899）などの著述には，このような福沢の認識が顕著に反映されている。私徳から公徳へという道徳の拡充が社会全体の気風をなし，社会がその模範的実践者で満たされることが，福沢にとっての徳育の眼目なのであった。

4 福沢教育思想からの視線
●むすびにかえて

　以上，福沢教育思想の概要を，彼の生涯・時代と思想的課題を踏まえながら描出した。では，福沢教育思想の特質とは何であるのか。また，その特質は日本近代教育思想史の中でどのような意味を有しているのか。

　繰り返しになるが，福沢が教育の中心的課題に据えたものは，「有形において数理学と，無形において独立心」の普及と涵養であった。これを，理性に基づく科学的探究の精神と人間の主体性・自律性の尊重と換言することが許されるならば，福沢によって価値づけられたものとは，まさに西洋近代教育思想のエッセンスそのものであったといえよう。この意味で，福沢教育思想の基軸をなしたものが，西洋をモデルとする教育認識の枠組みであったことは間違い

Column⑲ 福沢諭吉（左，1835-1901）と森有礼（右，1847-89）

「教育」の視点から論ずれば、「近代」とは国家が国民教育を主導した時代であった。国民教育は、国家の発展に応分の役割を果たしうる人材の養成を優先的課題としたため、国家発展に必要な諸条件——たとえば法制・軍事や経済・産業などの整備・振興——をあらかじめ考え出しておき、その条件に対応する知識・技能を個々の国民に授けることをもって教育の役割と理解した。このいわば「全体」（国家）の側から「個」（個人）を見る視線によって教育の役割を意味づけた代表的人物が初代

ない。

 だが福沢の場合、この思想的枠組みはたんなる外来モデル（たんなる受容ないし模倣の対象）であることを意味しなかった。福沢はその前半生において封建門閥制度下の陋習に辛酸な体験を強いられていた。いかにして日本をそうした旧態依然たる社会状態から離陸せしうるかは、福沢畢生（ひっせい）の課題であった。そのために彼は、全身全霊を賭して西洋近代の学問知と対峙した。それらは福沢の思想内部で消化され、彼の思想関心に応答するように再構成された。その結果、たとえば福沢の独立論や文明論は、既存の知識体系のたんなる解釈学としてではなく、日本社会の将来像を合理的に展望するための理論的枠組みとして機能した。西洋思想の「内在化」の重要な範例が

文部大臣森有礼であった。近代日本において支配的となった教育認識もまた,森と同じ視線を教育に投ずるものであった。

福沢諭吉も森と同様に,日本の独立・富強と文明開化を思想的関心の中核に据えた。そのための指標を西洋の先進的な学問・文物に見出した点も森と同じであった。だがそれにもかかわらず,教育に投じた福沢の視線は森のそれとはまったく対照的であった。すなわち福沢は,国家独立のための必須の要件とはあらかじめ国家の側で準備できるものではなく,むしろ国家が個々に独立した国民によって構成されることこそが肝要だと考え,それゆえ教育の第一義的役割とは個々人の独立支援にあると理解したのである。まさに福沢は,「個」(個人)の側から「全体」(国家)を見る視線をとおして,教育の役割を意味づけたのであった。

このように日本近代教育史上に占める福沢教育思想の位置は,森のそれとの対比を通してもっとも鮮明に定位することができる。だが上記で言及したように,近代日本の教育政策は全体として,福沢の教育視線よりもむしろ森の教育視線を採用した。その背景と理由を探ることは,日本近代教育の構造的特質を明るみに出すことに結びつくはずである。

福沢思想に求められるゆえんがこの点にある。

翻って,歴史的現実の中で展開された日本の近代教育に視線を転ずるならば,少なくともその主要動向はどのような思想的態度で西洋モデルと向き合っていたのか。それを吟味するためのいくつかの論点を,以下に抽出してみる。

第1に,日本近代教育は西洋モデルに基づいて急速な学校教育制度の普及を成し遂げたが,その教育は操作的・他律的な国民形成作用としての意味合いを強めた。ヘルバルト主義教授理論に代表される欧米教育学説の受容と普及も,国民形成という国家的課題との関連において理解する必要がある。福沢が「発育」という表現をとおして訴えた学習者の自律性の問題は,いわゆる大正新教育運動(第

15講参照)を中心とする局所的動向を除いては，教育上の第一義的な課題と認識されることはなかった。

　第2に，近代教育は政治主導による国民形成の営為でもあったため，教育が明確に政治の一環として位置づけられた。政府の施策としての教育が，全国津々浦々に行き渡ることが歓迎された。このような教育の政治化を方向づけたのは初代文相森有礼であったが，その結果，人民の側の主体的・自律的な教育への取り組みは，社会に根をおろすほどの力強い普及を見るには至らなかった。福沢が教育の運営主体と考えた人民の力は，政府の力に解消させられたのである。

　第3に，日本近代教育の理念をなした国体観念は，強烈なナショナリズムを国民の意識の内に植え付けた。もちろん，福沢思想にもある種のナショナリズムが包摂されていることは疑いない。だが福沢のナショナリズムは，個々人が国家の問題を自らの問題として引き受ける気概（その意味での自律性）を不可欠の前提とした。彼の主張は，先験的に与えられた国家的価値を前提とする近代日本の国体論（水戸学によって定式化された）（第11講参照）とは異質なものであった。

　こうして見ると，日本近代教育が西洋モデルに範を求めたのは，いかにして近代的な（効率的に国民を形成するための）学校教育制度を普及させるか，という思想関心に由来することであったと評することができよう。そこに内在化されたものは制度や組織に関する形式的枠組みに留まり，福沢が西洋モデルのエッセンスと認めた科学的探究の精神や自律性の尊重という思想上の枠組みは，大局的には日本近代教育の外部に据え置かれたのである。

　もとより，福沢思想の視線をとおして日本の近代教育を吟味するというのは1つの見方であるにすぎない。近代教育の吟味や評価は，本来，多角的な尺度から行われるべきである。だが，福沢の教育視

線を透過することで，この国の近代教育が西洋モデルの内在化にどう取り組んだのかという問題について，その傾向や特質が鮮やかな輪郭をもって浮上することは確かであろう。

　＊福沢著作からの引用は，すべて慶應義塾編纂『福澤諭吉全集』（全21巻，岩波書店，1958-64年）に拠った。引用にあたって，漢字は現在通行の文字に，かな遣いは現代かな遣いに改めた。なお，出所表記の丸数字は巻数を，丸数字に続く数字は引用頁数を示す。

——————————山本 正身◆

第 4 部

現代の教育思想

第 13 講　デュルケームと教育科学

19 世紀末期から 20 世紀初頭の西欧社会では，企業資本主義の拡大，科学技術の発展を背景に，新しい教育思想が次々と登場した。この時代に登場した教育思想は，現代の教育思想の主要な源流の 1 つである。ここでとりあげるデュルケームの教育思想もその 1 つである。デュルケーム教育思想のもっとも大きな特徴は，実践哲学（道徳哲学），キリスト教と密接に結びついていた旧来の「教育学」にかわり，新たに実証科学としての「教育科学」を提唱したことである。しかし，デュルケームは人間形成の理念を語る「教育学」を否定したのではない。彼は「教育科学」を踏まえつつ「人間性」を基礎にした道徳教育論として「教育学」の再生をはかろうとしたのである。

1 教育と社会化

デュルケームとは

交通事故で「血」が流れていると，多くの人は眼を背けようとする。国際大会で「国旗」が掲げられると，人はいささかなりとも敬意を払う。こうした畏れ・敬いの感情は，「血」や「国旗」の物質的な成分によって生み出されるのではない。そうした感情は，「血」や「国旗」が喚起する象徴的な意味によって生み出されるのである。この象徴的な意味は，一定の集団をなしている人々が創りだし価値づけたものである。いいかえるなら，畏れ・敬いの存立条件は，多くの人が「畏れ・敬うもの」と意味づけているという事実である。

フランスを代表する社会学者のデュルケームは，この象徴的な意

味を「集合的意識」と呼んだ。デュルケームは,社会を「客観的なもの」ととらえることを提唱した人物としてよく知られているが,彼が「社会」とりわけ「社会的存在」と呼んだものは,この「集合的意識」である。

さて,そのデュルケームは,社会学者として有名であるが,教育社会学の創始者としても有名である。デュルケームの提唱した教育社会学は,「教育」と「教育学」をともに「客観的なもの」として把握する試みであり,それは,教育心理学とともに「教育科学」(science de l'éducation) の一部をなしていた。

> 教育は社会化であるという定義

社会学者のデュルケームは,なぜ教育と教育学に注目したのだろうか。端的にいえば,教育・教育学が社会を再構築するうえでもっとも重要な要素だったからである。デュルケームにとって,社会学は,たんなる社会についての客観的分析ではなく,理想的な社会を創りだすための確実な知識であった。しかし,肝心の人間が理想的な社会を創りだそうとしないなら,社会学もその力を発揮することができない。理想的な社会を具現しようとする人間を創りだすこと——デュルケームにとっては,これが教育 (学) の使命であった。

この理想的な社会を創りだす人間を教育によって創りだすという目的のために,まずデュルケームが行ったことは,「教育」を「社会化」概念によって定義することであった。デュルケームは「教育とは未成年者の体系的な社会化である」と言明し,「私たちの中に社会的存在を形成することが教育の目的である」と規定している (デュルケーム 1976:59)。

まず確認するなら,このような定義の仕方は,「教育」を既定の概念と見なすのではなく,「社会化」によって新たに定義されるべき概念と見なすことを意味している。その逆ではない。いいかえるなら,「教育」が容器であり,「社会化」が中身である。現代アメ

Column⑳ デュルケーム (1858-1917)

デュルケームは、ドイツのウェーバー、ジンメルにならぶ、フランスの有名な社会学者であり、教育社会学の提唱者でもある。デュルケームが生まれたのはフランスのロレーヌ地方で、家系は、曾祖父以来3代にわたり、ラビ（ユダヤ教の宗教的指導者）をつとめたような、敬虔なユダヤ系であった。デュルケームは、1879年に大学人の登竜門であるパリのエコール・ノルマル・シューペリウールに入学した。同級生の1人に、後に高名な哲学者となるアンリ・ベルグソンがいた。デュルケームは、同校を卒業後、ドイツ留学をへて、1887年にボルドー大学の社会学教授となり、処女作『社会分業論』(1893)、『社会学的方法の規準』(1895)、そして『自殺論』(1897)を出版し、1898年にフランス初の社会学雑誌『社会学年報』(*L'Année Sociologique*) を創刊した。同誌は、モースなど、デュルケームを信奉する社会学者が集う場となった。1902年に名門ソルボンヌ大学の社会学・教育学教授となり、後に『教育と社会学』(1922)、『道徳教育論』(1925) として出版される一連の講義を行うとともに、『宗教生活の原初形態』(1912) を出版した。1914年に始まった第一次世界大戦で親友や息子のアンドレを喪うなど、心労が重なり、体調を大きくくずした。1917年5月にソルボンヌの講義を中止し、同年11月に59歳で他界した。死後、編集された著作として『社会学と哲学』(1925)、『フランスの教育進化（邦訳「フランス教育思想史」）』(1938) がある。

カの教育社会学に見られる抽象的で客観的な社会化概念とは違い、デュルケームは、「教育」という容器に「社会化」という具体的で理想的な意味を与えようとしたのである。

保守的で権威的？　誤解されがちであるが、デュルケームのいう社会化は、既存の社会規範を権威者をつ

うじて子どもにただ内在化させることではなかった。そう考えてしまうと、デュルケームは保守的で権威的で変革を好まない人に見えるだろう。実際、高名な心理学者のピアジェは、1933年に「社会進化と新しい教育学」という評論で、デュルケームをそういう人と見なし、否定的に評価している。

たしかに1897年にデュルケームは「教育は社会を模倣し、それを縮約的に再現する営みであり、社会を創造する営みではない」と述べている（デュルケーム 1985）。1922年においても「一般に社会はそれぞれに固有な教育システムをもち、そのシステムはある種の不可抗力によって個人に強制されている」と述べている（デュルケーム 1976：51）。しかし、後述するように、デュルケームは教育による社会改革を望んでいた。彼は少しずつでも理想的な社会を実現するために、教育と教育学を刷新しようとしたのである。

2 社会化論

アノミーと道徳

まず、時代背景を確認しよう。デュルケームが生きていた頃のフランスは「第三共和制」（1870年から1940年まで）の時代である。この時代のフランス社会には、ロートシルトのようなユダヤ系の巨大資本家が登場するとともに、そうした経済的成功に刺激されて、多くの人々がなりふりかまわずに利益獲得競争を繰り広げていた。当時の社会は、デュルケームが用いた言葉でいえば「アノミー」（欲望の無規制）状態に陥りかけていた。

人々がアノミーから脱し社会秩序を再建するためには、新しい社会統合の象徴が必要だった。しかし、政界では、カトリック的な世界観をもつ王党派と、合理主義的な世界観をもつ共和派が、政争を

繰り返していた。しかも,どちらの世界観も未来を展望できるものではなかった。神という超越性で人心を糾合していたカトリック的な世界観は時代遅れになりつつあり,合理主義的な世界観も十分な凝集力を発揮できないでいた。社会が私利私欲に翻弄されている中で,統治者たちは具体的な社会秩序回復策を打ち出せないでいた。

そのため,デュルケームは 1902 年に「今日,わが国の伝統的な教育システムは……最悪な事態におちいっている」といわざるをえなかった (デュルケーム 1964, 1：36)。そしてデュルケームは,共和派の合理主義に与しつつも,より求心力のある「道徳」(モラル) を掲げ,その具現化のために,教育システムを早急に再構築しなければならない,と決意した。

道徳的な生のために

デュルケームのいう「道徳」は,長幼の序のような礼儀・徳目ではなかった。その原語「モラル」が英訳書で「グレート・マインド」(大いなる精神) と訳されているように,それは物質・自然に対立する人間の理想的・精神的な営みを意味していた。それは,具体的な他者に対して善をなし「現実を変革し改善することである」。「たんに物質的自然にしたがって生きることではなく,私たち自身の力で真に人間性の特徴であるより崇高で希有な人間の自然本性に到達しようとすることである」(デュルケーム 1981：415, 420)。

したがって,デュルケームが「道徳教育」という言葉で示そうとしたことも,たんなる礼儀・徳目の教育ではなく,現実を刷新する「道徳的な生」を実現する教育であった。デュルケームの眼から見るなら,当時のフランスは,これまで「道徳的な生」を支えていたカトリックの信仰を失い,かわりに「自由・平等・博愛」を説く理性を掲げたが,その理性が,まだ物質的繁栄を求める手段にとどまっていた。親共和派だったデュルケームが求めたものは,理性的でありながら,十分に「道徳的な生」を実現する教育であった。

> 個人は社会的に生きる存在

デュルケームは、この時代の多くの教育論者と同じように、道徳的な生の要を「人格」(personnalité) に置いた。デュルケームは「人格ないし個人の尊厳への畏敬は、どのように時代が変化してもつねに残るだろうし、……この人格ないし個人の尊厳への畏敬こそが、多くの人びとが集合する唯一の核心である」と述べている (デュルケーム 1989 下：264)。

しかし、デュルケームが強調したことは、人格そのものではなく、協同的な生活が人格を道徳的にすることである。分業・連帯といった協同的な生活は知性を豊穣化し活動を多様化するからである。デュルケームは「協同的な生活にくらべるなら、孤独な生活から得られる喜びは、淡泊で生気に乏しい」と述べ、「すべての協同的な生活のなかには、熱く燃えるものがあり、それが個人の心を活気づけ、その意思を強化する」と述べている (デュルケーム 1964, 1：97)。

なるほど、人は、自分を超える何らかの集団の中に身を置くとき、ひとりであれこれ考えているときには気づかないことに気づくことができる。その意味では、集団の中に生きることは道徳的な生につながっている。逆に、孤立した個人として生きることは道徳的な生につながりにくい。多くの場合、人はエゴイズムから抜けだせないからである。

デュルケームにとって、協同的な生活を可能にする内面的な基礎が、互いに助けあう「協同の精神」や、見返りを求めず他者を助ける「愛他指向」(altruisme) であった。協同の精神も愛他指向も「つねに社会的な生の根本的な基礎」であった。たしかに、私たち人間は、互いに支えあうことで、強力に恒久的に結びつき、そうしてはじめて一緒に生活することができる。そして、そのふだんの結びつきが、何か大きなトラブルが起きたときに、誰かのために「完全な自己放棄、無償の自己犠牲」を行う素地となりうる (デュルケ

ーム 1989 上 : 369)。

機能的分化と有機的連帯

「協同的な生活」といってもさまざまであるが、デュルケームは、協同の精神、愛他指向に支えられたそれを「有機的連帯」と呼んだ。デュルケームは、理想的な社会の「連帯」は、因習に支配された閉鎖的な村に見られる「機械的連帯」ではなく、個人が個人でありながら相互に依存している「有機的連帯」であると考えていた。それは、いわば、差異の機能的・心情的な協同である。

デュルケームにとって、有機的連帯は機能的に分化する近代社会の基本的な特徴になるはずであった。近代社会を構成している人々は、たんに交換を一時的に行うだけでなく、それよりも大きな広がりをもつ機能の諸連鎖によって結びついているからである。人々の果たしている機能は、たえず他の人の機能に依存し、それらとともに1つの大きな有機的連帯のシステムをつくりだしているからである（デュルケーム 1989 上 : 368)。

こうしたデュルケームの分業論は、18世紀にアダム・スミスが提唱した分業論と大きく異なっている。アダム・スミスは、社会の機能的分化が進むにつれて、人々はいっそう個人化し、他者と争いあい、希少価値を奪いあうと考えたが、デュルケームは逆に、社会の機能的分化が進むにつれて、人々はいっそう協同化し、他者と助けあい、生産性を高めると考えたのである。

このように確認してきただけでも、デュルケームのいう社会化としての教育が、人を社会の「歯車」にする教育ではなかった、と予想できるだろう。事実、デュルケームにとって、社会の「歯車」になることは「人間性の堕落」を意味していた（デュルケーム 1989 下 : 222)。社会化としての教育は、人に愛他指向、協同の精神を内在させることで、人を協同的・連帯的に自律させる道徳教育であった。しかし、その中身を確認する前に、デュルケームが教育学と教育科

学の関係をどのようにとらえていたのか，その位置関係を確認しよう。

3 教育学と教育科学

教育学と教育科学の関係

デュルケームは，教育と教育学に関する科学としての教育科学をつくろうとした。しかし，それは，教育学を否定し，教育学を教育科学に代えるためではなかった。反対に教育科学によって教育学を支えるためであった（デュルケーム 1976：86）。

デュルケームにとって，教育学は数学や論理学のような科学になりえない学問であった。なぜなら，教育学は，一刻の猶予もないような切迫した社会状況の中で，人間の生活の切実な求めに応じなければならないという応答責任を担っているからである。いいかえるなら，教育学は，人々に対し，人々が不断に変化する環境に真摯に適応するための手段を示さなければならないからである。

では，教育学はたんなる技術なのだろうか。この問いに対しても，デュルケームは「否」と答えている。「教育学は技術ではない」と。なぜなら，教育学は，教育という作用（働きかけ）を指導する理論だからである。そこには，さまざまな因果，そしてさまざまな制度に関する論理的で客観的で実効的な方法が含まれているからである（デュルケーム 1976：84）。

このようにいうと，教育学は，教師が機械的に適用すればいい「教育方法」の体系であると思われるかもしれないが，そうではない。自分の経験だけから，また過去の思想だけから，いくら「○○メソッド」をつくりあげても，それは「勝手なでっちあげ」にすぎないからである。大切なことは，それが論理的・客観的・実効的な

理論であること，真理への意志をともなうことである。

　デュルケームにとって，教育学は，教育実践を教導するために用意された，もっとも論理的に編成された，そしてもっとも客観的な証拠に基づく，実践理論であった。

教育学の役割　こうした実践理論としての教育学の中心的な役割は，「理想を求める声」を聞きながら，教育を刷新する準備を行うことであった。すなわち，教育の形態・方法が時代遅れになり，教育問題が生じるときに，その教育問題の根源を把握し，それを解決することである。時代遅れな教育制度をむりやり存続させることほど無益な営みはない。時代遅れの教育制度が，新しい理想を求めてふつふつとわきあがる声を押さえ込もうとしても，不可能である。デュルケームは，教育学者は，この「理想を求める声」に応えつつ「勇気をもって［教育の省察に］着手し，必要な変更を探求し，それを実行に移すしかない」と述べている（デュルケーム 1976：101）。

　デュルケームは，こうした教育学による教育の教導という役割はこれからますます大きくなる，と考えていた。なぜなら，人類史が先進するにつれて，社会の進化も加速し変化が激しくなるからである。1つの時代は，前の時代から大きくかけ離れ，新しい理想も次々に登場するからであり，それにともない，教育そのものも変化せざるをえなくなるからである。

　デュルケームにとって，教師は，教育学を踏まえつつ，自分の行為を不断に確認しないかぎり，時代の変化に呼応し教育を刷新することができない存在であった。教育者が習慣の軛にとらわれず，機械的・反復的な自動運動に陥らないための唯一の方法は，自分の教育実践を不断に省察することであった。すなわち，自分の実践は何を目的としているのか，自分の実践を構成する方法はどのような合理性をもっているのか，その方法は具体的にどのような結果を生み

だしているのか，とたえず自分をふりかえりながら，批判的に問うことであった。

> 教育科学の役割

こうした教育実践の理論としての教育学に対し，教育科学は，次の3つの問いに厳密に答えるべき科学であった。第1に，教育はどのような特徴を備えているのか，第2に，教育はどのような条件に依存しているのか，第3に，教育はどのような歴史的法則によって進化してきたのか，という問いである (デュルケーム 1976：96)。

デュルケームにとって，教育科学が科学であるために満たさなければならない要件も3つあった。第1に観察に基づく事実を取りあげること，第2に観察に基づく事実を相互に関係づけること，第3に観察に基づく事実を公平無私に取りあげること，である (デュルケーム 1976：94, 99)。いいかえるなら，客観性，論理性，中立性である。

> 社会学的な教育科学が明らかにした事実

デュルケームの構想した教育科学は，心理学的な教育科学 (教育心理学) と社会学的な教育科学 (教育社会学) に分けられるが，デュルケーム自身が実際に論じているのは，主に後者である。その社会学的な教育科学によって明らかになったことは，次の6つにまとめられる (デュルケーム 1976：99, 57-141；デュルケーム 1981)。

第1に，教育は，個々人に押しつけられる一連の規則で構成されたさまざまな営みのシステムであること。教育学は，この教育システムを構成する一連の規則をとりまとめた理論であり，その理論の中心には社会・人間についての「理想」が位置している。

第2に，教育システムが基本的にこうした社会・人間についての理想に導かれるということ。すなわち，社会・人間についての理想が，諸個人を狭い自己利益への関心から救いだし，集団 (社会) の中に位置づけ，道徳的 (精神的) に高めていくこと，加えて集団全

体（社会全体）の同質性をつくりだし，集団（社会）の世代間にわたる存続を可能にすることである。

第3に，教育システムを導く理想は，人が共同体の中で生きるために不可欠な基本的な協同の精神，愛他指向，そして深い信頼関係としての「交わり」(communion)，を必ず含んでいること。すなわち，この協同の精神，愛他指向，交わりを子どもたちに身につけさせることが，社会化すなわち子どもを「社会的存在」に変える営みの主たる目的であることである。

第4に，教育システムの営みは，社会全体の一連の規則によって規定されているが，教育システム固有の規範にも規定されていること。すなわち，教育システムは，全体社会の下に位置づけられる「下位システム」であるが，全体社会に完全に従属しているのではない。教育システムは，上位にある社会を変える力も秘めている。デュルケームは，このような教育システムの様態を社会に対する教育システムの「相対的自律性」と呼んでいる。

第5に，教育システムの社会からの相対的自律性が「英知・精神の復興」(ルネサンス)を可能にすること。一般に「ルネサンス」といえば，16世紀に起きた古代ギリシャ（ローマ）的な英知・精神の復興をめざす一大運動をさすが，デュルケームは，思想・教育の歴史はすべて，この英知・精神の復興をめざす不断の挑戦にほかならないと述べている（デュルケーム 1981：79）。

第6に，教育システムの英知・精神の復興運動は，教育システムそれ自体が生みだすものではなく，社会の新しい集合的意識が生みだすこと。すなわち，社会の風潮からまったく離れて，唯我独尊ふうに教育の理想をかかげても，それは教育全体を刷新するような教育運動にはならない。教育システムは，つねに社会のニーズに応答しなければならない，と。

4 完全性の教育学から協同の教育学へ

> 完全性から協同へ

冒頭で触れたように,デュルケームは,当時のフランス社会のアノミー的な情況をふまえつつ,以上のような社会学的な教育科学の知見に基づき,教育学を再構築しようとした。その集大成が1925年に出版された『道徳教育論』である。

その『道徳教育論』で,デュルケームは,カント,ミル,ヘルバルト,スペンサーなどが展開した19世紀の近代教育学を「完全性」を指向する教育学と位置づけ,退けている。この完全性指向の教育学は,人間は神の被造物であり,神に根源的に準拠し,神の完全性をめざさなければならない,というキリスト教の考え方に基づいて,教育目的は,すべての人間が普遍的な「人間性」(humanité) に到達することである,と主張する教育学であった。

こうした完全性指向の教育学に代わるべき教育学が,有機的連帯を実現する協同の精神(愛他指向)を指向する教育学である。自分を1つの完全な芸術作品として仕上げていく美的な感覚や,自分を組織の歯車に位置づける義務の感覚ではなく,有機的連帯を実現する協同の精神が,機能的に分化し続ける社会に必要な道徳だったからである(デュルケーム 1989 下:262)。

デュルケームは,時代の風潮すなわち集合的意識がこの協同の教育学を後押ししていると考えていた。デュルケームは,今や「私たちは,完全であることではなく,生産することを求めている。むしろ,限定された仕事をもち,それに献身し奉仕し,自分の細道をたどる有能な人に,完全性を見いだしている」と述べている。人間の完全化は今や,全体社会の中の自分の役割を知ることであり,自分

の役割を果たすことである，と（デュルケーム 1989 上：86）。

> 道徳性の3要素

デュルケームにとって，こうした協同の精神，有機的連帯を実現する道徳の本質は，「規律の感覚」「集団への愛着」「自律の意志」という3つの道徳的な内面性ないし心情性（「道徳性」）であった（Durkheim 1964, 1：66-164）。

第1の規律の感覚は，軍隊の規律のような厳しい規律を身につけている状態のように思えるが，そうではない。規律の感覚は，社会規範の遵守による自己制御の確立である。それは，いいかえるなら，場面に応じた言葉の使い方を覚えたり，表情のつくり方を覚えたりすることで，社会常識に従って生活し，その社会的な生活の中で，わがままや自分勝手を禁じる意味を見出し，自分を自分でコントロールするセンスをもつことである。

ただし，この規律の感覚という概念は，デュルケームの独創ではなかった。それは，ルソー，カント，ミルなどの完全性の教育学が推奨してきた自律性の形成にほかならなかった。

第2の集団への愛着は，愛国心のような，顔の見えない全体への愛のように思えるが，そうではない。それは，具体的な人間が抱いている「社会的理想に対する愛着」である。彼は「集団への愛着は，人間としての私の他の人間に対する愛着である。その人間が私たちの社会が示すべき人間性の理念をよく体現しているなら，私たちは，その人間に対してより緊密な連帯の感覚をいだく」と述べている（デュルケーム 1964, 1：117）。

いいかえるなら，集団への愛着とは，理想的社会の像をつうじて他者と連帯することであり，理想的社会の像は，自分と他者を機能的にも心情的にも結びつけるメディアであった。

第3の自律の意志は，社会の「究極的価値」（究極的理想）に理性的に信服する意志をもつことである。デュルケームにとって，若者

が学ぶべきことは，自分自身の規準に根ざした善悪の判断であり，その判断の効果であり，教師が若者に教えるべきことは，そうした善悪の判断ができる「知性」（理性）である。デュルケームにとって，自律的な精神は，善悪の判断ができる知性が形成され，社会の道徳的秩序が身体化されているとき，そして新しい道徳的秩序を創出しなければならないと感じるときに，唯一生まれるものであった。

ただし，社会の究極的価値は，すでに用意されている既製品ではなかった。それは，若者がこれから創りだしていくものであった。そして教師に求められるものは，若者の価値創出活動を支援することであった。デュルケームは「教育者は，……若い世代に自分たちが模索しているあらたな理想を示し，この理想に向けて彼（女）らを導かなければならない。過去を維持することだけが大切なのではない。教育者は，みずからすすんで，さらなる未来を準備しなければならない」と述べている（デュルケーム 1964, 1：45）。

> 何のための教師の権威か

具体的な道徳教育の方法についても，デュルケームは論じている。とりわけデュルケームが強調していることは，教師はその権威をつうじて子どもたちに現実の厳しさを教えなければならない，ということである。しかし，教師がそうするのは，子どもたちが大人になって，今ある過酷な社会現実と同じものをつくりだすためではなかった。現在の社会現実に抵抗し，社会をよりよいものへと再構築するためであった。デュルケームは「教師は……正しい野心を子どもたちの胸の内に喚起することで，彼ら自身の手で福音書にあらたな数行を書き加えさせるべきである」と述べている（デュルケーム 1964, 1：46）。

デュルケームはまた，教師はクラスを1つにまとめなければならない，と述べているが，同じ理由からである。これも，教師が自分の授業を円滑に行うためではなく，社会をよりよくするためである。

教師がクラスをより生き生きとした集団に変えるとき、学校は社会により開かれたもの、社会へ参入するために準備する場所になるだけでなく、協同の精神、愛他指向のような、社会に溢れる圧政や専制に対抗する力を生みだす場所になるからである。

教育の権力から子どもの自由を守る

デュルケームはまた、教師は権力者になりやすいと警告している。デュルケームにとって、教師は「無力の存在」であるどころか、「権力の濫用」におちいりやすい存在であった。なぜなら、教師は、子どもを思うままに操れる2つの道具をもっているからである。その1つは「習慣の支配力」である。これは、教師が子どもに規則正しい生活をさせることで、子どもを意図的に定型化することができることである。もう1つは「子どもの被暗示性」である。これは、子どもが催眠術にかけられた人のように大人の命令に従いやすいという特徴を利用できることである。

デュルケームは、教師や両親はとかく過度に権力を濫用しがちであるといい、「教育の絶対権力から子どもの自由を守るためには、万全の配慮が必要である」と述べている。たとえば、単独担任制のような1人の教師に子どもを委ねることは、「子どもが唯一の模範を受動的に再現するようになる」という。必要なことは、教師のもつ欠点が相互に補われ、恣意的権力が抑制される複数担任制である。同じ理由で、デュルケームは、家庭の中だけで子どもを育てることも、否定している（デュルケーム 1964, 2：23f., 25f.）。

人間存在の尊厳

デュルケームの教育学の背後には、人間を価値づけるための2つの規準を見出すことができる。1つは「能力」（mérite）の規準である。これは、機能的分化社会を生きるうえで不可欠なものであり、各人を、その働きとその業績に応じて処遇し、同じ働き、同じ業績の人を同じように処遇し、異なる働き、業績の人を異なるように処遇することである。

もう1つは「慈愛」(charité) の規準である。これは，人間が人間に応答するときに必要なものであり，人間を，その能力にかかわらず，人格として平等に処遇することである (Durkheim 1950：258)。

デュルケームにとって，能力という規準は，慈愛という規準を凌駕するものではなかった。人間を人間として尊重する慈愛は，能力の多寡，大小から自由であり，良心に発する「最高の正義」だったからである。デュルケームは「私たちのすべては『人間性』(人類)の一部を成しているし，すべての個人の良心は神的なものを含み，それが個々の人格 (character) に刻まれている。そして，この神的なものが良心を聖なるものと位置づけ，不可侵なものにしている」と述べている (Durkheim 1987：272)。

こうした言葉からも推測されるように，デュルケームの掲げる個人の道徳性は，社会的存在としての諸規範に由来するものであるが，その思想の根底には，キリスト教的な精神を見出すことができる。事実，デュルケームは，完全性指向の教育学を否定しながらも，社会・人間の道徳的な進化を求め続けていた。デュルケームにとって，キリスト教の根本理念は無限に理想を求め続けるという生のスタンスであった。したがって，理想に向かって更新されることがない義務も規範も無用な遺物であった。デュルケームは「キリスト教的な生の理想は，義務のための義務を廃絶することである。すなわち，規範であるから守られているような規範を廃絶することである」と述べている (デュルケーム 1981：419)。

5 デュルケームのメリオリズム

協同的な個人主義　　デュルケームが教育に求めたものは，近代社会における宗教的機能であった。いか

えるなら，象徴を媒介とした社会統合機能であった。前近代社会においては，神という象徴が社会を統合する機能を果たしていた。しかし，近代社会においては，宗教にそのような力を期待することはできない。しかし，何らかの象徴性の発揮する求心性がなければ，社会は無秩序化し混乱と暴力に塗れてしまう。デュルケームが提唱した道徳的社会化としての教育は，このアノミー状態を回避し，社会秩序を確保するための象徴的な統治装置であった。

デュルケームにとって，社会学者の使命は社会改革を促進することであり，その改革は，協同の精神，有機的連帯を実現するものでなければならなかった。その社会改革の促進という機能を具体的に果たすために，教育者は教育科学の知見に学ぶべきだった。しばしば誤解されてきたが，デュルケームは，協同や連帯を強調することで個人主義を否定したのではない。彼は，たしかにスペンサーのような功利的な個人主義を否定したが，かわりに社会的な個人主義を提唱したのである。社会的な個人主義は，自由な市場関係を規制する社会主義ではなく，個人を道徳的に社会化することで，社会全体の相互依存をはかる協同的な個人主義であった。

同じように，デュルケームにとって，国家は，絶対的な君主や官僚的な役人が支配する権威主義国家ではあってはならず，道徳的な理想を明確化し強化する国家でなければならなかった。いいかえるなら，国家は，その統治方法においても，その統治目的においても，協同的な個人主義を積極的に擁護し実現する機関でなければならなかった。国家の機能は，個人を国家に従わせることではなく，個人の自己実現を支援することであった。

メリオリズムの謎

デュルケームの思想は，キリスト教に由来する無窮のメリオリズム（果敢によりよいものを指向する態度，第14講参照）に導かれている。デュルケームは，完全性の教育学を否定しながら，「完全な成果が期待できないから

こそ，さらに大きな闘志がわいてくる」と述べ，「進歩のための課題がいくつも残されているとわかるときにこそ，私たちは意気消沈するどころか，無限の前進への意欲をかきたてる」と述べている（デュルケーム 1964, 1：47）。

デュルケームにとって，無限の前進への意欲は，成功が見込まれるから，かきたてられるのではなく，前進が困難だからこそ，かきたてられる。この果敢な姿勢は，神に対する絶対的な信仰に似た，理想に対する絶対的な信念によって支えられている。

何がこの理想に対する絶対的な信念を生みだすのだろうか。デュルケームは，そのメカニズムについて何も語っていない。デュルケームの教育思想は，完全性の教育学を否定し，協同の教育学を提唱しつつも，あたかも完全性をめざすキリスト者のように，無限に道徳的な前進を指向するメリオリズムに貫かれていた。しかし，そのメリオリズムを生成するメカニズムは，謎のままである。

　＊引用は，訳書を参照しつつも，原文からの私訳である。

——————田中 智志◆

第14講 デューイと新教育

　アメリカ合衆国の教育思想は，19世紀末期から20世紀初期にかけて大きな変化の時代を迎えた。19世紀後半のアメリカにおいては，資本主義，市場経済の拡大を背景に個人中心，競争指向の能力形成論が広がっていたが，この時期に，こうした教育論と大きく異なる「進歩主義」と呼ばれる教育思想が登場した。この進歩主義教育思想は，大きく分けるなら，教育組織の集権化・効率化をめざす言説，子どもの自然本性を重視し子どもの自発性を教育の原理とする言説，教育による社会的再構築をめざす言説の3つに分けられる。ここでとりあげるデューイは，多くの教育学者，教育実践家とともに社会的再構築をめざした進歩主義教育思想家である。

1 子ども中心主義者？

デューイとは

　「ジョン・デューイ」という名前は，先進諸国の教育学において，必ず言及される名前である。1859年にアメリカのヴァーモント州バーリントンに生まれたデューイは，シカゴ大学，コロンビア大学などで教育学の教授をつとめるとともに，教育学・哲学に関する多くの著作を発表した。デューイを一躍有名にしたものは，1896年に妻（アリス・チャップマン）と一緒にシカゴ大学附属小学校（いわゆる「デューイスクール」「実験学校」）をつくり，「進歩主義教育」（progressive education）と呼ばれる斬新な教育を実践したことである。

しかし、デューイの名前とともに語られる進歩主義教育は、厳しい批判にもさらされてきた。たとえば、アメリカの第34代大統領アイゼンハワーは、1959年に雑誌『ライフ』に次のように書いている。「教育者、保護者、子どもたちは、私たちの教育システムの欠陥にずっと悩まされてきた。彼らは、これまでの教育形態から解放されるよう誘導されるべきである。彼らは、気づかないうちに、ジョン・デューイの教えに追従してしまったのだ」と。

アイゼンハワー大統領にとって「デューイの教え」とは「子ども中心主義の教育」であった。それは、教育とは、子どもの中にある「自然本性」を十全に発現させることであり、積極的に子どもを指導したり訓練することではない、という考え方である。

新教育と子ども中心主義

デューイは「新教育」の提唱者であり、新教育とは「子ども中心主義」である、という見方は、デューイが生きていた時代から現代に至るまで、延々と引き継がれている。日本でも、デューイの名前は、大正デモクラシー期の「自由教育」論や、1950年代の「民主教育」論において「児童中心教育」が喧伝されるときに、しばしばその首唱者として言及された。

しかし、アメリカで「新教育」が喧伝される時期は、1870年代後半から1890年代前半であり、それは、デューイが活躍する時期よりも少しばかり前である。そして、デューイ自身は、自分の教育思想を「新教育」の中に積極的に位置づけていない。

さらに、後述するように、デューイは「新教育」の代名詞である「子ども中心主義」の立場をとっていなかった。デューイは、子どもの自然本性を目的化し、教育者の役割を否定したのではなく、教育者と子どもとの「相互活動」(トランザクション)、カリキュラムと子どもとの「相互作用」(トランザクション)を強調していた。とりわけ、教育者を社会的価値を体現する存在と位置づけ、社会的価値の中核に互いに相手を思いやり、啓発しあい、

Column㉑ デューイ（1859–1952）

デューイは，20世紀のアメリカを代表する哲学者であり，また教育学者である。その哲学思想は「プラグマティズム」と呼ばれ，その教育思想は「進歩主義教育思想」と呼ばれている。デューイの父親は食料品屋を営み，母親は熱心な会衆派のエヴァンジェリカリスト（キリスト教的博愛主義者）だった。デューイは，地元のヴァーモント大学を卒業した後，ジョンズ・ホプキンス大学で博士号を取得した。1896年に妻と一緒にシカゴ大学附属小学校として「実験学校」をつくり，その経験をまとめた『学校と社会』（1899）で広く世に知られることになった。1904年にコロンビア大学哲学部・教育学部の教授となり，キルパトリック，カウンツなど，多くの研究仲間を得た。1928年以降，「学校システム全体を再形成すること」をめざした「進歩主義教育協会」（その前身は1919年に設立）に参画した。1929年にコロンビア大学を退職。著書として，『子どもとカリキュラム』（1902），『人間性と行為』（1921），『経験と自然』（1925），『新旧の個人主義』（1929），『経験としてのアート』（1934），『デモクラシーと教育（邦訳「民主主義と教育」）』（1916），『哲学の再構築（邦訳「哲学の改造」）』（1920），『公共性とその問題』（1927），『論理――探求の理論』（1938），『経験と教育』（1938）などがある。1952年に93歳で他界した。

支援しあう相互活動を見ていた。

　デューイの教育思想を語るうえでもっとも重要なキーワードを2つあげるとすれば，それは，個人の「成長」，社会の「デモクラシー」である。デューイにとって，この2つの概念は，けっして切り離すことのできないものであった。

2 成長としての教育

教育方法ではなく成長を問う

現代の日本で教育論といえば、効果的な教育方法についての議論と考える人が多いのではないだろうか。「子どもをどのように教えれば、よく学習するようになるのか」「子どもをどのようにしつければ、自分から勉強するようになるのか」——こうした方法への問いが、一般の教育論にはよく見られる。

しかし、デューイが最初に掲げた問いは、「子どもをどのように教育するか」ではなく、「子どもの成長とは何か」であった。『民主主義と教育』(1916)で述べているように、デューイはもっぱら子どもの成長の条件やその意味について考えてきた。子どもがどのように成長するのか、子どもの成長のし方がわからなければ、子どもへの教え方もわからない、と考えたからである。デューイの問いは、当然の問いであるが、知識・技能をそのまま教えたら、子どもは学ぶ、成長すると思いこんでいると、なかなか出てこない問いである。

成長としての教育

そのデューイにとって、「成長」という言葉が意味するところは、既存の社会に職業人として参入するための準備を整えることではなかった。デューイにとって、成長とは「たえまなく未来に進んでいく過程」であった。デューイは「ある時代の若者たちは、後続の時代の社会の構成者であるから、後続の社会の本質は、先行する時代において子どもたちに与えられた諸活動の方向によって規定される。こうした、後続の結果を方向づける行動の累積的動態が『成長』と呼ばれる」と述べている (Dewey 1996, MW. 9：61, 46)。すなわち、成長は、事前に定められた目的に到達する営みではなく、事後的によりよい到達点が

確認される営みである。

デューイにとって,こうした意味の成長は,強く激しい「活動性」を本態とする生命の営みそのものであった。活動性は,生命が自分の生命の存続をはかるために行う営みである。デューイは,その意味で,命あるものは成長し,成長するものは活動する,と考えていた。ただし,他の動物の活動性と違い,人間の活動性は2つの特徴をもっていると考えた。1つは「依存性」(dependence),もう1つは「可塑性」(plasticity) である。

依存性は,赤ちゃんのように,単独で生きられない状態をさす言葉であるが,デューイにとって,その状態は,子どもの泣き声が人を惹きつけるように,他者からの共感的な支援を引きだす「社会的な力」を秘めていた。つまり,子どもの依存性は,たんに力の弱さを意味するというよりもむしろ弱さの力を意味し,その弱さの力は,他者・自然との相互活動,協同的な生につながる,人間存在の基本的様態であった。

もう1つの可塑性は,生命が自己の固有性を維持しながら周囲に自分を適応させることである。それは,型にはめられる粘土のようなたんなる受容性ではなく,経験から今後の諸困難に対処する力を創りだし,自分で自分の固有性を発達させる能動性である。いいかえるなら,自ら「学びの習慣」を獲得するという意味で「学ぶことを学ぶこと」である (Dewey 1996, MW. 9 : 48, 49, 50)。

こうした人の成長は,それがまさに依存性をともなっているように,他者の支援を必要とするものである。デューイが基本的に「教育」と見なした営みは,この他者の成長への支援である。すなわち,教育とは,未熟から成熟へという子どもの命の営みによりそい,それを支える営みであり,教育の目的は,個々人が自分の教育を続けられるように個々人を支援することである。その意味で,デューイは「成長は生命に特徴的であるから,教育は成長することとまった

く同一である。[成長が成長そのものを超える目的をもたないように] 教育は教育そのものを超える目的をもたない」と述べたのである (Dewey 1996, MW. 9：58)。

子ども中心主義への批判
このような成長概念と教育概念を踏まえて、1899年に、デューイは『学校と社会』という本の中で「子どもが学校の中心であり、そのまわりにもろもろの営みが組織される」と述べている。この言葉は、どう見ても「子ども中心主義」の表明に見えるだろう。

しかし、デューイのいう「子どもが学校の中心」という考え方と、いわゆる「子ども中心主義」とは、大いに異なっている。「子ども中心主義」は、その主導者であるホールの主張に見られるように、子どもの中にある「自然本性」を絶対的な善と見なし、この自然本性の表出を促す働きかけだけを行えば、子どもはよりよく発達する、という考え方である。これに対し、デューイのいう「子どもが学校の中心」という考え方は、教師の教えるという行為ではなく、教師の教えるという行為と子どもの学ぶという行為の関わりあい、相互作用を重視する、という考え方である。いいかえるなら、学ぶ行為は教える行為に依存し、教える行為も学ぶ行為に依存している、という関係論的な考え方である。

事実、デューイは、子どもたちにいかなる教育目的も教育プランも示すべきではないという子ども中心主義は「本当に愚かしい」と述べている。子ども中心主義は、子どもの自律的思考の存立条件をとらえそこねている、と。どんなにたくさんの経験をしても、その経験から何らかの指針が導きだされなければ、子どもたちの経験は、間違いなく短絡的で散発的なものに終わり、理知的なものにならないからである (Dewey 1996, LW. 2：59)。

デューイにとって、子どもの「自然本性」を教育の核にすえて、子どもが進むべき方向を示さないことは、結局のところ、子どもの

個人性（自律性）を損ない，子どものエゴイズムを増長させることであった。個人性（自律性）は理知的なものに支えられているからである。もしも，教師の子どもへの示唆が表面的なものであり，深みに欠けるものであるなら，子どもは，自分の自由を拡充することができないのである（Dewey 1996, LW. 2 : 59-60）。

デューイにとって，子ども中心主義が見過ごしたものは，子どもの成長にカリキュラムが不可欠であることであった。いいかえるなら，子どもの成長そのものが，社会的・歴史的な蓄積された理知的なものを養分としている，という事実であった。この理知的なものは，本来的に協同的（デモクラティック）であるが，それを確認する前に，子どもとカリキュラムの関係を確かめよう。

3 子どもとカリキュラム

子どもとカリキュラムをつなぐもの

デューイにとって，子どもとカリキュラム，いいかえるなら，子どもの心理的要素とカリキュラムの社会的要素は，相互に関与しあうという関係にあった。そうであるにもかかわらず，子どもとカリキュラムを独立したものと考えるところに，「旧教育」「新教育」に共通する誤りがあった。18世紀末から続いてきた「旧教育」は，カリキュラムを，子どもとは無関係に外在するものと見なしてきたからであり，19世紀末に登場した「新教育」（子ども中心主義）は，子どもの興味関心を，カリキュラムから無関係に外在するものと見なしていたからである。

デューイは，カリキュラムと子どもは「経験」という営みによって結ばれている，と考えていた。デューイにとって，カリキュラムは，教科書の内容そのものではなく，いろいろな経験の中で，それ

ぞれの子どもの中でつちかわれる知識である。子どもは、孤立した個人ではなく、いろいろな経験を通じて物事に関わり、自己変容する存在である。いいかえるなら、カリキュラムは、子どもを社会に導く経験的知識であり、子どもは、カリキュラムを心に組み込もうとする知的経験者である。

デューイが子どもを社会に導くもっともよい経験として提唱したものが、「専心活動」(occupation) である。"occupation" という言葉は、これまで「仕事」と訳されてきたが、「専心活動」と訳されるべきである。なぜなら、この言葉は、職業人の勤しむ職務・稼業を意味しているのではなく、たとえば、木工、園芸、料理、裁縫のような、子どもが生きることに結びつき、他の子どもと協同することを含み込み、さらに一心不乱に取り組める創作活動を意味しているからである (Dewey 1996, MW. 1：92)。

デューイにとって、専心活動は、経験的な知識に満ちた状況をつくりだし、子どもの理知的な経験、協同的な経験を飛躍的に増やす大切な契機であった。

子どもと教師の相互活動

したがって、デューイにとって、教師の役割は2つあった。1つは、子どもたちがそれぞれに専心活動を行えるように、各自にもっとも適切な学びの環境を整えることである。もう1つは、教師自身が、子どもたちの学びの環境、自分の働きかけが個々の子どもたちにふさわしいかどうか、たえず自己反省することである。

子どもたちの学びの環境を整えることは、子どもたちが行動し、思考し、感覚する環境を制御することである。これは、近年の状況認知論（認知的徒弟制論）が論じていることに等しい。徒弟が、現場経験を重ねるうちに自然に知識・技能を会得するように、子どもは、言葉で伝えられない暗黙の知識・技能を、一定の環境の中で活動しているうちに自然と学びとる。その知識・技能には文脈把握の習慣、

事象区別の習慣が含まれている。

　教師が自己反省することは，子どもを教えることが教師自らが学ぶことになるように，自分を振り返ることである。教師が知識・技能をきちんと子どもに伝えようとすれば，教師は，その知識・技能の外に立って，その知識・技能を批判的に振り返り対象化しなければならない。そうすることは，自分をその知識・技能から自由にすること，よりよいものにすることにつながるからである。自己反省は，教師の言葉を「成長」させるうえで欠かせない営みである。

　つまり，デューイにとっての教育実践は，教師の一方的な伝達行為ではなく，子どもと教師の相互活動であった。旧来の教育方法は，知識・経験のある教師が，知識・経験のない子どもに，まるで水を注ぐように，一方的に上意下達的に知識・技能を伝えることであった。しかし，デューイにとっての教育実践は，教師が，子どもに知識・経験を与えるための反省的で間接的な働きかけであった。教師も子どもも，ほぼ同一の地平に位置していたのである。

子どもと子どもの相互活動（学びあい）

　また，デューイにとって，子どもの学びは，他の子どもとの学びあいでもあった。学びは，子どもがひとりで知識・経験を暗記することではない。たとえていえば，ひとりで自分の口座にせっせとお金を貯めるような行為ではない。学びは，子どもが，他の子どもとともに専心活動を行いながら，自分の活動を他の子どもの活動と結びつけ，自分の思考・行動をより高めることである。学びは，孤立した営みではなく協同する営みである。

　学びが協同活動であるという考え方は，知識・経験はモノではないという考え方につながっている。デューイにとって知識・経験は，誰でも，いつでも，どこでも使えるような道具ではない。知識・経験は，教師・文献の言葉や論理に助けられながらも，子どもたちがそれぞれに具体的な経験の中で自ら行為・事象を意味づけることに

よって生じるものであり，その営みは，他者との学びによって加速されるものである。デューイにとって，知識・経験は，基本的に子どもたちの協同的で主体的な構築物だったのである。

> **教育実践における対立と権威**

　　この成長支援としての教育は，さまざまな対立をはらんでいる。たとえば，規範の強要と個人性の尊厳の対立，規律と自由の対立，教科書の客観的な言葉と生き生きとした経験の対立，動機づけを欠いたままのドリル学習と真摯に生きるための学びの対立，未来への準備と現在への応答の対立，普遍規範と臨機応変の対立などである (Dewey 1996, LW. 13：7)。

　デューイは，こうした動態・自由・応答と静態・規律・定式の対立そのものを問題にするのではなく，こうした対立をむやみに激化させるものを問題にしている。デューイにとって，こうした対立をむやみに激化させるものの1つが，教師の権威主義であった。それは，何らかの伝統で自分を装い，「私」ではなく，「私」をとおして偉大な王様がしゃべっているかのようにふるまうこと，威厳の横領であった (Dewey 1996, LW. 2：58)。

　デューイが権威主義を忌避した理由は，1つに，それが教育実践を妨害するものであったからであるが，それだけにとどまらなかった。その理由はまた，権威主義がデューイの理想とするデモクラシーに背反するものでもあったからである。

4　デモクラシー社会の構築

> **科学への信頼**

　　デューイが，子どもの成長における個人と社会の統合，相互活動の大切さを強調したことは，デューイが「デモクラシー社会」を標榜していたことと密

接に結びついていた。

　デューイの目に映った当時のアメリカ社会は，巨大資本家の政治支配や，賃金労働者への不当な搾取に満ちていた。市場経済が広がり，共同体が衰退するなか，人々は自己利益を追い求めて他者をけ落とす競争に追い込まれていた。貧しい人はますます貧しくなり，富める人はますます富んでいった。デューイにとって，教育はこうした深刻な社会問題を解決する主要な手段であり，学校は社会変革の主体であった。「不当な特権や不当な搾取を永続させることではなく，それらを矯正する過程に参加することこそ，進歩主義教育の目的」であった（デューイ 1975 上：193）。

　デューイがこうした社会問題の解決方法を「科学」に求めたことは，よく知られているだろう。たとえば，デューイは，シカゴ大学附属小学校の教育実践において，科学的思考を重視している。デューイはそこで，仮説を立て，それを実験し，実証された仮説だけを理論として活用するべきだ，と考えていた。科学的思考は，人々が現実の曖昧模糊とした世界から離脱し，より適切な問題解決を行ううえで不可欠なものだった。1938年の『経験と教育』において，デューイは「科学的方法は唯一真正な方法であり，私たちが生きているこの世界で，私たちが日常経験の意味をとらえるために必要不可欠なもの」であり，「私たちの経験が前方へ，また外部へと導かれるために必要な諸条件である」と述べている（Dewey 1996, LW. 13：59）。

　教育学も例外ではなかった。19世紀の教育学はプロテスタント神学や道徳哲学と結びついていたが，デューイは，教育学を，心理学や物理学と同じように，実験科学に変えようとした。デューイにとって，学校は教職実習の場ではなく，実証科学的な教育学の実験室だった。学校は，教育学理論の当否が検証される場所であり，確実な教育学理論によって教育実践が刷新される場所であった。

教師の役割は，科学的専門家として，子どもたちが理知的な市民になるうえで必要な知識・方法を子どもたちに提示し，迷信・占術・易学・呪術のような前科学的な文化的桎梏を払底することであった。デューイにとって，子どもたちの思考が実証科学的であることは，彼（女）らの，不断の自己更新としての成長を可能にする，基本的な様態であった。

> デモクラシーとは何か

　しかし，デューイは科学的解決という社会改革の方法を語りながら，具体的な理想社会のヴィジョンを語らなかった，と批判されてきた。なるほど，デューイが標榜したデモクラシーを普通選挙のような政治的な意思決定の方法であると考えるなら，そうした批判は誤りではない。この場合，具体的な理想社会を決定するのは世論であり，デモクラシーはたんなる手段だからである。

　しかし，デューイが標榜したデモクラシーは，たんなる政治的な意思決定の方法ではない。デモクラシーこそが，彼の求めた理想社会のヴィジョンである。彼にとって「デモクラシー」は，相互依存的・相互扶助的な協同体(コミュニティ)を形容する言葉であった。デューイは「デモクラシーは統治形態の1つの形態を超えたものである。それは基本的に協同的な生 (associated living) の一形態である」と述べている (Dewey 1996, MW. 9：93)。協同的な生とは，個々人の成長が極大化され，複数の異質な集団が自由な交流を愉しむ生である。

　デューイにとって，デモクラシーの目的は，「道徳的平等」の実現であった。道徳的平等は，みんなが同一の道徳規範を平等に身につけている状態ではなく，1人ひとりの代替不可能性がみんなに承認されている状態である。デューイは「道徳的平等は［人びとの］通約不可能性すなわち人びとが同一の数量的規準で測れないことである」と述べている (Dewey 1996, MW. 13：299)。デューイにとって，すべての個人は，どのような身体的・認知的な差異があろうと

も,「一つの固有な潜勢力(ポテンシャル)」であり,教育の目的は,すべての固有な潜勢力を充分に発揮させること,つまりその成長の支援である。

こうした協同的な生としてのデモクラシーを生みだすために必要なことは,人々が相互の利益を認識しそれに配慮すること,そして時代遅れの位階的な社会習慣をより機能的なものへ変革することである。すなわち,自分の行動を他者の行動に結びつけ,他者の行動によって自分の行動を修正することであり,また新しい機能指向の社会に対応するために,既存の位階的な諸制度を果敢に変更することである (Dewey 1996, MW. 9:92)。

小さな協同体としての学校

デューイは,こうしたデモクラシーの中で育つことが,子どもの中に道徳的理想(よりよい状態)を求める姿勢を生みだすことになる,と考えていた。その意味で,デモクラシーは,道徳的理想の「マトリックス」(母胎) である,と。道徳的理想を生みだす想像力は,他者を気遣い,他者に気遣われるデモクラシーによってつちかわれるからである (Dewey 1996, LW. 9:56)。

学校は,このデモクラシーを教える場所であるが,たんに言葉,意味,制度としてのそれを教える場所ではなかった。デューイにとっては,学校そのものが「小さな協同体」すなわち「小さなデモクラシー空間」でなければならなかった。子どもたちは,小さな協同体としての学校でこそ具体的に助けあうこと,実際に他者の心情に応答すること,共感することを経験できるからである。デューイにとって,小さな協同体としての学校こそが,既存の社会をデモクラティックな協同体に変える礎だったのである。

未完のデモクラシー

もっとも,デューイにとって,デモクラシーは,容易に「完全性」に到達するものではなかった。「完全性」という言葉は,ルソー,カント以降の近代教育学が教育目的を語るときに用いた言葉であり,イエス・キリス

トのような絶対的な道徳的完全性を意味していた。デューイは、デモクラシーをつねに進行形の状態、たえざる自己更新の状態におくことで、こうした完全性指向の近代教育学から離れようとした。デューイにとっては、たえずよりデモクラティック的な社会を構築しようと努力すること自体が、デモクラシーの本態であった。

デューイは、1920年に、教育の目的を「完全性」から、不断の再構築過程としての「完全化」に置き換えている。この不断の再構築を実践する態度が、デューイの「プラグマティズム」である。「[プラグマティズムのもとでは]固定された成果や結果ではなく、成長・改良・進歩の過程が重要になる。……目的は、もはや到達すべき終点や限界ではない。目的は、現在の情況を変えていく活動的な過程である。究極のゴールとしての完全性ではなく、完全化し、成熟化し、再善化する不断の過程が生きる目的である。……成長そのものが唯一の道徳的目的である」と（Dewey 1996, MW. 12：181）。付言するなら、デューイの中には、成長は必ず道徳的・倫理的な成長であるという確信があった。

メリオリズム　しかし、このような完全化論は、絶対善を前提にする「オプティミズム」ではない。それは、不断にかつ果敢によりよい状態を希求する「メリオリズム」(meliorism)である。メリオリズムは、ラテン語で「よりよい」を意味するmeliorを語幹とする言葉で、直訳すれば、「よりよさ指向」であるが、デューイにとって、それは、自分の置かれている情況がどんなに悪くても、けっしてあきらめず、つねに事態はよりよくなると信じることであった。よりよくなると信じることが、実際によりよい現実を創りだすからである。

こうしたメリオリズムに対し、オプティミズムは、すでに絶対的な善が存在していると考えるために、その絶対的な善にすがりつき、具体的に人々を脅かしている悪に対する積極的な闘いを妨げてしま

う。その意味でデューイは,「オプティミズムは,人びとを相対と変化の世界から誘い出し,絶対と永遠の静寂へと招き入れる」という (Dewey 1996, MW. 12 : 182)。

キリスト教の精神 こうしたデューイの教育論を支えていたものは,メリオリズムに象徴されるように,人生・世界を不断かつ果敢に再構築するという生のスタンスである。この生のスタンスは,先ほど触れたキリスト教の完全性思想に由来するものである。たしかにデューイは,完全性を固定的な理念ととらえることに反対したが,それはキリスト教的な完全性思想を否定することではなかった。むしろ,デューイにとって,本来のキリスト教的な完全性思想は,不断にかつ果敢に自己更新するダイナミズムそのものであった。

事実,デューイにとって,キリスト教の教える「神意」は,彼の教育思想の大前提であった。デューイは,1897年に書いた『私の教育的信条』において,「私は,すべての教師は自分の仕事に尊厳を見いださなければならない,と信じているし,完全な社会的秩序を維持し,正義の社会的成長を保証するための,特別な社会的奉仕者でなければならない,と信じている。私は,こうした意味で,教師はいつも真の神の予言者であり,真の神の王国の先導者である,と信じている」と述べている (Dewey 1996, EW. 5 : 95)。

5 メリオリズムとしてのプラグマティズム

進歩主義的であること 現代なら,教育学の課題は,子どもの学力を向上させる方法の開発である,といわれるかもしれないが,少なくともデューイにとっては,教育学の課題は,既存の社会の利害関係・因習旧弊から離脱し,よりよい世界を

構想し構築することであった。それは，具体的にいえば，個々の子どもの心理的要素と社会全体の社会的要素を調和させることであり，子どもがよりよい自己を実現するとともに，よりよい社会を実現することだった。そして，その中心に位置するものが，協同的な生としてのデモクラシーであった。

デューイは，広い意味では，「新教育」の思想家と位置づけられるだろうが，厳密にいうなら，「進歩主義教育」の思想家である。進歩主義教育思想は，子どもの自然本性を自己目的化する子ども中心主義ではない。進歩主義教育思想は，自由と協同の統合されたデモクラシー社会を，そのミニチュアである学校社会をつうじて実現しようと，不断に努力し続けるメリオリズムである。そこに計算高い諦めやシニシズムを見出すことはできない。

プラグマティズムか

デューイの教育思想は，しばしば「プラグマティズム」と形容されてきた。しかし，もしもデュルケームがいうように，プラグマティズムが「理念を掲げる思想ではなく，根本的に実証を求める思想である」というのなら，いいかえるなら，それが生活上の実用性だけを求める思想であるというなら，デューイはプラグマティストではない。デュルケームは，デューイの思想になぜか「世界を変えようとする……情熱」を見出さなかったが（Durkheim 1955：74），デューイのめざしたものは，教育変革であり社会変革であった。

デューイは，不完全にとどまることを承知で，よりよい教育像・社会像を構想することに果敢に挑戦し続けた。それは，あらかじめ完全性を設定し用意周到にそれを実現する試みよりも「敬虔な試み」であったといえるだろう。なぜなら，人間が考えうる完全性は，本来，神の属性である完全性に及ぶはずもないからであり，その人間が考えうる完全性を疑わないということは，自分を神と同等に位置づけるという瀆神(とくしん)行為であるとともに，人間自身の可能性，未来

に現れる可能性を看過することだからである。

　なるほど，時代が大きく変化する中，デューイの教育構想も部分的にはすでに時代遅れになっているかもしれない。しかし，その構想全体を頽廃に貶めるものは，成果のないものを無意味なものとして看過し廃棄する成果主義である。その構想から希望を汲みとるものは，怯まず弛まず挑戦を続けるメリオリズムである。少なくとも，協同性を自律性の台座とするデューイの構想そのものは，現代のアメリカ教育界においても，日本の教育界においても引き継がれ，大きな成果をあげている。たとえば，アメリカの教育実践家マイヤー，日本の教育学者佐藤学などの展開している「協同的な学び」論，「学びの共同体」論などである。

────────────田中 智志◆

第15講　新教育以後の教育思想

　私たちが思い描く「本来こうあってほしい」教育の姿を強く規定しているのは、第10講と第14講でもテーマになった新教育の教育思想である。日本の場合を中心にしながら、新教育が教育についてのどのような考え方を生み出したのかを確認し(**1**)、それがどのように現在の私たちの考え方とつながっているのかを見ておきたい(**2**)。

　新教育の教育思想は、さまざまな教育論を支える共通の土俵の役割を果たしてきた。しかし、とくに1970年代以降、この土俵をはみ出すような教育論が登場してきた。それは、新教育もその一端に位置づけられるより大きな歴史的変化、上にも触れた近代以後の変化そのものに、疑問符をつきつけるような、近代批判の教育論である。イリイチとアリエスに即してそうした近代批判の教育論を紹介しよう(**3**)。

　私たちの教育思想は、こうした教育における〈近代〉の批判と擁護の両方を含んで成り立っている。最後に**4**では、この両側面を視野に収められるような　地 点（ビューポイント）を探る。そのような地点の近くに立っていると思える現代の3人の思想家、フーコー、ルーマン、ハーバーマスの見方を紹介しよう。彼らの見方を借りながら、現在の私たち自身の教育思想の輪郭を描いてみたい。ただしこれは、自分が立っている土俵を外側から見て描くという、厳密に考えれば不可能な試みである。この最終講全体が1つの試論であることを念頭に置いて読んでほしい。

　私たちは、古代ギリシャから出発し、さまざまな教育思想を訪ね歩きながらようやく20世紀までたどり着いた。しめくくりとなる本講では、現在の私たち自身の教育思想について考えてみたい。

> 教育の現在

現在では，教育関連の記事が新聞に載らない日がないほどに，教育は公共的な議論の1つの焦点になっている。公的な学校制度は幼稚園から大学に至るまで整備され，塾や予備校が栄え，各種の職業はもちろん，さまざまな趣味のためにも学校が用意されている。教育用のソフトウェアやコンテンツの開発は今や一大産業である。これらを指導監督する官僚機構ももちろん欠かせない，といった具合に，教育の領域には膨大な労力と資金がつぎ込まれている。歴史的に見れば，これは近代に始まった教育の意識化・制度化という変化（本書第2部参照）の1つの帰結である。私たちはこの変化をともかくも受け入れてきた。

> 教育に対する期待と批判

しかし，家計にとって教育費支出の負担は小さくない。十分な支出ができる家庭とそうでない家庭とで，子どもの教育にも差が出てくる。教育は，もともと存在する社会的不平等を固定し拡大する役割を果たしているのかもしれない。学校を窮屈に感じる子どもは増え続けているし，若者は昔に比べて勉強しなくなったといわれる。労力と負担に見合った成果を教育はあげているのか，という疑惑や批判が当然出てくるのである。こうした批判の背後には，「教育は本来こうあってほしい」という，教育について私たちが抱いている期待や理想があるだろう。期待が大きい分，失望は大きく批判も厳しくなる。ここには教育に対する「愛憎相半ばする」とでもいえそうな関係がある。

私たち自身の教育思想を明らかにするためには，この「愛憎相半ばする」関係を解きほぐしていく必要がある。以下ではまず，教育について私たちが抱いている期待や理想（「愛憎」の「愛」の側面）について考えてみる。教育についての期待や理想など人それぞれだ，といわれれば，たしかにそのとおりである。しかし，本書の「はじめに」の章でも述べたように，個々人の間の違いを越えて教育につ

第15講 新教育以後の教育思想

いてのある種の考え方が共有されている可能性がある。そうした考え方の共通の土俵をつくっているのは新教育の教育思想である。

1 日本の新教育

新教育は、全員就学の学校制度の現実に対する、批判と改革の運動であった。このことは日本においてもあてはまる。

維新後の明治政府は、最先端の学校制度を欧米から学んでそれを日本に移植しようとした。子を就学させることを親の義務とした1872年の「学制」がその出発点であり、これはちょうど欧米諸国で義務教育が実現した時期と重なる。もっとも、日本においても、全員就学の宣言とその実現の間にはかなりのずれが生じた。就学率が50％を越えるのはようやく1890年代に入ってからである。しかしその後は急速に上昇し、1910年代、つまり明治末から大正初年には90％にまで達した（この水準に達する時期を1920-30年代、つまり大正末から昭和初年とする研究もある）。

大正新教育　全員就学の学校制度の実現と相前後して、日本においても新教育のさまざまな試みが現れる（大正期にもっとも華々しく展開されたために「大正新教育」などとも呼ばれる）。さまざまな新学校の創設は顕著な事例である。なかでも、元文部官僚で京都帝国大学総長も歴任した沢柳政太郎（さわやなぎまさたろう）が1917年に創設した成城小学校は、「個性尊重」を目標に掲げ、子どもの実態についての科学的研究に基づいた教育を追求した。子どもの成長に合わせることを根拠に、「自然科」を1年次から課し、逆に当時の最重要科目であった「修身」は4年次から始めるなど、独自のカリキュラムを導入した。

各地の師範学校附属の小学校でも、デューイをはじめとする海外

の新教育思想に学びながら，教師たちが新しい教育方法を模索していった。千葉師範附属小学校（手塚岸衛）の「自由教育」，明石女子師範附属小学校（及川平治）の「分団式動的教育法」，奈良女子師範附属小学校（木下竹次）の「学習法」「合科学習」が有名である。手本の模写ではなく自由な絵画表現を促す「自由画教育」（山本鼎），決まり文句の練習ではなく子ども自身の経験を綴らせる「随意選題綴方」（芦田恵之助）など，教科内容の革新も提唱・実践された。

子どもの研究と統制

以上のような多様な試みに共通しているのは，子どもの個性的で自発的な活動を教育の中に取り込むという，新教育一般に通じる考え方である。この考え方は，一方で，成城小学校に典型的に見られたように，もとになる子どもの実態を科学的に解明するという方向に向かう。新教育は，子どもの素質，能力，発達，等々を科学的に研究し知ろうとする発達心理学や教育測定運動と結びついていた。他方で上の考え方は，めざす目標に向けて子どもの活動を合理的に——活動を抑圧するのではなくうまく利用する形で——統制するという方向にも向かう。子どもの事実を知ることはその大前提となる。この両方，つまり子どもを対象とする科学的研究と子どもの活動の目的合理的統制とは，密接に結びついて新教育のさまざまな試みを支えていた。

級友を見舞う

このような新教育の考え方がどのような教育実践を生むのか，その一例を，及川平治による修身科の授業（小学校3年生）に見てみよう。戦前の修身といえば，国定教科書の徳目を復唱させるような授業を思い浮かべるかもしれない。しかし，及川の授業はそれとはかけ離れたものだ。

及川は，級友の病気という子どもたちにとって切実な問題を取り上げる。自分が病気をしたときのことをクラスの子どもたちに尋ね，欠席している級友・小川陽一の病状を紹介する。子どもたちは同情し，「小川を見舞う」「見舞いの品を贈る」といった声が出る。そこ

で及川は見舞品として図画帖をつくることを提案する。子どもたちは大喜びで各自絵を描いた。及川はこの絵をどうすべきかと子どもたちに尋ねる。当番を決めて見舞いに行き手渡す，という意見にまとまり，見舞いの段取りが決められる。翌日，当番から見舞いの様子が報告され，子どもたちは絵だけでなく作文なども書いて贈ることにする。数日後，小川の病気は全快した。母親が小川を伴って学級を訪れ，謝意を述べる。「彼小川もまた学友に対して感謝の一語をもらせり。言，簡なれども肺腑よりいづ」（及川 1915：348）。

先駆的な実践

このような実践は，現在行われたとしてもほとんど違和感はなく（子どものプライバシーの問題で多少の困難を伴うかもしれないが），むしろ優れた実践と受けとめられるだろう。「総合的学習の時間」を地で行く実践として評価されるかもしれない。子どもたちは，級友の病気という現実的な問題に直面し，その問題に対処するために，意味あるさまざまな活動を教科横断的に展開しているのである。もちろん，これは特権的な学校における先端的な実践であり，「総合的学習の時間」が標準的なカリキュラムとして導入されている現在とは状況が違う。しかし，当時先端的であった試みが現在の標準となっている，という連続性は確認できるだろう。新教育のさまざまな先端的な試みが教育についての考え方の土俵をつくり，その土俵の上に私たちも乗っている，と見ることができる。

新教育という地平

この土俵は，その上に立っている私たちにとって，地平線の向こうまで続く安定した大地のように感じられる。私たちは，子どもの活動を無理やり抑えつけるような教育をよい教育とは感じないだろうし，子どもの活動を教師がうまく統制して導いてくれることを望んでいるだろう。また，そのためには子どもをよく知ることが不可欠だと考えているだろう（昨今，教師に「カウンセリング・マインド」が求められるのも，た

ぶんここに理由がある)。新教育がつくりだした土俵は，教育に対する現在の私たちの期待を支える地平，「本来こうあってほしい」教育の地平をつくっているように思われる。

2 「戦前」から「戦後」へ

全体主義化・軍国主義化の中で

歴史的に見れば，もちろん新教育はすんなり現在につながるわけではない。その間には戦争と敗戦という大変動がある。昭和期に入り，全体主義・軍国主義の傾向が強くなるとともに，新教育の試みに対する締めつけは厳しさを増した。ただし，同時代の政治的動向と新教育との関係を単純に対立関係と見ることはできない。子どもの活動を重視する新教育は，命令に従うだけの「臣民」ではなく，積極的に国家を支える国民の形成をめざしていたといえる。日本の軍事的・経済的膨張を支えるエリートの育成，というモチーフが，新教育の中にはたしかにある。子どもの自発的な活動の重視は，国家目標への奉仕と，時には矛盾を抱えつつ共存していた。全体主義化・軍国主義化の中で，新教育はこの両側面の関係をつきつめて考える必要に迫られた。

その1つの帰結は，活動の重視を教育の方法として純化し国家目標に従属させるという方向である。1941年発行の国民学校用国定教科書には，新教育的な活動重視が方法原理として盛り込まれた。新教育は，どのような内容にも対応可能な方法原理でありうることを実証したといえる。もう1つの帰結として，子どもの活動への関心をさらに深化・拡大し，国家目標との緊張関係を維持するという方向がある。実際，特権的な学校から底辺へと新教育的な実践が浸透するにつれて，子どものリアルな生活に注目するという新しい傾

向が新教育の中に現れてくる。

| 生活綴方と生活教育 | 子どもの生活への関心は、上の及川の実践にも見られるように、新教育一般の特徴と

いうこともできる。しかし、昭和期に入ると、より具体的な子どもの生活――たとえば、学校では劣等児と見なされた子どもが農作業では大人なみの有能さを発揮する、といった事実――が教師たちの視野に入ってくる。小学校の教師も多く寄稿した雑誌『綴方生活』(1929-37)、『生活学校』(1935-38) などを舞台に、戦後の教育にも大きな影響を与える「生活綴方」や「生活教育」の構想が生み出されていった。

なかでも生活綴方は、作文を学校教育全体の基盤に据えるというユニークな構想である。他の教科と違って、当時「綴方」という教科には国定教科書がなかった。こうした間隙をも利用しながら、子どもたちに自らの生活の実態を作文という形で言語化させ、生活に根ざした現実認識に結びつけようというのが生活綴方の構想である。書くことによる学習というこの構想のルーツには、江戸時代の寺子屋において開発された「手習い」という学習法（第11講参照）があるといわれる。こうした生活綴方の実践に対して、生活教育の側からは、綴方を特別視することに対する批判がなされた（『生活教育論争』）。綴方のみならず教科課程の全体に子どもの生活を組み込もうとするのが生活教育の立場であった。

| 戦後新教育 | 敗戦後、それまで教育を支配してきた教育勅語は失効を宣言され、日本国憲法と教育

基本法に基づく戦後の教育体制が発足する。義務教育の考え方も、それまでの納税・兵役とならぶ臣民の義務から、子どもの学習権に応える親の義務へと、大きく変化した。しかし、このような制度的大変動によって、あの新教育の地平に代わる別の土俵がつくられたわけではない。むしろ、全体主義・軍国主義の束縛が解けたことに

よって，また，天皇が君主から象徴へと退いて国民主権が宣言され，日本にも文字どおりの国民国家が成立したことによって，新教育はそれが根づく本来の土壌を獲得したといえる。

実際，とくに日本がアメリカをはじめとする連合国の統治下にあった占領期（1945-52年）には，デューイ経由の新教育を文部省自身が積極的に推進し，各地で独自の新教育的な試みが展開された（「戦後新教育」と呼ばれる）。その中核を担ったのが，新たに導入された教科「社会科」であった。生活教育や生活綴方も，デューイ経由の新教育に対するオールタナティヴとして戦後の教育に根づいていく。生活綴方の実践から生まれた文集『山びこ学校』（1951）は，ベストセラーとなって大きな社会的影響を与えた。

規準としての新教育　このように，敗戦後，新教育はそれまでの反対派的な立場から教育の主流・本流へと躍り出た。もっとも，新教育が学校現場を席巻したといえるのは敗戦直後に限られる。学力低下などを理由とした新教育批判はすでに占領期から出ていたし，その後，1950年代後半には，文部省の学習指導要領も新教育的な活動重視から教科内容重視へと舵を切る。しかし，「受験教育」が批判され「詰め込み主義」が批判されるとき，批判を支える論拠として呼び出されるのはきまって新教育的な考え方であった。1990年代に学校の知識偏重や画一主義が批判され「ゆとり教育」が提唱されたときも，その具体策として出てきたものは，「生活科」にせよ「総合的学習の時間」にせよ，新教育にルーツをもつ構想だったのである（「生活科」は，すでに1930年代，生活綴方に関わった教師たちが提唱している）。

Column㉒　教育基本法

　1947年に制定された教育基本法は2006年に改定された。現在「教育基本法」といえば改定後の法律を意味する。しかし，この新・教育基本法には，教育思想史的に見て革新的と評価できる部分はほとんどない。以下では旧・教育基本法について述べることにする。

　1945年の無条件降伏によって大日本帝国憲法を基軸とした戦前の国家体制は瓦解し，新しい国家体制の構築が日本国憲法（1946年公布）を基軸として開始される。教育に関しても新しい指針が求められた。教育基本法は，戦前の教育を規定した教育勅語（第11講 Column⑱参照）に代わって教育の新しいあり方を明示する法律として構想された。そこでは，日本国憲法の理想の実現は「根本において教育の力にまつべきもの」だとされ（前文），第1条「教育の目的」では，教育が「人格の完成」をめざし，「平和的な国家及び社会の形成者」たる「心身ともに健康な国民の育成を期して行われなければならない」と規定された。

　しかしこのような規定はジレンマを含んでいる。フーコーが鋭く分析したように，近代教育は外部からの内面構築という暴力的な側面をもっている。法律によって教育のあり方，とくにその目的や内容を規定する

3　近代批判の教育論

近代の教育思想と新教育

　以上のように，新教育の教育思想は，今もなお，教育について私たちが抱く理想や期待を支える地平をなしている。ふだんは意識に上ることのないこの地平に注意を向けてみると，そこには，子どもの活動を知る，そしてこの活動をうまく統制する，という2つの構成要素を見出すことができた。この2つは，必ずしも新教育の独創というわけではない。第2部で扱った近代の教育思想にも──とくにルソーとペスタロッチ──見られた要素である。それは近代

ということは，個々人の思想信条への，教育の名による国家権力の介入を，国会における多数決によって正当化することになりかねない。旧・教育基本法にはこの問題についての周到な配慮が見られる。1つは，教育目的などの規定が憲法の理念を越え出ることのない抽象的なものに止まっていること，もう1つは，教育行政に特別の制限を設けたこと，である。

　後者の点に関しては第10条「教育行政」で規定されている。教育は「国民全体に対し直接に責任を負って行われるべきもの」であり，教育行政は「教育の目的を遂行するに必要な諸条件の整備確立を目標として行われなければならない」。——たとえ国会の多数派によって形成された政府であろうと，教育の場で自らの考えを国民全体に強制するようなことがあってはならず，教育行政は財政的・制度的な条件整備に限定されなければならない，とされたのである。議会制という間接的な道筋ではなく「直接」に，つまり親や教師を中心とする当事者が自らコミュニケーションを通して教育についての合意をつくっていく，という道筋が展望されていたといえるだろう。

的な意味での教育を構成する要素であり，この2つを欠いた「教育」など，私たちには想像することも困難なのである。

　しかし，この2つを明確に分離し，かつ，ルソーのようにフィクションのレベルでではなく現実の教育のレベルで結合したのは，新教育の独創である。そのことによってこの2つは，よりうまく統制するためにますます深く子どもを知ろうとする，というような昂進性の関係に置かれることになった。この種のエスカレーションは日本の新教育でも確認できた。子どもの活動への関心は，大正期から昭和期にかけて，より具体的な子どもの「生活」へと拡大・深化していったのである。これは，教育的な配慮の眼がより広くかつ深く子どもの生活に入り込んでいったことを意味するだろう。デューイがその実験学校で試みたのも，子どもの生活全体を相手にするよう

な新しい学校の構築であった。

> 新教育の外部へ

教育的配慮の範囲を拡大しようとするこうした努力を，ふつう私たちはよいこと・望ましいことだと感じる。しかしそう感じるのは，私たちが新教育の地平に乗っているからだ。こうした努力をよいこと・望ましいことだと感じないような教育についての考え方も，実はありうる。そうした考え方が，とくに1970年代以降，主張され，反響を見出すようになった。

3-1 『脱学校の社会』

> 学校は制度信仰をつくる

そのような主張の代表例として，イヴァン・イリイチの脱学校論を挙げることができる。『脱学校の社会』(1970)で，イリイチは，コメニウス以来の近代学校の考え方を根本的に批判した。学習は本来，自発的・自律的に行うことのできる活動であるのに，学校はそれを「教わる」という他律的な活動に還元してしまう。この結果，人々の中には，学習に限らず，そもそも自分が何かをするためにはそのための制度とそれを管理する専門家が必要だ，という思い込みが植えつけられてしまう。学校は，こうした「制度信仰」を生み出すことによって人を他律的にし，他のあらゆる制度依存（たとえば，「健康を維持するためには大きな病院が必要だ」といった考え方）に対しても，その前提条件をつくりだしている。したがって，「すべての『偽りの公益事業』の中で，学校は最も陰険である」(115)。

> 技能訓練と人間形成

学校がかくも悪しきものであるのは，それが技能訓練と人間形成——イリイチは「自由教育」(liberal education)という言葉を使う——を無理やり結合しているからだ。その結果，個々の技能における上下関係でしかないものが人間的な依存関係へと無際限に拡張され，これが制度依存

の基盤をつくる。イリイチは両者を分離することを提案する。「技能を教授することがカリキュラムの束縛から解放されなければならないように、自由教育は学校に通う義務から解放されなければならない」(40f.)。

一方で、読書算をはじめとする基本的技能は、反復練習 (drill) を中心とする自動車学校型の学校で能率的に伝授する。他方、人間形成は学校という制度から自由になり、インフォーマルな学習のネットワークにおいて行われる。自動車学校式に英語を学んだ人が、たとえばシェイクスピアを読んでみたくなったとすれば、一緒に読んでくれる人を探して喫茶店ででも会合をもてばよい。そのために必要なのは、人々が自分たちの関心を表明・交換できるコンピュータ掲示板のような仕組み（現在ならインターネットでやすやすと実現できるだろう）であり、人々が臨機応変に教え合い学び合うことをよしとする文化・それを可能にする労働条件なのである。

> 学校の機能を縮小する

コメニウス以来、近代の学校構想は、人間形成という課題に応えるために、より包括的なカリキュラムを提供しようと努めてきた。子どもの生活を学校に取り込もうとする新教育の試みは、そうした努力の到達点だったといえるだろう。デューイにとって、学校が作業によって子どもの生活を手広く取り込むことは、文句なく推奨されるべきことであった。ところがイリイチの目から見れば、それは子どもの生活をより全面的に学校という人工的な依存関係の中に組み込むことを意味する。学校が子どもの生活全般に手を伸ばすのを止め、技能訓練へと機能を縮小させることこそ、推奨されるべきなのである。

このようなイリイチの主張が大きな反響を見出した背景には、1970年代以後の学校をめぐる状況の大きな変化がある。この時期、日本では高度経済成長が終わり、高校進学率も90%を越える。学歴が必ずしも社会的上昇を約束しなくなり、校内暴力、不登校、い

じめといった，新しいタイプの教育問題が社会の耳目を集めた。それらは，教育が解決すべき問題（従来「教育問題」とはこのような意味での「問題」であった）としてではなく，教育が生み出している問題と理解されたという意味で，「教育問題」の新しい概念を画するものであった。教育，とくに学校教育が問題の元凶だとすると，学校教育の正当性が根本的に問われざるをえない。イリイチの脱学校論は，この問題に新教育のように学校の機能を拡張することで対処するのではなく，逆に学校の機能を縮小するという対案を提示したのである。

3-2 『〈子供〉の誕生』

イリイチの脱学校論は，教育の意識化・制度化という近代社会の趨勢全体を問う歴史的射程をもっていた。歴史研究の領域でも，近代教育についてのそれまでの理解を覆すような研究が登場し注目を集める。中でも先駆的であり影響も大きかったのが，アリエスの『〈子供〉の誕生──アンシァン・レジーム期の子供と家族生活』(1960) である。この本はすでに 1960 年に出版されているが，教育の領域で広く注目を集めるようになるのは 70 年代以降である。

> 子どもの発明

アリエスのこの本を有名にしたのは，「中世の社会では，子供期という観念は存在していなかった」（アリエス 1980：122）という大胆な主張である。この主張を，「子どもの発見」という昔ながらの見方と混同してはならない。アリエスは上の引用に続けて次のように述べている。「このことは，子供たちが無視され，見捨てられ，もしくは軽蔑されていたことを意味するのではない」(122)。

「子どもの発見」という見方に従えば，近代以前の社会において子どもはまさに「無視され，見捨てられ」た状態にあった。子どもには特有のものの見方・感じ方があることを発見し，子どもたちを

それまでの遺棄状態から救い出したのが、ルソーをはじめとする近代の教育思想だったとされる。その前提になっているのは、コロンブスによる発見以前にもアメリカ大陸が存在したように、「子どもの発見」以前にも子どもは存在し、ただし無残にもそれが看過されていた、という想定である。これに対して、アリエスの主張に従えば、近代以前には「子ども」は現実に存在しなかった。子どもは、発見されたというより発明されたのだ、ということになる。

生活の分断

しかし、以上のような子どもの観念の歴史は、この本の主要ではあるが部分的なテーマにすぎない。アリエスがこの本で試みたのは、タイトル(邦訳の副題が原著のタイトルである)にもある「子供と家族生活」を手がかりにして、近代社会の趨勢を批判的に描き出すことであった。その趨勢を一言でいえば、人間の共同生活の全体性がさまざまな分割線によって区分けされていく傾向、ということになろう。子どもの発明は、「大人」と「子ども」の間に分割線が引かれたことを意味する。同様の分割線は、「仕事」と「遊び」の間にも、「公」と「私」の間にも、引かれていった。

学校による貧困化

ヒトが十数年をかけて成長するというのは生物学的な事実であるから、そう簡単に変わるものではない。しかし、中世の社会では、人は「赤ちゃん」状態を脱した後はその能力に応じて大人の社会に参加していった。大人と子どもは混在しており、大人から明確に区別されるような子ども期の観念は現実的な基盤をもたなかったのである。このような共同生活は、大人が仕事と公的世界に、子どもが遊びと私的世界に、という具合に分断され、両者が交わるのは家庭と学校だけ、という近代の生活に比べて、大人にとっても子どもにとっても豊かなものだったのではないか——アリエスがその冷静な歴史記述の行間ににじませているのは、こうした近代批判のパトスである。

人間の生活を全体として貧しくしたかもしれないこのような分断は、どのようにして生じたのか。その起源の1つは、アリエスによれば学校にある（もう1つは私的な空間としての近代家族）。中世の学校は年齢にも規律にも無頓着だった。ところが17世紀以降、学校はしだいに年齢をクラス分けの規準とするようになり、また生徒の規律にも気を配るようになっていく。これは、子どもに対して大人とは異質な規則を適用することであり、子どもを大人とは異質な空間に隔離することである。こうした近代的な意味での学校が人々の生活に浸透するのに比例して、まず大人と子どもとの間に楔が入り、それがさらにその他の分割線へと広がっていったと考えられるのである。

> 近代への懐疑

　実証的な歴史研究としては、アリエスのこの本に対してその後さまざまな批判が出されているようである。しかし、この本が、教育を見る私たちの見方を揺り動かしたという事実は残る。あの「子どもの発見」という見方に代表されるように、従来、子どもに対する特別の教育的配慮は、待ち望まれた救済だったのだと肯定的に評価されてきた。子どもの生活全体を教育的配慮のもとに置こうとする新教育の試みを、よいこと・望ましいことと感じる私たちの見方は、その延長線上にある。ところがアリエスは、近代の教育思想が推進してきたそうした変化が、生活の貧困化という負の側面を併せもっていた可能性を、地道な歴史研究によって示して見せた。アリエスの研究が、1970年代以後、教育をめぐる議論に大きな影響を与えた背景には、学校教育の正当性の危機という先にも述べた状況がある。アリエスの研究は、そうした目の前の問題状況の背後に広がる、近代の教育思想という長期的な文脈へと人々の目を向けさせることになった。

4 この時代の教育思想

教育をめぐるジレンマ　教育に対する現在の私たちの態度の二面性は，つきつめて行けば，教育における〈近代〉に対する私たちの二面的な態度におそらく帰着する。一方で，社会的不平等の固定・拡大，勉強嫌いの蔓延など，教育に対する私たちの不満や批判のタネとなっているものは，教育の意識化・制度化という近代以後の展開がもたらした帰結である。他方，この不満や批判を解消してくれるはずだと私たちが期待を寄せるさまざまな方策は，基本的に新教育的な性格をもっている。ところが，この新教育的な方策は，近代以後の展開を一段と推し進めるという性質をもつ。全員就学の学校制度は近代の大きな成果であったが，この成果の負の側面を，新教育はまさに意識化・制度化を一段と推し進める――子どもの生活全般を意図的・学校的な配慮の中に取り込む――ことで克服しようと試みたのであった。イリイチやアリエスの目から見れば，このような方策は，負の側面をさらに増大させ深刻化させるものでしかないだろう。言葉は悪いが，汚染源であるものに環境浄化を期待せざるをえない，といった類いのジレンマの中に私たちは置かれているようだ。

ジレンマを見通す　このようなジレンマの中で右往左往するのではなく，ジレンマを克服するための見通しを得ることは可能だろうか。そのためのヒントがないわけではない。克服につながるかどうかは別にして，ジレンマの両端を統一的にとらえるような視点が，現代の思想家によって提起されているからである。ここではフーコー，ルーマン，それにハーバーマスの場合を例として紹介しよう。

4–1 フーコー──規律訓練としての教育

『監獄の誕生』　フランスの哲学者フーコーは、『監獄の誕生──監視と処罰』(1976) の中で、監獄や病院と並ぶ近代的な権力メカニズムの典型として学校を分析した。その分析は、アリエスやイリイチの近代批判をより徹底的かつ体系的に展開するものであった。フーコーによれば、近代の権力（彼はそれを「規律訓練的権力」と呼ぶ）は、たんに人々を抑圧するのではなく、むしろ人々の力をうまく引き出すことで成り立っている。このような権力論の立場から見ると、あのジレンマの両端は、対立するどころか、一緒になって規律訓練的な権力を支える2つの柱なのだ。というのも、子どもの主体性を引き出す教育的配慮は、実は規律訓練的権力をつくりだすメカニズムの一環であり、そのようにしてつくりだされた規律訓練的権力が、人々の手から巧妙に自由を奪い取ってしまうのだから。──少しわかりにくい話かもしれない。具体的にフーコーの学校分析を見てみよう。

学校のメカニズム　フーコーによれば、学校は監視・賞罰（制裁^{サンクション}）・試験（検査^{エグザミネーション}）という3つのメカニズムの複合体をなしている。このうち、監視と賞罰を結びつける要の位置に立つのが試験である。試験は、1人ひとりを目に見える可視的な存在にし、そのことによって監視と賞罰をともに可能にする。試験は現在でもたしかにそのような役割を果たしている。試験ごとに偏差値が算出され、教師は生徒1人ひとりの点数の動きを注意深く追跡するだろう（監視）。そしてその動向に応じて、「よくやった」「こんなことではダメだ」等々、称賛や叱責の声をかけるだろう（賞罰）。このような監視・賞罰・試験のメカニズムによって、生徒たちは、少しでもよい点数をとりたいと望み、そのために進んで自らを律する主体的な人間へと形成されていくことになる。

ここでも、統制することと知ることが一体的に働いている。この働きによって、人は進んで自らを律するという意味で主体的な存在になるが、それは同時に、今ある秩序を支えるために進んで自分の自由を手放し、今ある秩序に「主体的」に服従することでもある。このようなプロセスを、フーコーは、sujet（英語のsubject）という言葉がもつ二重の意味（主体／臣下）を利用して、assujetissement（主体化＝服従化）と呼んだ。

フーコー

新教育を外から見る視点

思い出してほしいのだが、知ることと統制することは、私たちにとって、「教育」なるものを組み立てている2つの構成要素であった。私たちは、教師が子ども1人ひとりをよく知り、子どもの主体性を引き出すような形で子どもの活動をうまくコントロールしてくれることを望んでいるだろう。私たちがよいもの・望ましいものとふつう考えているそうした教育の姿を、フーコーは近代の規律訓練的権力を支えるメカニズムとして批判的に分析した。フーコーの視点に立って見ると、新教育は、どこまでも続く大地のようなものとしてではなく、ある限界線をもった平面として見えてくるだろう。フーコーの見方は、新教育の地平をいわば外から見ているのであり、「新教育以後」の教育思想として位置づけることができる。

4-2 ルーマン——コミュニケーションから教育を見る

教育のリアリティ

フーコーは、教育における知と統制の結合を批判的に分析したが、それに代わる教育の姿を描き出すことはなかった。これに対して、知と統制の結合と

は別の形で教育の姿を描き出したのがドイツの社会学者ルーマンである（ルーマン 2004；石戸 2000；田中・山名 2004）。ただしこれは，彼が今ある教育に代わる教育の理想像を描き出した，ということではない。彼はむしろ，教育の現実をよく見れば，上のような結合に教育が立脚しているわけではない，と主張したのである。

ルーマン

ルーマンは，法，政治，芸術，など，社会のさまざまな領域を，コミュニケーションによって織りなされるシステムとして分析していった（「システム理論」と呼ばれる）。教育もまた，彼の重要な研究対象であった。システム理論の立場から描かれた教育の姿は，従来の教育の見方——新教育的な見方，と言い換えてもいいだろう——を一変させるものであった。

不透明な相手とのコミュニケーション

ルーマンによれば，教育というコミュニケーションは，相手を知ることに基づいて成立しているわけではない。とくに授業のような一対多のコミュニケーションにおいては，教師が生徒1人ひとりの考えを理解してそれに反応することなど原理的に不可能である。教育において問われるべきは，どのようにして相手を知り，それに基づいて相手をコントロールするか，ではない。教育が機械ならぬ人間を相手にする以上，教育が相手にするのは，けっして完全には見通すことのできない不透明な存在である。相手を知ることが原理的に不可能であるにもかかわらず，なぜ教育的コミュニケーション（たとえば「授業」）が成立しているのか，が問われるべき問題なのである。

相手について知ることなしにコミュニケーションが成り立つとい

うのは，ルーマンに従えばけっして不思議なことではない。経済の領域でのコミュニケーションを考えてみよう。あなたはデパートへ行き，売り子から洋服を買う。そこではモノの売り買いという経済的なコミュニケーションが非常にスムースに成立しているが，それは何も売り子があなたのことを綿密に調べ上げたからではないだろう。コミュニケーションを成り立たせているのは，要求されている額のお金をあなたが差し出したという単純な事実である。つまり，あなたという複雑な人格を〈支払えるか・支払えないか〉という二者択一に還元する貨幣という仕組みが，経済におけるコミュニケーションを支えている。このような仕方でコミュニケーションを支える働きをもったものを，ルーマンは「制御メディア」ないしたんに「メディア」と呼ぶ。貨幣に匹敵するようなメディアが教育的コミュニケーションにあるのか，あるとすればそれは何なのか，という問いが，ルーマンの教育分析を導く中心問題であった。

4-3 ハーバーマス——合意をめざすコミュニケーション

ルーマンも，フーコーの場合とはまた違った形で，新教育の地平を外側から見て相対化している。ルーマンの場合は，知と統制の結合が実は成り立っていないということを示すことで，新教育的な見方の不十分さを指摘しているのである。しかし，教育についての彼らの見方についてはさまざまな疑問が出てくるに違いない。中でも，教育という複雑な現象を一面的に切り詰めすぎているのではないか，という疑問は否定できないように思う。

> コミュニケーションの切り詰めに抗して

フーコーとルーマンに共通しているのは，教育における言語的コミュニケーションの役割を非常に低く見積もっていることである。フーコーの場合，教育を支えているのは監視や試験という無言の働きである。ルーマンの場合，制御メディアによって安定したコ

ミュニケーションが可能になるとされるが、それは制御メディアが言語による合意という面倒な手続きを不要にするからなのである。ここでも貨幣が典型的である。売り子から洋服を買うために、私は言葉で相手を説得する必要はない。代金を差し出しさえすればよいのである。しかし、教育の場合はどうなのだろうか。

ハーバーマス

教育において、言語は、ルーマンがモデルにした経済的関係はもちろん、フーコーが照準を合わせた権力（政治）的関係に比べても、はるかに重要な位置を占めているように思われる。これは、教育という働きが相手の納得をめざしており、納得のためには、自分の考えをまとめたり、それを他の人の考えと突き合わせたりすることが重要になるからだ。相手を説得することは政治においても重要な意味をもつが、それは相手を動かすための手段として重要なのであって、それ自体が目的となるわけではない。ところが教育においては、子どもたちが「そうか！」「わかった！」と言ってくれる状態が目標点になるのである。

コミュニケーション的行為と教育

ドイツの哲学者ハーバーマスは、言葉によって達成される合意に焦点を合わせてコミュニケーションを分析し、フーコーやルーマンとは対照的に、公的な議論を軸にして現代社会の成り立ちを描き出している（ハーバーマス 1985/87）。フーコーやルーマンと違って、ハーバーマスは体系的な教育理論を展開してはいない。しかし、彼の理論は教育を見るうえで重要な視点を提供している（今井 2004；野平 2007）。ハーバーマス的な見方をとることで、納得と合意をめざすコミュニケーションという、上に述べたような教育の重要な側

面を取り出すことができるからである。

　興味深いことに,以上のようなハーバーマス的な見方もまた,新教育的な見方の外へと私たちを連れ出すことになる。ただし,その方向はフーコーともルーマンとも違っている。ハーバーマスは,合意をめざしてなされる行為をコミュニケーション的行為と呼ぶ。ふつう私たちは,何かをして自分の思い通りの結果が出たとき,その行為は「合理的」だったと考える。ところが,コミュニケーション的行為においては,合理性の基準は人やモノを自分の意のままに動かすことではない。むしろ,自分が正しいと思うところを互いが表明し合い,他人とともによりよい合意をめざすことが合理的なのである。そこでは他人は自分の思いどおりになるような存在ではない。無理に自分の思いどおりにコントロールしようとすれば,かえって合意や納得を損なうことになるだろう。

　こうしたハーバーマスの見方に立てば,教育もまた合意と納得をめざすコミュニケーションとして見ることができるかもしれない。そのように見れば,教育を新教育的な意味での知と統制の場として思い描くことはもはやできないだろう。教育は,相手を知ること・コントロールすることの不可能性を前提としたうえで合意と納得をめざすコミュニケーションとして現れることになる。ハーバーマスの見方は,新教育的な知と統制を断念することによって,かえって納得と合意という近代的理念を教育において実現する,という可能性を示しているといえるだろう。

　以上,私たちは,現代の思想に大きな影響力をもつ3人の思想家を例にとって,教育についてのどのような見方がそこに現れているかを概観してきた。そこには,向かう方向の大きな違いにもかかわらず,新教育の外部に向けての模索を見ることができた。新教育というタガをはずしたとき,教育はどのようなものでありうるのか

――そうした教育の新たな可能性を構想することが，この時代の教育思想のフロンティアをなし，つまりはこの時代の教育思想の輪郭線を形づくっているように思われる。

――――――――――今井 康雄◆

参考文献

◆はじめに　教育思想史の考え方
Konradt, H. -J./Trommsdorff, G., Naive Erziehungstheorien japanischer Mütter. Deutsch-japanischer Kulturvergleich, in: *Zeitschrift für Sozialisationsforschung und Erziehungssoziologie*, 10. Jg., H. 4, 1990, S. 357–376.

Cassidy, K. W., Preschoolers' Use of Desires to Solve Theory of Mind Problems in a Pretense Context, in *Developmental Psychology*, vol. 34, no. 3, 1998.

Bartsch, K., Between Desires and Beliefs: Young Children's Action Predictions, in *Child Development*, vol. 67, 1996.

◆第1講　レトリックと教育
A．原典に迫る
プラトン『プロタゴラス』藤沢令夫訳，岩波文庫，1988年。
プラトン『ゴルギアス』加来彰俊訳，岩波文庫，1967年。
プラトン『パイドロス』藤沢令夫訳，岩波文庫，1967年。
アリストテレス『弁論術』戸塚七郎訳，岩波文庫，1992年。
キケロー『弁論家について』（上・下），大西英文訳，岩波文庫，2005年。

B．理解を深める
加藤守通「薬としてのロゴス——西洋教育史におけるレトリック・ヒューマニズム的伝統の再考」教育思想史学会編『近代教育フォーラム』第11号，2002年。
広川洋一『ギリシア人の教育——教養とはなにか』岩波新書，1990年。
マルー，H. I.『古代教育文化史』横尾壮英訳，岩波書店，1985年。

C．視野を広げる
佐藤信夫『レトリック感覚』講談社学術文庫，1992年。
佐藤信夫『レトリック認識』講談社学術文庫，1992年。

◆第2講　哲学と教育
A．原典に迫る
プラトン『ソクラテスの弁明　クリトン』久保勉訳，岩波文庫，1964年。
プラトン『メノン』藤沢令夫訳，岩波文庫，1994年。
プラトン『パイドン』岩田靖夫訳，岩波文庫，1998年。

プラトン『饗宴』久保勉訳，岩波文庫，1965年。
プラトン『国家』(上・下)，藤沢令夫訳，岩波文庫，1979年。
アリストテレス『ニコマコス倫理学』(上・下)，高田三郎訳，岩波文庫，1971・73年。
アリストテレス『政治学』山本光雄訳，岩波文庫，2000年。
B．理解を深める
ブラック，R. S.『プラトン入門』内山勝利訳，岩波文庫，1992年。
内山勝利編『哲学の歴史（第1巻）哲学誕生——古代1』中央公論新社，2008年。
C．視野を広げる
新プラトン主義協会編，水地宗明監修『ネオプラトニカ——新プラトン主義の影響史』昭和堂，1998年。
神崎繁『魂（アニマ）への態度——古代から現代まで（双書 哲学塾）』岩波書店，2008年。

◆第3講　キリスト教と教育
A．原典に迫る
アウグスティヌス『アウグスティヌス（世界の名著16）』山田晶訳，中央公論社，1978年。
アウグスティヌス『中世思想原典集成4 初期ラテン教父』上智大学中世思想研究所編訳・監修，平凡社，1999年。
アウグスティヌス『アウグスティヌス著作集2 初期哲学論集(2)』茂泉昭男訳，教文館，1979年。
アルクイヌス『中世思想原典集成6 カロリング・ルネサンス』上智大学中世思想研究所編訳・監修，平凡社，1992年。
ルター，M.『ルター著作選集』ルター研究所編訳，教文館，2005年。
B．理解を深める
岩村清太『アウグスティヌスにおける教育』創文社，2001年。
マルー，H. I.『アウグスティヌスと古代教養の終焉』岩村清太訳，知泉書館，2008年。
稲垣良典『トマス・アクィナス（人類の知的遺産20）』講談社，1979年。
稲垣良典『トマス・アクィナス』勁草書房，1996年。
金子晴勇・江口再起編『ルターを学ぶ人のために』世界思想社，2008年。
菱刈晃夫『ルターとメランヒトンの教育思想研究序説』溪水社，2001年。
C．視野を広げる
アーノルド，M.『教養と無秩序』多田英次訳，岩波文庫，1965年。

沼田裕之・加藤守通編『文化史としての教育思想史』福村出版，2000年。
岩村清太『ヨーロッパ中世の自由学芸と教育』知泉書館，2007年。
リシェ，P.『ヨーロッパ成立期の学校教育と教養』岩村清太訳，知泉書館，2002年。
菱刈晃夫『近代教育思想の源流——スピリチュアリティと教育』成文堂，2005年。

◆第4講　ルネサンスとヒューマニズム
A．原典に迫る

ペトラルカ，F.『ルネサンス書簡集』近藤恒一編訳，岩波文庫，1989年。
ペトラルカ，F.『わが秘密』近藤恒一訳，岩波文庫，1996年。
ペトラルカ，F.『ペトラルカ＝ボッカッチョ往復書簡』近藤恒一訳，岩波文庫，2006年。
ブルーニ，L.「レオナルド・ブルーニ教養書簡集」加藤守通・坂本雅彦・佐藤富晴訳，ルネサンス研究会編『ルネサンス研究』第2号，1995年。
グアリーノ，B.「教育と学問の順序」加藤守通訳，池上俊一監修『原典　イタリア・ルネサンス人文主義』名古屋大学出版会，2010年。

B．理解を深める

ガレン，E.『ルネサンスの教育——人間と学芸との革新』近藤恒一訳，知泉書館，2002年。
近藤恒一『ペトラルカ研究』創文社，1984年。
佐藤三夫『イタリア・ルネサンスにおける人間の尊厳』有信堂高文社，1981年。

C．視野を広げる

伊藤博明編『哲学の歴史（第4巻）ルネサンス　15・16世紀』中央公論新社，2007年。
オルディネ，N.『ロバのカバラ——ジョルダーノ・ブルーノにおける文学と哲学』加藤守通訳，東信堂，2002年。
根占献一・伊藤博明・伊藤和之・加藤守通『イタリア・ルネサンスの霊魂論——フィチーノ・ピコ・ポンポナッツィ・ブルーノ』三元社，1995年。

◆第5講　コメニウス
A．原典に迫る

コメニュウス，J. A.『大教授学』(1・2) 鈴木秀勇訳，明治図書，1962年。
コメニウス，J. A.『世界図絵』井ノ口淳三訳，ミネルヴァ書房，1988年。
コメニウス，J. A.『地上の迷宮と心の楽園』藤田輝夫訳，相馬伸一監修，東信堂，2006年。

B．理解を深める

堀内守『コメニウスとその時代』玉川大学出版部，1984 年。

藤田輝夫編『コメニウスの教育思想』法律文化社，1992 年。

井ノ口淳三『コメニウス教育学の研究』ミネルヴァ書房，1998 年。

相馬伸一『教育思想とデカルト哲学』ミネルヴァ書房，2001 年。

C．視野を広げる

ガレン，E.『ルネサンスの教育――人間と学芸との革新』近藤恒一訳，知泉書館，2002 年。

アルチャーティ，A.『エンブレム集』伊藤博明訳，ありな書房，2000 年。

モレンハウアー，K.『忘れられた連関』今井康雄訳，みすず書房，1987 年。

◆第 6 講　ロック

A．原典に迫る

ロック，J.『教育に関する考察』服部知文訳，岩波文庫，1967 年。

ロック，J.『統治二論』加藤節訳，岩波書店，2007 年。

ロック，J.『人間知性論（1-4 巻）』大槻春彦訳，岩波文庫，1972-77 年。

ロック，J.『ロック政治論集』M. ゴルディ編，山田園子・吉村伸夫訳，法政大学出版局，2007 年。

B．理解を深める

春山浩司・三笠乙彦・斎藤新治『ロック教育論』有斐閣，1979 年。

伊藤宏之『イギリス重商主義の政治学――ジョン・ロック研究』八朔社，1992 年。

安川哲夫『ジェントルマンと近代教育――〈学校教育〉の誕生』勁草書房，1995 年。

寺崎弘昭『イギリス学校体罰史――「イーストボーンの悲劇」とロック的構図』東京大学出版会，2001 年。

岩下誠「ジョン・ロックにおける教育可能性に関する一考察――観念連合を中心に」『近代教育フォーラム』第 13 号，2004 年。

新村洋史「ジョン・ロックの救貧法改革案と労働学校案に関する一考察――近代教育思想と公的貧民教育の原初的形態」『中京女子大学研究紀要』第 39 号，2005 年。

C．視野を広げる

近藤和彦ほか『岩波講座 世界歴史 16 主権国家と啓蒙 16-18 世紀』樺山紘一ほか編，岩波書店，1999 年。

◆**第7講　ルソー**

A. 原典に迫る

ルソー, J.-J.『学問芸術論』(ルソー全集第4巻) 山路昭訳, 白水社, 1978年。

ルソー, J.-J.『スタニスラス王への回答』(ルソー全集第4巻) 山路昭訳, 白水社, 1978年。

ルソー, J.-J.『人間不平等起源論』(ルソー全集第4巻) 原好男訳, 白水社, 1978年。

ルソー, J.-J.『エミール』(ルソー全集第6, 7巻) 樋口謹一訳, 白水社, 1980/82年。

ルソー, J.-J.『エミールとソフィ——または孤独に生きる人たち』(ルソー全集第8巻) 戸部松実訳, 白水社, 1979年。

ピコ・デッラ・ミランドラ, G.『人間の尊厳について』植田敏郎訳, 創元社, 1950年。

マキアヴェリ, N.『君主論』池田廉訳, 中央公論社, 1966年。

ホッブズ, T.『リヴァイアサン』水田洋ほか訳, 河出書房, 1966年。

ディドロ, D. ほか『百科全書』桑原武夫編訳, 岩波文庫, 1971年。

B. 理解を深める

カッシーラー, E.『ジャン゠ジャック・ルソー問題』生松敬三訳, みすず書房, 1997年。

森田伸子『子どもの時代——『エミール』のパラドックス』新曜社, 1986年。

吉澤昇ほか『ルソー エミール入門』有斐閣, 1978年。

C. 視野を広げる

ガレン, E.『ルネサンスの教育——人間と学芸との革新』近藤恒一訳, 知泉書館, 2002年。

ドゥルーズ, G./ガタリ, F.『アンチ・オイディプス』市倉宏祐訳, 河出書房新社, 1986年。

デュルケーム, E.『フランス教育思想史』小関藤一郎訳, 行路社, 1981年。

アリエス, P.『〈教育〉の誕生』中内敏夫・森田伸子編訳, 新評論, 1983年。

◆**第8講　古典的人間形成論**

A. 原典に迫る

シラー, F.「人間の美的教育について——一連の書簡」石原達二訳『美学芸術論集』冨山房百科文庫, 1977年。

ニーチェ, F. W.『悲劇の誕生』秋山英夫訳, 岩波文庫, 1966年。

ニーチェ, F. W.「反時代的考察 第二篇 生に対する歴史の功罪」大河内了義訳『ニーチェ全集』(第I期第2巻) 白水社, 1980年。

ヘーゲル，G. W. F.『精神現象学』長谷川宏訳，作品社，1998年。
ヘーゲル，G. W. F.『ヘーゲル教育論集』上妻精編訳，国文社，1988年。
フンボルト，W. von『人間形成と言語』K. ルーメル／小笠原道雄／江島正子訳，以文社，1989年。
マルクス，K.『経済学・哲学草稿』城塚登・田中吉六訳，岩波文庫，1964年。

B. 理解を深める

イポリット，J.『ヘーゲル精神現象学の生成と構造』(上・下) 市倉宏祐訳，岩波書店，1972-73年。
亀山健吉『フンボルト――文人・政治家・言語学者』中公新書，1978年。
トラバント，J.『フンボルトの言語思想』村井則夫訳，平凡社，2001年。
西研『ヘーゲル・大人のなりかた』日本放送出版協会，1995年。
前田博『ゲーテとシラーの教育思想』未来社，1966年。

C. 視野を広げる

池田浩士『教養小説の崩壊』インパクト出版会，2008年。
プレスナー，H.『遅れてきた国民――ドイツ・ナショナリズムの精神史』土屋洋二訳，名古屋大学出版会，1991年。
マン，G.『近代ドイツ史』(1) 上原和夫訳，みすず書房，1973年。

◆第9講　ペスタロッチとフレーベル

A. 原典に迫る

長田新編『ペスタロッチー全集』(全13巻) 平凡社，1959-60年。
小原國芳・荘司雅子監修『フレーベル全集』(全5巻) 玉川大学出版部，1976-81年。

B. 理解を深める

リートケ，M.『ペスタロッチ』長尾十三二・福田弘訳，理想社，1985年。
村井実『ペスタロッチーとその時代』玉川大学出版部，1986年。
ジルバー，K.『ペスタロッチー』前原寿訳，岩波書店，1981年。
シュプランガー，E.『教育の思考形式』吉本均訳，明治図書，1962年。
ボルノウ，O. F.『フレーベルの教育学』岡本英明訳，理想社，1973年。
ハイラント，H.『フレーベル入門』小笠原道雄・藤川信夫訳，玉川大学出版部，1991年。
岩崎次男『フレーベル教育学の研究』玉川大学出版部，1999年。
小笠原道雄『フレーベルとその時代』玉川大学出版部，1994年。
シュプランガー，E.『フレーベルの思想界より』小笠原道雄・鳥光美緒子訳，玉川大学出版部，1983年。

C. 視野を広げる

イム・ホーフ, U.『スイスの歴史』森田安一監訳, 刀水書房, 1997年。
エアニング, G.『絵で見るドイツ幼児教育の150年——幼稚園の図像集』小笠原道雄監訳, ブラザー・ジョルダン社, 1999年。

◆第10講　ヘルバルトから新教育へ
A. 原典に迫る

ヘルバルト, J. F.『一般教育学』三枝孝弘訳, 明治図書, 1960年。
ヘルバルト, J. F.『教育学講義綱要』是常正美訳, 協同出版, 1974年。
ケイ, E.『児童の世紀』小野寺信・小野寺百合子訳, 冨山房, 1979年。
長尾十三二編『世界新教育運動選書』(全30巻, 別巻3巻) 明治図書, 1983-89年。

B. 理解を深める

鈴木晶子『判断力養成論研究序説——ヘルバルトの教育的タクトを軸に』風間書房, 1990年。
高久清吉『ヘルバルトとその時代』玉川大学出版部, 1984年。
ガイスラー, E. E.『ヘルバルトの教育的教授論』浜田栄夫訳, 玉川大学出版部, 1987年。
金子茂「W. ライン——ヘルバルト教育学の弁護者」金子茂編『現代に生きる教育思想』(第4巻) ぎょうせい, 1981年。
今井康雄「新教育の地平」『ヴァルター・ベンヤミンの教育思想——メディアのなかの教育』世織書房, 1998年。
山名淳『ドイツ田園教育舎研究——「田園」型寄宿制学校の秩序形成』風間書房, 2000年。

C. 視野を広げる

上山安敏『世紀末ドイツの若者』三省堂, 1986年。
フリットナー, A.『教育改革——20世紀の衝撃』森田孝監訳, 玉川大学出版部, 1994年。

◆第11講　近世日本の教育思想と〈近代〉
A. 原典に迫る

貝原益軒『養生訓・和俗童子訓』石川謙校訂, 岩波文庫, 1961年。
貝原益軒『益軒全集』益軒会編, 国書刊行会, 1973年。
佐藤昌介ほか校注『日本思想大系55 渡邊崋山・高野長英・佐久間象山・横井小楠・橋本左内』岩波書店, 1971年。
今井宇三郎ほか校注『日本思想大系53 水戸学』岩波書店, 1973年。

B. 理解を深める

横山俊夫編『貝原益軒——天地和楽の文明学』平凡社, 1995 年。
辻本雅史『「学び」の復権——模倣と習熟』角川書店, 1999 年。
辻本雅史・沖田行司編『教育社会史』山川出版社, 2002 年。

C. 視野を広げる

辻本雅史『近世教育思想史の研究——日本における「公教育」思想の源流』思文閣出版, 1990 年。
沖田行司『日本人をつくった教育——寺子屋・私塾・藩校』大巧社, 2000 年。
眞壁仁『德川後期の学問と政治』名古屋大学出版会, 2007 年。
宮城公子『幕末期の思想と習俗』ぺりかん社, 2004 年。

◆第 12 講　福沢諭吉

A. 原典に迫る

『福澤諭吉全集』(全 21 巻), 岩波書店, 1958-64 年。
『福澤諭吉選集』(全 14 巻), 岩波書店, 1980-81 年。
『福澤諭吉著作集』(全 12 巻), 慶應義塾大学出版会, 2002-03 年。

B. 理解を深める

北岡伸一『独立自尊——福沢諭吉の挑戦』講談社, 2002 年。
小泉信三『福澤諭吉』岩波新書, 1966 年。
平山洋『福澤諭吉——文明の政治には六つの要訣あり』ミネルヴァ書房, 2008 年。

C. 視野を広げる

関口すみ子『国民道徳とジェンダー——福沢諭吉・井上哲次郎・和辻哲郎』東京大学出版会, 2007 年。
遠山茂樹『福沢諭吉——思想と政治との関連』東京大学出版会, 1970 年 (新装版 2007 年)。
ひろたまさき『福沢諭吉研究』東京大学出版会, 1976 年。
丸山眞男著・松沢弘陽編『福沢諭吉の哲学』岩波文庫, 2001 年。

◆第 13 講　デュルケームと教育科学

A. 原典に迫る

デュルケーム, É.『社会分業論』(上・下), 井伊玄太郎訳, 講談社学術文庫, 1989 年。
デュルケーム, É.『教育と社会学』佐々木交賢訳, 誠信書房, 1976 年。
デュルケーム, É.『道徳教育論』(1・2), 麻生誠／山村健訳, 明治図書, 1964 年。

デュルケーム, É.『フランス教育思想史』小関藤一郎訳, 行路社, 1981年（『フランスの教育進化』と表記）。

デュルケーム, É.『自殺論』宮島喬訳, 中公文庫, 1985年。

Durkheim, É., *Leçons de sociologie: Physique des moeurs et du droit*, Paris: Presses Universitaires de France, 1950.

Durkheim, É., *Pragmatisme et sociologie*, Paris: J. Vrin, 1955.

Durkheim, É., *La science sociale et l'action*, Paris: Presses Universitaires de France, 1987 [1888-1908].

B. 理解を深める

ブルデュー, P.／パスロン, J.-C.『再生産――教育・社会・文化』宮島喬訳, 藤原書店, 1991年。

Filloux, J.-C., *Durkheim et l'education*, Paris: Presses Universitaires de France, 1994.

Giddens, A., *Emile Durkheim*, New York: Penguin Books, 1979.

Prades, J. A., *Durkheim*, Paris: Presses Universitaires de France, 1990.

◆第14講 デューイと新教育

A. 原典に迫る

デューイ, J.「学校と社会」市村尚久訳『学校と社会――子どもとカリキュラム』講談社学術文庫, 1998年。

デューイ, J.「子どもとカリキュラム」市村尚久訳『学校と社会――子どもとカリキュラム』講談社学術文庫, 1998年。

デューイ, J.『民主主義と教育』（上・下）, 松野安男訳, 岩波文庫, 1975年。

デューイ, J.『経験と教育』市村尚久訳, 講談社学術文庫, 2004年。

Dewey, J., *The Collected Works of John Dewey, 1882-1953: The Electronic Edition*, edited by Larry A. Hickman. Charlottesville, Virginia: InteLex Corporation, 1996.

RP=*Reconstruction in Philosophy* (1920 MW. 12).

HWT=*How We Think* (1933 LW. 8).

L=*Logic: The Theory of Inquiry* (1938 LW. 12).

B. 理解を深める

佐藤学『学校の挑戦――学びの共同体を創る』小学館, 2006年。

田中智志『社会性概念の研究――アメリカ進歩主義教育の概念史』東信堂, 近刊。

森田尚人「ジョン・デューイと未完の教育改革」原聰介ほか編『近代教育思想を読みなおす』新曜社, 1999年。

Durkheim, É., *Pragmatisme et sociologie*, Paris: J. Vrin, 1955.
Meier, D., *In Schools We Trust*, Boston, MA: Beacon Press, 2002.

◆第 15 講　新教育以後の教育思想
A. 原典に迫る

アリエス, P.『〈子供〉の誕生——アンシァン・レジーム期の子供と家族生活』杉山光信・杉山恵美子訳, みすず書房, 1980 年。

イリイチ, I.『脱学校の社会』東洋・小澤周三訳, 東京創元社, 1977 年。

及川平治『分団式各科動的教育法』弘学館, 1915 年。

ハーバーマス, J.『コミュニケイション的行為の理論』(上・中・下), 河上倫逸ほか訳, 未来社, 1985-87 年。

フーコー, M.『監獄の誕生——監視と処罰』田村俶訳, 新潮社, 1977 年。

無着成恭編『山びこ学校』岩波文庫, 1995 年。

ルーマン, N.『社会の教育システム』村上淳一訳, 東京大学出版会, 2004 年。

B. 理解を深める

石戸教嗣『ルーマンの教育システム論』恒星社厚生閣, 2000 年。

田中智志・山名淳編『教育人間論のルーマン——人間は〈教育〉できるのか』勁草書房, 2004 年。

野平慎二『ハーバーマスと教育』世織書房, 2007 年。

ボール, S. J. 編『フーコーと教育——〈知＝権力〉の解読』稲垣恭子・喜名信之・山本雄二監訳, 勁草書房, 1999 年。

C. 視野を広げる

今井康雄『メディアの教育学——「教育」の再定義のために』東京大学出版会, 2004 年。

中内敏夫『生活綴方成立史研究』明治図書, 1970 年。

中野光『学校改革の史的原像——「大正自由教育」の系譜をたどって』黎明書房, 2008 年。

堀尾輝久『現代教育の思想と構造』岩波書店, 1992 年。

年表

年代	時代	事件	人物	著作	日本・東洋
BC500	古代	トロイア戦争（BC12世紀頃）		『イーリアス』『オデュッセイア』	孔子（BC552/551-479）
BC400		ペルシア戦争（BC492-449） ペロポネソス戦争（BC431-404）	プロタゴラス（BC490頃-420頃） ゴルギアス（BC483頃-376） ソクラテス（BC470/469-399） アリストパネス（BC446頃-385頃） イソクラテス（BC436-338） プラトン（BC428/427-348/347） アリストテレス（BC384-322）	プラトン『メノン』（BC402頃） プラトン『国家』（BC375頃） アリストテレス『ニコマコス倫理学』『政治学』（BC335-323頃） アリストテレス『弁論術』（BC335-323頃）	孟子（BC370頃-290頃）
BC300					
BC200					
BC100			キケロ（BC106-43）		
BC1		ローマ帝政開始（BC27）	イエス・キリスト（BC4頃-AD40頃） クインティリアヌス（35頃-100）	キケロ『弁論家について』（BC55頃） クインティリアヌス『弁論家の教育』（95頃）	
100					
200			プロティノス（204/5-270）		
300		ローマ帝国キリスト教を公認（313） ゲルマン人の大移動開始（375） ローマ帝国東西分裂（395）	アウグスティヌス（354-430）	アウグスティヌス『告白』（397-401） 『神の国』（413頃-426）	
400	中世	西ローマ帝国滅亡（476）			大化の改新（645）
500					
600					
700			アルクィヌス（730頃-804）		平城京（710） 平安京（794）
800		カール大帝戴冠（800）			
900					
1000					
1100					源頼朝、鎌倉に幕府をひらく（1192）
1200			トマス・アクィナス（1225頃-74） オッカム（1285頃-1347/49）		
1300					

315

年代	時代	事件	人物	著作	日本・東洋
	初期近代	百年戦争（1338–1453） ペストの大流行（1350頃）	ペトラルカ（1304–74）	ペトラルカ『カンツォニエーレ』（1356） ヴェルジェリオ『青少年の美徳と自由な学芸について』（1402頃）	応仁の乱（1467）
1400			サルターティ（1331–1406） ヴェルジェリオ（1370–1444） ブルーニ（1370–1444） グアリーノ（1374–1460） ピコ・デッラ・ミランドラ フィチーノ（1433?–99） マキャベリ（1469–1527）	ブルーニ『学習と文学について』（1422–25） グアリーノ『教授と学習の順序』（1459） ピコ・デッラ・ミランドラ『人間の尊厳に関する演説』（1486）	
		東ローマ帝国滅亡（1453） コロンブス、アメリカ到達（1492） バスコ・ダ・ガマ、インド航路発見（1498）	エラスムス（1466?–1536) カスティリオーネ（1478–1529） トマス・モア（1477/8–1535） ルター（1483–1546） ビベス（1492–1540） メランヒトン（1497–1560） モンテーニュ（1533–92）		キリスト教の伝来（1549）
1500		ルター宗教改革を始める（1517） マゼランの世界一周（1519–22） ドイツ農民戦争（1524–25） ユグノー戦争（1562–98）		ルター『子どもたちを学校にやるべきであるという説教』（1530） カスティリオーネ『宮廷人』（1528） エラスムス『学習法について』（1512）	
1600			ベイズ（1564–1614） アルシュテット（1588–1638） ホッブズ（1588–1679） パルワー（1592?–1670） コメニウス（1606–26） 貝原益軒（1630–1714） ロック（1632–1704） ニュートン（1642?–1727）	ベイズ『言語の扉』（1611） パルワー『キロロギア』（1644） ホッブズ『リヴァイアサン』（1651） コメニウス『大教授学』（1657） 『世界図絵』（1658） ロック『教育に関する考察』（1693） 貝原益軒『和俗童子訓』（1710）	徳川家康、江戸に幕府を開く（1603） 鎖国令（1639）
		清教徒革命（1642–49） 三十年戦争（1618–48） 名誉革命（1688）			
1700					

年代	時代	事件	人物	著作	日本・東洋
	近代			ルソー『エミール』(1762) シラー『人間の美的教育について』(1795) ペスタロッチ『シュタンツ便り』(1799)、『ゲルトルートはいかにその子を教えるか』(1801)	寛政異学の禁 (1790)
1800		アメリカの独立宣言 (1776) フランス革命起る (1789)	ルソー (1712-78) カント (1724-1804) 佐藤一斎 (1772-1859) ペスタロッチ (1742-1827) ゲーテ (1749-1832) シラー (1759-1805) フンボルト (1770-1835) ヘーゲル (1770-1831) ヘルバルト (1776-1841) フレーベル (1782-1852)		
		プロイセン改革 (1807-10) 普仏戦争 (1870-71)	横井小楠 (1809-69) 佐久間象山 (1811-64) マルクス (1818-83) 中村正直 (1832-91) 福沢諭吉 (1835-1901) 沢柳政太郎 (1865-1927) デューイ (1859-1952) デュルケーム (1858-1917) ニーチェ (1844-1900) 芦田恵之助 (1873-1951) 及川平治 (1875-1939) 森有礼 (1847-89) 手塚岸衛 (1880-1941)	ヘルバルト『一般教育学』(1806) ヘーゲル『精神現象学』(1807) フレーベル『人間の教育』(1826) 福沢諭吉『学問のすゝめ』(1872) ニーチェ『反時代的考察』(1873-76)	アヘン戦争 (1840-42) 日米和親条約 (1854) 大政奉還 (1867) 学制 (1872) 徴兵令 (1873) 大日本帝国憲法 (1889) 教育勅語 (1890)
1900	現代	第一次世界大戦 (1914-18) ロシア革命 (1917) 第二次世界大戦 (1939-45)	ライン (1847-1929) ケイ (1849-1926) アリエス (1914-1984) イリイチ (1926-2002) フーコー (1926-1984) ルーマン (1927-1998) ハーバーマス (1929-)	デューイ『学校と社会』(1899)、『民主主義と教育』(1916) デュルケーム『道徳教育論』(1925) アリエス『〈子供〉の誕生―アンシァン・レジーム期の子供と家族生活』(1960) イリイチ『脱学校の社会』(1971) フーコー『監獄の誕生―監視と処罰』(1975)	日清戦争 (1894-95) 日露戦争 (1904-05) 五・一五事件 (1932) 二・二六事件 (1936) 普通選挙法 治安維持法 (1925) 国家総動員法 (1938) 太平洋戦争 (1941-45) 日本国憲法 (1946) 教育基本法 (1947)
2000					

年　表　317

地　図

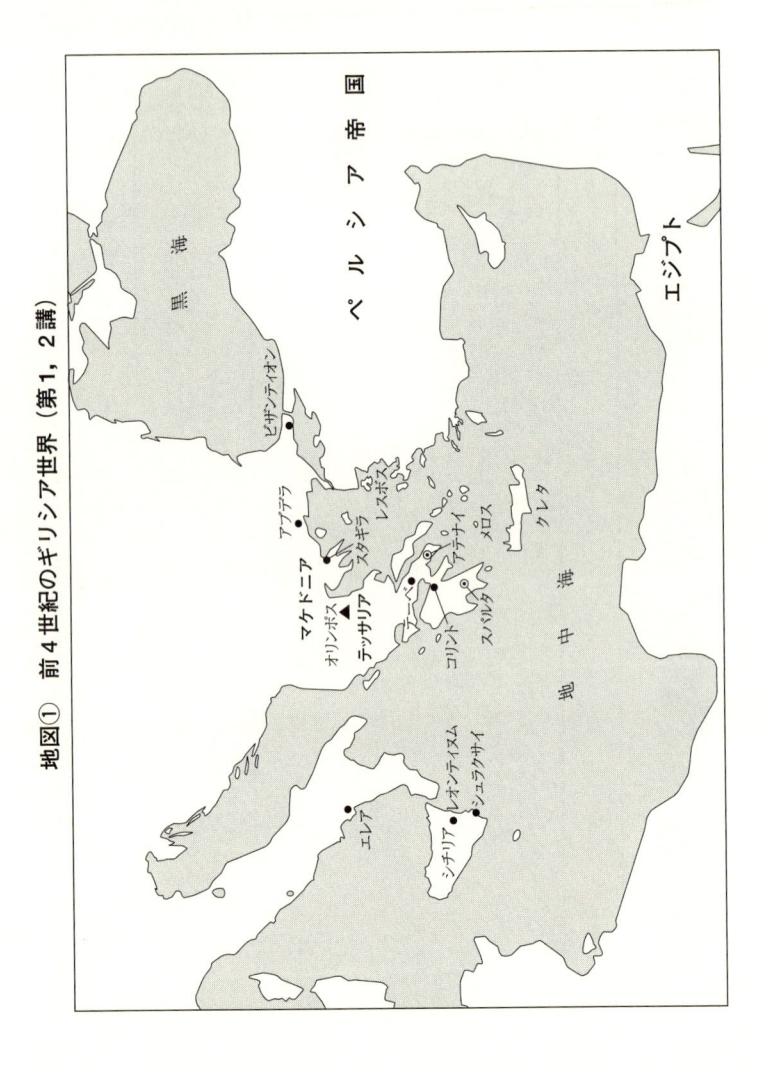

地図① 前4世紀のギリシア世界（第1, 2講）

黒海

ペルシア帝国

エジプト

ビザンティオン
ペラ
マケドニア
スタゲイラ
レスボス
オリンポス
テッサリア
アテナイ
コリント
スパルタ
メロス
クレタ
地中海

エレア
シチリア
レオンティノイ
シュラクサイ

318

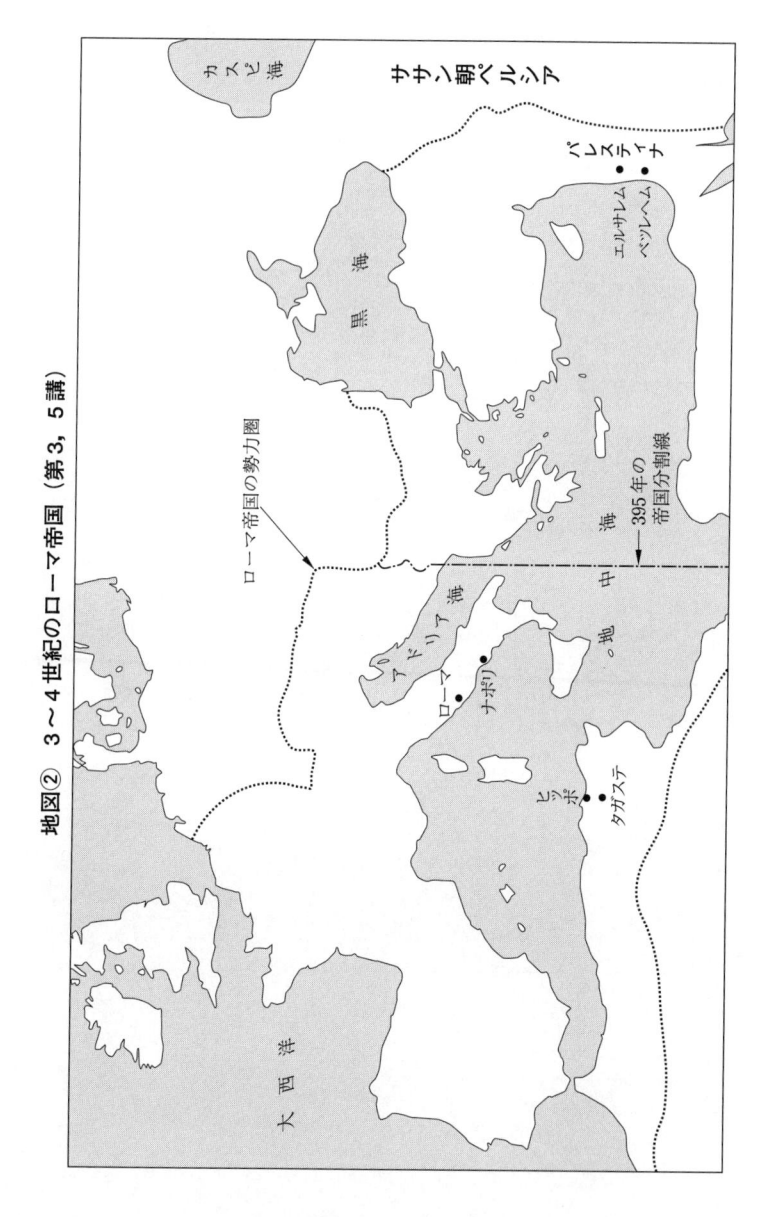

地図② 3～4世紀のローマ帝国（第3、5講）

カスピ海

ササン朝ペルシア

パレスティナ
エルサレム
ベツレヘム

黒海

ローマ帝国の勢力圏

395年の
帝国分割線

地 中 海

アドリア海
ローマ
ナポリ

ヒッポ
タガステ

大西洋

地　図　319

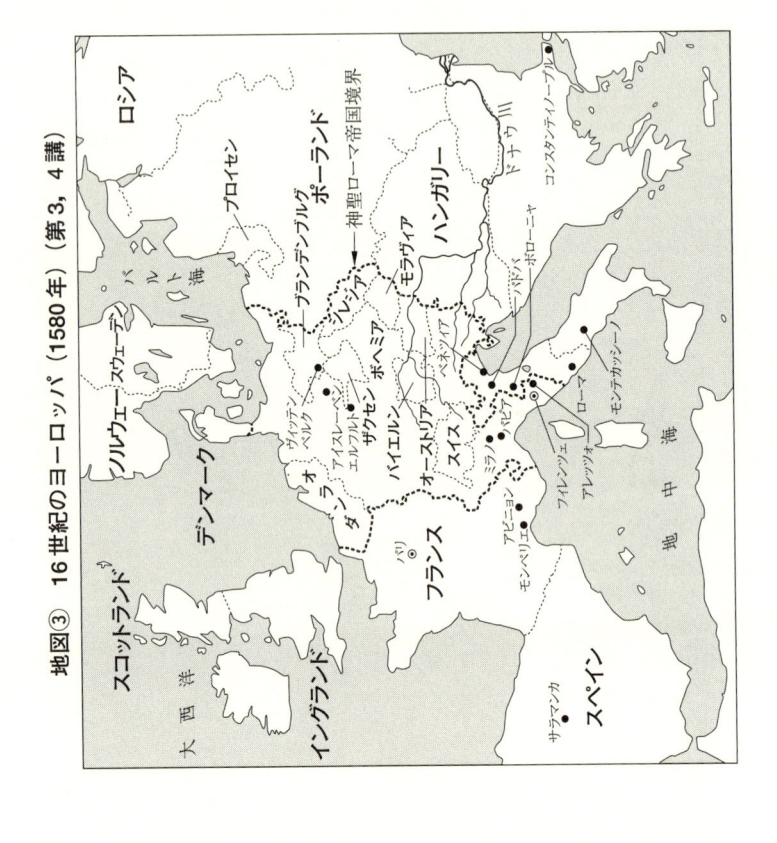

地図③ 16世紀のヨーロッパ (1580年) (第3, 4講)

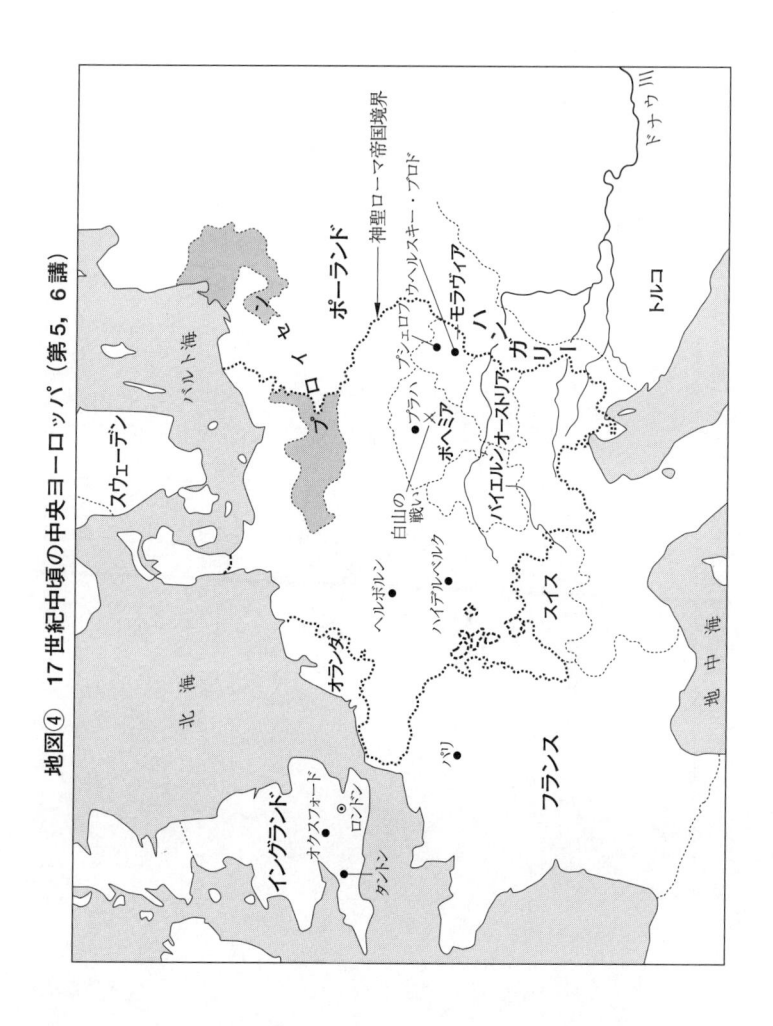

地図④ 17世紀中頃の中央ヨーロッパ（第5,6講）

- スウェーデン
- バルト海
- ブランデンブルク
- ポーランド
- 神聖ローマ帝国境界
- プラハ ブジェロフ ヴェルスキー・ブロド
- モラヴィア
- ボヘミア
- ハンガリー
- バイエルン・オーストリア
- 白山の戦い
- ニュルンベルク
- ハイデルベルク
- スイス
- オランダ
- パリ
- フランス
- イングランド
- オクスフォード
- ロンドン
- ダンビー
- 北海
- 地中海
- トルコ
- ドナウ川

地 図　321

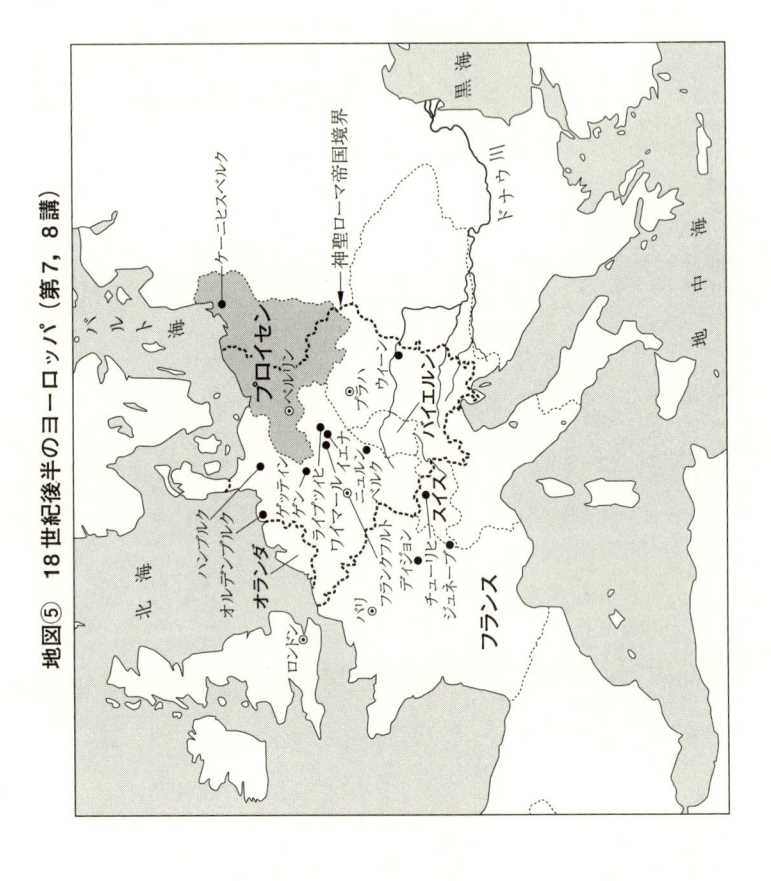

地図⑤ 18世紀後半のヨーロッパ（第7, 8講）

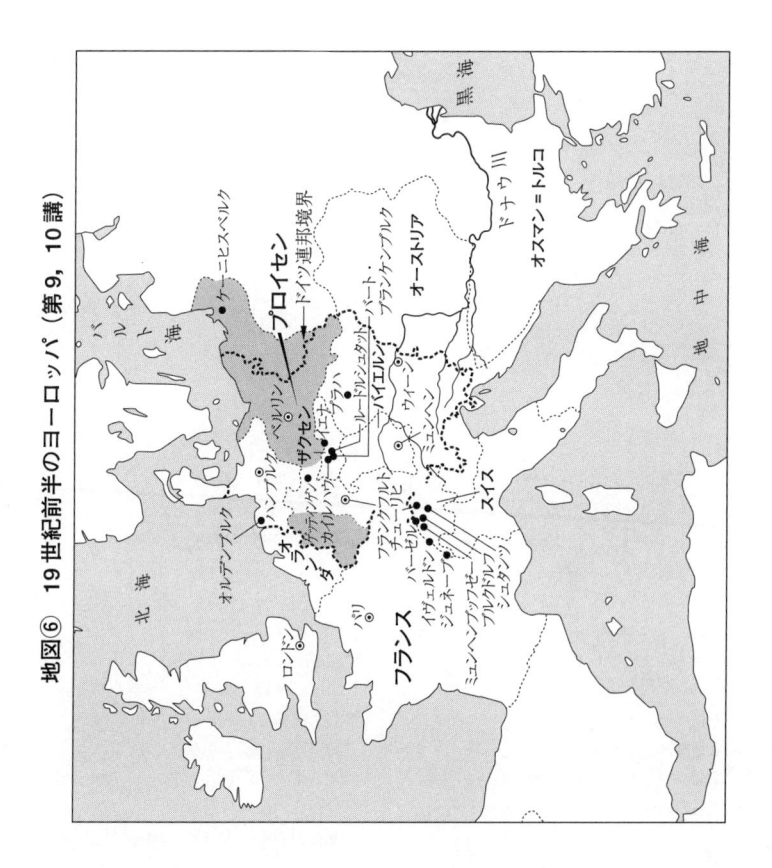

地図⑥ 19世紀前半のヨーロッパ（第9, 10講）

- 北海
- 地中海
- 黒海
- ロンドン
- オルデンブルク
- パリ
- フランス
- ケーニヒスベルク
- プロイセン
- ベルリン
- ドイツ連邦境界
- ザクセン
- ルードルシュタット
- プラハ
- バイエルン
- ハノーヴァー
- フランクフルト
- ミュンヘン
- スイス
- チューリヒ
- バーゼル
- イヴェルドン
- シュネービ
- フルクドルフ
- シュタンツ
- ウィーン
- オーストリア
- ドナウ川
- オスマン=トルコ

事項索引

*f. は2頁連続する頁。

◆あ 行

アカデメイア　20f., 38, 43f.
アジア　105, 107
遊　び　118-120, 150f., 178f., 181, 295
遊び衝動　150
アテナイ　17, 19-21, 30-32, 34f., 38, 44, 46, 128
アノミー　250, 258
アヘン戦争　215, 220
アメリカ　172, 180, 196, 200, 265
アメリカ独立革命　107
『アンチ・オイディプス』〔ドゥルーズ／ガタリ〕　138
イエズス会　77, 101
イギリス　75, 107f., 215
イタリア　72, 74f., 78
『一般教育学』〔ヘルバルト〕　187f., 190
一般教養(liberal arts)　23
『一般実践哲学』〔ヘルバルト〕　187
イデア　37, 39f., 42, 47, 50, 56f.
イデア論　37f., 40, 47
『イーリアス』　15, 36
イングランド　88
印刷技術　86, 93
『隠者の夕暮』〔ペスタロッチ〕　166
『ヴィルヘルム・マイスターの修行時代』〔ゲーテ〕　147
江戸時代　207-209, 212
『エミール』〔ルソー〕　125f., 130, 133-142, 181
エロス(恋)　40f.
欧化主義　216

『オデュッセイア』　15
オプティミズム　278f.
オランダ　74, 88, 107
音　楽　41, 43, 46f., 55, 64, 112
『音楽辞典』〔ルソー〕　126
『女大学評論』〔福沢諭吉〕　239
恩　物　174, 177f., 180f.

◆か 行

改革教育　196
開　国　227
開成所　214
カウンセリング・マインド　286
科学的教育学協会　187
学習権　288
学習指導要領　289
『学習と文学について』〔ブルーニ〕　79, 82
学習法　285
学　制　228, 284
格物窮理　215
学　問　127-129, 131, 149, 211
『学問芸術論』〔ルソー〕　126-130, 132, 136
『学問のすゝめ』〔福沢諭吉〕　228, 230
学　校　20, 38, 44, 63, 73, 82, 85, 89, 92f., 101-103, 124, 183f., 191f., 201, 208, 283, 296
学校改革　85, 197, 199, 201
学校教育　77, 85, 112, 164, 167, 170, 190f., 194f., 198, 207, 212, 237, 241f., 296
学校制度　10, 153, 184, 236, 283f., 297

『学校と社会』〔デューイ〕 267, 270
家庭教育 112, 115
『カティリーナ弾劾演説』〔キケロ〕 22
カテキズム(教理問答書) 63f., 100
カトリック 62, 86, 88, 101, 108f., 251
神 50-65, 80, 87-89, 91-93, 95f., 103, 116, 126, 175, 177, 179, 181, 264, 279f.
神の像 51-53, 57f., 60, 63f., 147
神の似姿 51, 53, 58, 64, 87, 91
カリキュラム 42f., 55, 85, 112, 181, 271, 286, 293
カロリング・ルネサンス 56
閑暇 46f., 127 (→スコレー)
『監獄の誕生──監視と処罰』〔フーコー〕 298
寛政異学の禁 213
完全化 278
完全性 259, 263f., 277-280
『カンツォニエーレ』〔ペトラルカ〕 72f.
観念連合 117, 119, 181
『寛容についての書簡』〔ロック〕 106
管理 188f.
記憶術 28
記紀神話 222
基礎づけ主義 50
『来るべき時代』(雑誌) 200
義務教育 121, 184, 191, 284, 288
ギムナジウム 89, 101, 152f., 155f.
『宮廷人』〔カスティリオーネ〕 74, 129
救貧法 113f.
教育改革 195
教育科学 248, 254, 256
教育学 43, 60, 172, 194, 197f., 200f., 209, 247f., 250, 253f., 256, 258f., 261, 263-275, 279

『教育学講義綱要』〔ヘルバルト〕 187
教育学ゼミナール 187, 194
『教育学百科事典』〔ライン編〕 194
教育基本法 48, 223, 288, 290
教育行政 291
教育システム 256f.
教育実践 95, 120, 186, 193, 195, 201, 255f., 275, 285
教育社会学 249, 256
教育心理学 256
教育政策 213
教育測定運動 285
教育勅語(教育ニ関スル勅語) 219, 223f., 238, 288, 290
教育的教授 191
教育的タクト 185
『教育と社会学』〔デュルケーム〕 249
『教育に関する考察』〔ロック〕 106, 109-111, 113, 115-118
教育方法 116, 195, 254
教育問題 85, 255f., 294
教員養成 194
『饗宴』〔プラトン〕 39, 41
教科書 85, 95, 100, 170, 288
『教師について』〔アウグスティヌス〕 54
教授 188f., 191
『教授と学習の順序』〔バッティスタ・グアリーノ〕 82
教授法 164, 169, 171f., 193
教職の科学 192f.
競争(アゴン) 16
協同の精神 258f., 263
教養 29, 55, 64, 69f., 83, 147, 155, 162
教養小説 147, 156
教養論 →人間形成論
ギリシャ →古代ギリシャ

ギリシャ語　82f., 127
キリスト教　24, 49f., 55, 64, 74, 77f., 80, 97, 124, 215, 217f., 220, 247, 262f., 279
『キリスト者の自由について』〔ルター〕　61
規律訓練的権力　298f.
『キロロギア』〔バルワー〕　102
近代　145, 208
近代化　207, 219
近代学校　85, 207
近代教育　100, 207, 226, 241f., 290
近代教育学　103, 209, 277
近代教育思想　210
近代批判　282
熊本バンド　218
『雲』〔アリストパネス〕　19, 32f.
軍国主義　202, 287f.
『君主論』〔マキャベッリ〕　131
訓練　188f.
慶應義塾　227f.
経験　156, 185f., 271f.
『経験と教育』〔デューイ〕　267, 275
『経験と自然』〔デューイ〕　267
『経験としてのアート』〔デューイ〕　267
『経済学・哲学草稿』〔マルクス〕　160
形式的段階説　190, 199
芸術　127-129, 131, 148-151, 162f.
経書　212
啓蒙　119, 218f., 234
経綸の実学　217
『ゲルトルートはいかにその子を教えるか』〔ペスタロッチ〕　168, 170f.
『言語の扉』〔ベイズ〕　94
原罪　51f., 57, 59f., 181
賢慮（フローネーシス）　45
合科学習　285

後期水戸学　220f., 223f.
公教育　119, 141, 145, 181
『公共性とその問題』〔デューイ〕　267
『孝経』　211
「弘道館記」　220, 224
五箇条のご誓文　218
国体主義　219
国体論　221-224
『告白』〔アウグスティヌス〕　50
『告白』〔ルソー〕　126
国民教育　165, 224
国民形成　242
国民国家　85, 103, 107, 142, 144f., 184, 202, 207, 222, 224, 238, 240, 289
国民道徳　223f.
ご真影　223
古代ギリシャ　15-17, 21f., 47, 49, 55, 69, 77, 79, 133, 148, 162, 257, 282
古代ギリシャ・ローマ　77, 151, 154
古代ローマ　21, 23, 30, 49f., 55, 77, 128, 133f., 257
五段階教授法　193
『国家』〔プラトン〕　41f., 46, 48, 134
国家主義　224
古典語　69, 77, 81, 153, 155, 162
古典的人間形成論　160f.
『孤独な散歩者の夢想』〔ルソー〕　126
子ども　85, 115, 138, 183, 209
「子どもから」　198f., 202
『子どもたちを学校へやるべきであるという説教』〔ルター〕　63
子ども中心主義　197f., 202, 266, 270
『子どもとカリキュラム』〔デューイ〕　267
子どもの観念　295
『子どもの教育について』〔エラスムス〕　75
『子どもの世紀』〔ケイ〕　197f.

子どもの発見　294, 296
コミュニケーション　300-303
コミュニケーション的行為　303
『コルシカ憲法草案』〔ルソー〕　126

◆さ 行

三学四科　24, 55
三十年戦争　85f., 107, 145
ジェントルマン　109-113, 115, 118
『ジェントルマン向けの読書と勉強に関する考察』〔ロック〕　106
シカゴ大学附属小学校　265, 275
自己愛　57, 62, 140
自己活動　172, 188, 197f.
自己保存　131f., 135
『自殺論』〔デュルケーム〕　249
『時事新報』(新聞)　229
四書五経　208, 211
システム理論　300
自　然　89, 130, 168f., 197, 213-217, 221, 231f., 266, 270
自然本性　57, 59f., 62, 270
実　学　112, 233
実験学校　265
『実験教育学』(雑誌)　200
資本主義　161
市　民　17, 133-135
社会化　248f., 253, 263
社会科　289
『社会学的方法の規準』〔デュルケーム〕　249
『社会学と哲学』〔デュルケーム〕　249
『社会学年報』(雑誌)　249
社会契約説　107
『社会契約論』〔ルソー〕　126, 142
社会的教育学　201
『社会分業論』〔デュルケーム〕　249
『ジャン・クリストフ』〔ロラン〕　147

自由意志　80
自由ヴァルドルフ学校　199
自由画教育　285
自由学芸(artes liberales)　23, 55f.
習　慣　45, 59f., 117f., 168, 237, 261, 269
習慣形成　119
自由教育　285
宗教改革　56
『宗教生活の原初形態』〔デュルケーム〕　249
集合的意識　248
修辞学　55, 69, 81-84, 101　(→レトリック)
修辞学校　20
重商主義　107f., 110, 115, 121
修　身　284f.
『自由之理』〔ミル著, 中村正直訳〕　218
儒　学　208, 211-213, 215, 218f.
儒　教　231f.
授　業　183f., 186, 199
儒教的主体　213, 220
朱子学　213-216, 219f.
『シュタンツ便り』〔ペスタロッチ〕　166
『小学』〔朱熹〕　209
状況認知論　272
消極教育　198
昌平坂学問所　213f., 219
清　220, 232
『新エロイーズ』〔ルソー〕　126
神　学　54-56, 58, 60, 90
『神学大全』〔トマス・アクィナス〕　56
『新旧の個人主義』〔デューイ〕　267
新教育　163, 172, 196-203, 266, 271, 280, 284-291, 297, 301

新教育連盟　200
新人文主義　155
神聖ローマ帝国　145
新世界の発見　86
人文学　69f., 81, 84
人文主義　112　(→ヒューマニズム)
進歩主義　265, 267
進歩主義教育　196, 265, 280
進歩主義教育協会　201, 267
臣　民　133, 221-223, 287f.
『新論』〔会沢正志斎〕　221
随意選題綴方　285
スイス　165
随年教法　209
スウェーデン　88, 197
数・形・語　170
スコラ学　55, 70, 72, 75, 81
スコレー(schole)　46　(→閑暇)
スパルタ　17, 33, 46, 133f.
スペイン　75, 107
生活科　289
『生活学校』(雑誌)　288
生活教育　288f.
生活教育論争　288
生活綴方　288f.
制御メディア　301f.
『政治学』〔アリストテレス〕　43, 45
『政治経済論』〔ルソー〕　126
政治社会　109, 134
『聖書』　51, 56, 63f., 77, 91, 93, 101
成城小学校　284f.
『青少年の美徳と自由な学芸について』〔ヴェルジェリオ〕　81
『精神現象学』〔ヘーゲル〕　147, 155-157, 160
成　長　267-270, 273f.
『生に対する歴史の功罪』(『反時代的考察』第二篇)〔ニーチェ〕　162

青　年　163
西洋近代　216, 218, 220, 222, 224, 240
『西洋事情』〔福沢諭吉〕　235f.
西洋列強　220
『世界図絵』〔コメニウス〕　88, 96f., 100, 103
絶対主義　108, 144
戦後新教育　289
専心活動(occupation)　272
全体主義　287f.
全米ヘルバルト協会　187
総合的学習の時間　202, 286, 289
相互作用　155f., 160f.
「創世記」　51
疎　外　154, 160f.
疎外された労働　160
素　読　211f.
ソフィスト　17-21, 29, 32-35, 39
ソロンの改革　17
尊王攘夷論　220

◆た　行
体　育　41, 46
第一次世界大戦　249
『大教授学』〔コメニウス〕　86-88
第三共和制　250
大正新教育　196, 241, 284
大政奉還　227
大日本帝国憲法　290
体　罰　84, 112
『太陽の都』〔カンパネラ〕　91
脱亜論　229
『脱学校の社会』〔イリイチ〕　292
脱学校論　292, 294
『探　究』〔ペスタロッチ〕　168
『男女交際論』〔福沢諭吉〕　239
知恵(ソフィア)　45
チェコ　85, 88

知　識　191
『地上の迷宮と心の楽園』〔コメニウス〕
　88
『知性指導論』〔ロック〕　106
中　世　123, 130
直　観　169–172
直観のABC　170
『通俗国権論』〔福沢諭吉〕　228
『通俗民権論』〔福沢諭吉〕　228
『綴方生活』(雑誌)　288
『廷臣論』→『宮廷人』
哲　学　31, 33f., 41, 47, 54f., 58, 60, 74,
　79f., 90, 156, 187
哲学的教養　30
『哲学の改造』〔デューイ〕　267
手習い　210, 288
手習塾(寺子屋)　210
デモクラシー　267, 274, 276–278, 280
デューイスクール　265
天　皇　221–223
ドイツ　2–4, 10, 63, 69, 75, 86, 143–145,
　174, 180, 193f., 196, 200, 202, 249
『ドイツ全市の参事会員にあてて，キリ
　スト教的学校を設立し，維持すべきこ
　と』〔ルター〕　63
ドイツ田園教育舎　198
洞窟の比喩　42, 48
統　治　109, 115, 121
『統治二論』〔ロック〕　106
道徳教育　251, 253, 260
『道徳教育論』〔デュルケーム〕　249,
　258
東洋道徳，西洋芸術　216
徳　16, 45, 59f., 111f., 117
『徳育如何』〔福沢諭吉〕　233
読　書　76, 83, 140, 208
トポス(場所)　27
トロイア戦争　16

◆な　行

ナショナリズム　145, 224
ナチズム　202
『ニコマコス倫理学』〔アリストテレス〕
　43
西ローマ帝国　49
日　本　2–4, 10, 182, 196
日本国憲法　288
『日本男子論』〔福沢諭吉〕　239
人　間　128, 130, 150, 197
人間形成　81, 84, 123–125, 147, 152f.,
　156, 159, 161, 191, 247, 292
人間形成論　15, 23f., 82, 143f., 148,
　151, 153, 155f., 160, 162
人間性　247, 251, 258, 262　(→フマニ
　タス)
『人間性と行為』〔デューイ〕　267
『人間知性論』〔ロック〕　106
『人間の教育』〔フレーベル〕　173f.,
　176
『人間の尊厳に関する演説』〔ピコ・デッ
　ラ・ミランドラ〕　80
『人間の美的教育について』〔シラー〕
　148, 150
『人間不平等起源論』〔ルソー〕　132,
　136, 138, 140
認知的徒弟制論　272
能　力　45, 52, 58, 89f., 119, 131, 135–
　138, 140, 177f., 210f., 261f.

◆は　行

パイデイア(paideia)　22, 42, 48f.
『パイドロス』〔プラトン〕　39, 41
『パイドン』〔プラトン〕　39f.
廃藩置県　228
白紙(タブラ・ラサ)　116
『白鳥の歌』〔ペスタロッチ〕　166, 171
幕藩体制　222

発　達　159f., 168, 173, 176, 209, 285
発達心理学　6, 159, 285
『母の歌と愛撫の歌』〔フレーベル〕　174
ハンガリー　88
『汎教育』〔コメニウス〕　96
藩　校　212f.
『反時代的考察』〔ニーチェ〕　162
蕃書和解御用　214
汎知(Pansophia)　91
『悲劇の誕生』〔ニーチェ〕　162
百科全書　96, 100, 102f.
『百科全書』〔アルシュテット〕　91
『百科全書』〔ディドロ／ダランベール編〕　126-128
ピュタゴラス学派　38f.
ヒューマニスト　71, 76-79, 81
ヒューマニズム　23, 69f., 72-75, 77f., 81
『開かれた言語の扉』〔コメニウス〕　94-96
貧　民　114
貧民教育　120
貧民教育論　109
フィレンツェ　74, 78
『福翁自伝』〔福沢諭吉〕　232
『福翁百話』〔福沢諭吉〕　235
武　士　222
フマニタス(humanitas)　22, 49, 55, 69, 89
プラグマティズム　267, 278, 280
プラトン主義　50
フランス　75, 107-109, 125, 127, 144, 146, 247, 249
フランス革命　108, 120, 126, 133, 144-146, 152, 165, 167
『フランスの教育進化』(『フランス教育思想史』)〔デュルケーム〕　249

プロイセン　152, 171, 180
プロテスタント　62, 77, 85f., 88, 101, 108
文献学　76f., 79
『分団式動的教育法』〔及川平治〕　285
文明開化　228-231, 233, 241
『文明論之概略』〔福沢諭吉〕　228
『ペスタロッチの直観のABC』〔ヘルバルト〕　187
ペリクレスの改革　17
ヘルヴェチア共和国　165
ペルシャ戦争　17
ヘルバルト主義　241
ヘルバルト派　187, 190, 192-197, 199-201
ヘルメス主義　74
ベル・ランカスター法　164
ベルリン大学　152
ペロポネソス戦争　20, 34f., 38, 46
弁　論　23, 27f., 32
弁論家　23, 29, 82
『弁論家について』〔キケロ〕　22, 27, 82
『弁論家の教育』〔クインティリアヌス〕　23, 83
『弁論術』〔アリストテレス〕　21, 26
母国語　93f.
ポーランド　88
『ポーランド統治論』〔ルソー〕　126
ポリス(都市国家)　17, 20, 45, 133
『ホルテンシウス』〔キケロ〕　50

◆ま　行
学　び　209
学びの共同体　281
学びの身体性　210f.
マルクス主義　155
『民主主義と教育』〔デューイ〕　267,

268
『民情一新』〔福沢諭吉〕　228
無知の自覚　32
明治維新　207
名誉革命　106, 113
明六社　218, 234
メトーデ　164-166, 168-170, 172f.
『メノン』〔プラトン〕　40
メリオリズム　263f., 278f., 281
門閥制度　227f., 230f., 236
文部省　223

◆や 行
『山びこ学校』〔無着成恭〕　289
『遊戯学校』〔コメニウス〕　96, 100-103
有機的連帯　253, 258f., 263
ユネスコ　201
洋学　214, 228
幼稚園　164, 174, 178, 180f., 283
ヨーロッパ　9f., 73-75, 83, 85, 94, 97, 105, 107, 127, 144, 164, 172, 211

◆ら 行
『礼記』　209
ラテン語　72, 76, 80, 82f., 93f., 100f., 116, 124, 211

蘭学　214
『リヴァイアサン』〔ホッブズ〕　131
リュケイオン　44
『リーンハルトとゲルトルート』〔ペスタロッチ〕　165-168, 171
ルネサンス　23f., 29, 56, 69, 72, 77, 84, 123-125, 127-131, 133f., 140, 257
霊魂不滅論　37-40
礼節　129
レトリック　15, 18, 21f., 24, 76, 80, 82, 101f. (→修辞学, 弁論術)
レトリック的教養　29f.
労働　112, 114, 127, 150, 160f.
労働学校　114f., 120
労働学校案　113-115, 118
『労働学校法案』〔ロック〕　106, 109, 113, 118
『ロビンソン・クルーソー』〔デフォー〕　140
ローマ　73　(→古代ローマ)
『論理学綱要』〔ヘルバルト〕　187
『論理―探求の理論』〔デューイ〕　267

◆わ 行
『わが秘密』〔ペトラルカ〕　73
『和俗童子訓』〔貝原益軒〕　208f.
『私の教育的信条』〔デューイ〕　279

人名索引

◆あ 行

会沢正志斎(1782-1863) 221
アイゼンハワー(Dwight David Eisenhower, 1890-1969) 266
アヴェロエス(Averroes, 1126-1198) 70
アウグスティヌス(Aurelius Augustinus, 354-430) 24, 30, 49-57, 61, 63f., 78
芦田恵之助(1873-1951) 285
アナクシマンドロス(Anaximandros, 紀元前610頃-546頃) 32
アリエス(Philippe Ariès, 1914-1984) 123f., 294-298
アリストテレス(Aristoteles, 紀元前384-322) 18, 21, 24, 26f., 31, 43, 46f., 56f., 70f., 76, 80, 86
アリストパネス(Aristophanes, 紀元前446頃-385頃) 19, 32f.
アルクイヌス(Alcuinus, 730頃-804) 56
アルシュテット(Johann Heinrich Alsted, 1588-1638) 88, 91
アレクサンドロス(Alexandros, 紀元前356-323) 44
アントニウス(Marcus Antonius, 紀元前83-30) 22
アンドレーエ(Johann Valentin Andreae, 1586-1654) 91
イソクラテス(Isokrates, 紀元前436-338) 18, 20f., 23, 29, 44
伊藤博文(1841-1909) 228

犬養毅(1855-1932) 228
井上馨(1836-1915) 228
井上毅(1844-1895) 223
イポリット(Jean Hyppolite, 1907-1968) 147
イリイチ(Ivan Illich, 1926-2002) 292-294, 297f.
ヴィットリーノ(Vittorino da Feltre, 1515-1608) 73
ウェーバー(Max Weber, 1864-1920) 249
ウェーランド(Francis Wayland, 1796-1865) 232
ヴェルギリウス(Vergilius, 紀元前70-19?) 71
ヴェルジェリオ(Pietro Paolo Vergerio, 1370-1444) 73, 81f.
ヴォルテール(Voltaire, 1694-1778) 146
内村鑑三(1861-1930) 223
ヴント(Wilhelm Max Wundt, 1832-1920) 200
エストライヒ(Paul Oestreich, 1878-1959) 199
エラスムス(Desiderius Erasmus, 1466-1536) 74
エルヴェシウス(Helvetius, 1715-1771) 119
エンソア(Beatrice Ensor, 1885-1974) 200
及川平治(1875-1939) 285f., 288
オウィディウス(Publius Ovidius Naso,

紀元前43-紀元17頃)　　78
大隈重信(1838-1922)　　228
大橋訥庵(1816-1862)　　220
緒方洪庵(1810-1863)　　227
尾崎行雄(1858-1954)　　228
オッカム(William of Ockham, 1285頃-1347/49)　　60f.

◆か 行
貝原益軒(1630-1714)　　208
カウンツ(George Sylvester Counts, 1889-1974)　　267
カエサル(Gaius Julius Caesar, 紀元前100頃-44)　　22
カスティリオーネ(Baldassare Castiglione, 1478-1529)　　74, 129
ガタリ(Pierre-Félix Guattari, 1930-1992)　　138
加藤弘之(1836-1916)　　218, 234
カルゼン(Fritz Karsen, 1885-1951)　　199
ガレン(Eugenio Garin, 1909-2004)　　91, 124
カント(Immanuel Kant, 1724-1804)　　146, 155, 187, 258f., 277
カンパネッラ(Tommaso Campanella, 1568-1639)　　91
キケロ(Marcus Tullius Cicero, 紀元前106-43)　　18, 21-24, 27, 29, 50, 69, 71-74, 76, 82-84
木下竹次(1872-1946)　　285
金玉均(1851-1894)　　229
キルパトリック(William Heard Kilpatrick, 1871-1965)　　267
グアリーノ(Battista Guarino, 1434-1513)　　74, 82f.
グアリーノ・ダ・ヴェローナ(Guarino da Verona, 1374-1460)　　73, 82

クインティリアヌス(Marcus Fabius Quintilianus, 35頃-100)　　23f., 82
九鬼隆一(1850-1931)　　228
グーテンベルク(Johannes Gutenberg, 1398頃-1468)　　86
ケイ(Ellen Key, 1849-1926)　　197f.
ゲーテ(Johann Wolfgang von Goethe, 1749-1832)　　96, 146f., 151
ケルシェンシュタイナー(Georg Kerschensteiner, 1854-1932)　　198
孔子(紀元前551-479)　　211f.
古賀謹堂(1816-1884)　　214
古賀侗庵(1788-1847)　　214
コペルニクス(Nicolaus Copernicus, 1473-1543)　　84
コメニウス(Johannes Amos Comenius, 1592-1670)　　85-95, 100-102, 292f.
ゴルギアス(Gorgias, 紀元前490頃-385頃)　　18, 20, 25, 33
コンスタンティヌス帝(Gaius Flavius Valerius Constantinus, 272-337)　　49
コンディヤック(Étienne Bonnot de Condillac, 1715-1780)　　119

◆さ 行
佐久間象山(1811-1864)　　215f.
佐藤一斎(1772-1859)　　219f.
佐藤学(1951-)　　281
サルターティ(Coluccio Salutati, 1331-1403)　　74, 78
沢柳政太郎(1865-1927)　　284
シャフツベリ伯(1st Earl of Shaftesbury, 1621-1683)　　106, 108
朱熹(1130-1200)　　209
シュタイナー(Rudolf Steiner 1861-

人名索引　　333

1925)　198
シュタップファー (Philipp Albert Stapfer, 1766-1840)　167
シュトイ (Karl Volkmar Stoy, 1815-1885)　194
シュラーダー＝ブライマン (Henriette Schrader-Breymann, 1827-1899)　180
シラー (Johann Christoph Friedrich von Schiller, 1759-1805)　146, 148, 151, 154, 160, 162
ジンメル (Georg Simmel, 1858-1918)　249
スペンサー (Herbert Spencer, 1820-1903)　258
スミス (Adam Smith, 1723-1790)　253
ソクラテス (Sokrates, 紀元前 469 頃-399 頃)　19, 29, 31-34, 36-38, 40, 47

◆ た 行
田中不二麻呂(1849-1909)　228
ターレス (Thales, 紀元前 624 頃-546 頃)　32
ダンテ (Dante Alighieri, 1265-1321)　73
ツィラー (Tuiskon Ziller, 1817-1882)　193f.
ディドロ (Denis Diderot, 1713-1784)　126
ディルタイ (Wilhelm Christian Ludwig Dilthey, 1833-1911)　84
手塚岸衛(1880-1941)　285
デューイ (John Dewey, 1859-1952)　181, 265, 267, 284, 289, 291, 293
デュルケーム (Émile Durkheim, 1858-1917)　124, 247f., 251f.
ドゥルーズ (Gilles Deleuze, 1925-1995)　138
トマス・アクィナス (Thomas Aquinas, 1225 頃-1274)　49, 51, 55, 57f., 61, 63f.

◆ な 行
中村正直(1832-1891)　218, 223f.
ナトルプ (Paul Gerhard Natorp, 1854-1924)　201
ナポレオン (Napoléon Bonaparte, 1769-1821)　165
西 周(1829-1897)　218, 234
西村茂樹(1828-1902)　218
ニーチェ (Friedrich Wilhelm Nietzsche, 1844-1900)　143, 155, 160f., 163
ニートハンマー (Friedrich Immanuel Niethammer, 1766-1848)　69
ノール (Herman Nohl, 1879-1960)　199

◆ は 行
朴泳孝(1861-1939)　229
バシレイオス (Basileios, 330-379)　78
バックル (Henry Thomas Buckle, 1821-1862)　232
バッハ (Johann Sebastian Bach, 1685-1750)　146
ハーバーマス (Jürgen Habermas, 1929-)　282, 297, 301-303
パルメニデス (Parmenides, 紀元前 475 頃-?)　32, 38
バルワー (John Bulwer, 1606-1656)　102
ピアジェ (Jean Piaget, 1896-1980)　159, 250
ヒエロニムス (Eusebius Sophronius Hieronymus, 340-420)　77

ピコ・デッラ・ミランドラ (Giovanni Pico della Mirandola, 1463-94) 80f.

ビーベス (Juan Luis Vives, 1492-1540) 75, 92

ピュタゴラス (Pythagoras, 紀元前582-496) 32

ビュデ (Guillaume Bude, 1468-1540) 75

フィチーノ (Marsilio Ficino, 1433-1499) 74, 80f.

福沢諭吉 (1834-1901) 218, 227, 241

フーコー (Michel Foucault, 1926-1984) 282, 290, 297f., 301-303

フス (Jan Hus, 1369-1415) 88

プトレマイオス (Claudius Ptolemaeus, 83-168) 70

プラトン (Platon, 紀元前427-347) 16, 19, 21, 23f., 29, 31, 33, 35-37, 41, 43f., 46-48, 56, 71, 74, 79f., 134, 151

フリードリヒ二世 (Friedrich II, 1712-1786) 146

ブルクハルト (Jacob Burckhardt, 1818-1897) 80

ブルーニ (Leonardo Bruni, 1370-1444) 71-73, 78f., 81f.

フレーベル (Friedrich Wilhelm August Fröbel, 1782-1852) 164, 172-174, 176-178, 180-182

フロイト (Sigmund Freud, 1856-1939) 138

プロタゴラス (Protagoras, 紀元前500-430頃) 17f., 32f.

プロティノス (Plotinos, 204/5-270) 50

フンボルト (Wilhelm von Humboldt, 1767-1835) 151-155, 157, 160

ベイズ (William Bathe, 1564-1614) 94

ヘーゲル (Georg Wilhelm Friedrich Hegel, 1770-1831) 155, 160

ベーコン (Francis Bacon, 1561-1626) 91

ペスタロッチ (Johann Heinrich Pestalozzi, 1746-1827) 153, 164f., 167f., 173f., 181f., 187, 190, 198, 290

ペトラルカ (Francesco Petrarca, 1304-1374) 30, 72f., 76, 78, 84

ヘラクレイトス (Herakleitos, 紀元前540頃-480頃) 32

ペリー (Mathew Calbraith Perry, 1794-1858) 227

ベルグソン (Henri-Louis Bergson, 1859-1941) 249

ヘルバルト (Johann Friedrich Herbart, 1776-1841) 172, 184-186, 190, 192, 196, 200, 258

ベンサム (Jeremy Bentham, 1748-1832) 119

ボッティチェッリ (Sandro Botticelli, 1444-1510) 81

ホッブズ (Thomas Hobbes, 1588-1679) 131f., 139f.

ホメロス (Homeros) 15-17, 36, 39, 41, 71, 78f.

◆ま 行

マイヤー (Deborah Meier, 1931-) 281

マキャベッリ (Niccolò Machiavelli, 1469-1527) 130

松平定信 (1759-1829) 214

マルクス (Karl Marx, 1818-1883) 143, 160, 162

マーレンホルツ=ビュロー (Bertha von Marenholtz-Bülow, 1810-1893)

180

ミケランジェロ (Michelangelo, 1475–1564)　81, 84

箕作麟祥 (1846–1897)　218, 234

ミル (John Stuart Mill, 1806–1873)　218, 258f.

メランヒトン (Philipp Melanchthon, 1497–1560)　61, 63, 75, 77

モア (Thomas More, 1477/78–1535)　75

モイマン (Ernst Meumann, 1862–1915)　200

モース (Marcel Mauss, 1872–1950)　249

元田永孚 (1818–1891)　223

森有礼 (1847–1889)　218, 235, 241

◆や　行

矢野文雄 (1851–1931)　228

山本鼎 (1882–1946)　285

横井小楠 (1809–1869)　216, 221

吉田松陰 (1830–1859)　221

◆ら　行

ライ (Wilhelm August Lay, 1862–1926)　200

ライン (Wilhelm Rein, 1847–1929)　193f.

ラトケ (Wolfgang von Ratke, 1571–1635)　88, 91

リーツ (Hermann Lietz, 1868–1919)　198

リルケ (Rainer Maria Rilke, 1875–1926)　198

ルソー (Jean-Jacques Rousseau, 1712–1778)　124f., 127–131, 133–135, 140, 181, 198, 259, 277, 290f., 295

ルター (Martin Luther, 1483–1546)　49, 51, 55, 61–64, 92

ルーマン (Niklas Luhmann, 1927–1998)　282, 297, 300–303

ロック (John Locke, 1632–1704)　105, 110, 114, 120f., 151, 181

ロッテン (Elisabeth Rotten, 1882–1964)　200

ロラン (Romain Rolland, 1866–1944)　147

●編者紹介

今井 康雄（いまい　やすお）
東京大学名誉教授

教育思想史
History of Educational Ideas

2009年6月30日　初版第1刷発行
2023年4月20日　初版第16刷発行

ARMA
有斐閣アルマ

編　　者	今　井　康　雄
発行者	江　草　貞　治
発行所	株式会社 有　斐　閣

郵便番号　101-0051
東京都千代田区神田神保町2-17
http://www.yuhikaku.co.jp/

印刷・株式会社理想社／製本・大口製本印刷株式会社
© 2009, Yasuo Imai. Printed in Japan
落丁・乱丁本はお取替えいたします。
★定価はカバーに表示してあります。

ISBN 978-4-641-12384-7

Ⓡ 本書の全部または一部を無断で複写複製(コピー)することは、著作権法上での例外を除き、禁じられています。本書からの複写を希望される場合は、日本複製権センター(03-3401-2382)にご連絡ください。